# 서비스 조직
## 밀레니얼 이렇게
# 코칭하라

# 서비스 조직 밀레니얼 이렇게 코칭하라

**초판 1쇄 인쇄일** 2020년 6월  8일
**초판 1쇄 발행일** 2020년 6월 16일

**지은이** 박종태 · 박한별
**펴낸이** 양옥매
**교   정** 허우주
**디자인** 임흥순 송다희

**펴낸곳** 도서출판 책과나무
**출판등록** 제2012-000376
**주소** 서울특별시 마포구 방울내로 79 이노빌딩 302호
**대표전화** 02.372.1537  **팩스** 02.372.1538
**이메일** booknamu2007@naver.com
**홈페이지** www.booknamu.com
**ISBN** 979-11-5776-907-0 (03320)

이 도서의 국립중앙도서관 출판예정도서목록(CIP)은
서지정보유통지원시스템 홈페이지(http://seoji.nl.go.kr)와
국가자료종합목록시스템(http://www.nl.go.kr/kolisnet)에서
이용하실 수 있습니다. (CIP제어번호: CIP2020022904)

리더 역량을 **3배** 향상시키는 코칭 실무 지침서

# 서비스 조직 밀레니얼 이렇게 코칭하라

✦ 박종태·박한별 지음 ✦

책과나무

contents–

## 3부  서비스 조직의 인적자원관리 어떻게 해야 하나?

## 4부  서비스 조직에 맞는 코칭

## 5부    서비스 조직 코칭 커뮤니케이션 실전 활용법

## 6부 커뮤니케이션 스킬 제대로 알고 활용하기

## 7부   유형별 직원 코칭 커뮤니케이션

# 1부

# 4차 산업혁명과 고객서비스 변화

4차 산업혁명의 여파로 인해 산업은 물론 우리 일상도 많은 변화를 겪고 있습니다. 특히 3차 산업인 서비스의 비중이 늘어나면서 서비스 산업에도 다양한 변화가 예상이 됩니다. 서비스 고도화라는 말이 현실화되고 있다고 해도 과언이 아닐 겁니다. 그렇다면 4차 산업혁명 시대 고객이 주로 이용하는 고객채널에는 어떤 변화가 있을까요?

---
1
---

## 고객 채널은 어떻게 바뀔까?

그간 고객이 이용하는 채널은 주로 고객센터로 전화하거나 직접 현장 직원을 대면하는 것이 전부였습니다. 하지만 최근 고객채널은 다양한 형태로 진화를 거듭하고 있습니다. 현재 그리고 향후 고객채널이 어떤 식으로 변화를 거듭할지 살펴보도록 하겠습니다.

향후 고객채널은 결국 옴니채널, 인공지능, 챗봇, 그리고 인적자원으로 귀결될 것으로 보입니다. 실제로 적지 않은 기업에서 이러한 기술을 이용해서 고객과 접촉하고 있습니다. 아시다시피 인공지능의 인식 기술은 크게 화상·음성·텍스트인데 이 중 고객채널은 음성 인식과 텍스트 일부 기능을 주로 활용하고 있습니다. 아직까지는 직원들이 대부분의 업무를 담당하고 있지만 향후 기술이 더욱 정교해지면 직원의 업무 지원 및 챗봇의 형태가 가장 일반적인 고객채널의 형태로 진화될 것으로 예상하고 있습니다.

인공지능을 활용하는 기술이 단순히 고객을 응대하는 차원을 넘어서 관리자의 업무 영역까지도 일부 수행할 것이며 인공지능 기술의 발달로 인해서 고객채널에 적용될 업무가 갈수록 확대될 것입니다. 이러한 변화를 통해 그간 고객채널의 운영목표 중 하나였던 운영효율성(비용 절감)을 실현할 것으로 보입니다.

그렇다면 고객은 어떤 방식으로 채널을 활용할까요? 물론 아직까지 고객은 불만 제기 및 처리 상태를 확인하기 위한 채널로 여전히 대면채널을 선호하고 있습니다. 고객이 채널을 접촉하는 이유는 크게 필요한 정보와 지식을 제공받기 위한 것과 문제해결을 위한 것입니다. 최근 고객은 모바일 앱, 챗봇, 보이는 IVR, 음성봇, e메일, 웹사이트 등 다양한

서비스 조직 밀레니얼 이렇게 코칭하라

채널을 통해 필요한 지식이나 정보를 제공받고 있습니다. 그리고 문제해결이나 확인 및 처리 과정은 위에서 언급한 것처럼 대면채널을 이용하고 있는 것이지요.

고객 입장에서는 서비스를 제공받을 때 한 채널을 고집하기보다는 사용 목적에 맞게 본인이 선호하는 채널을 유기적으로 결합해 활용한다는 것이 맞을 것 같습니다. 예를 들어 온라인 쇼핑몰에서 물건을 구입한다면 모바일에 설치된 앱으로 접수 또는 구매를 하고 처리 상황은 모바일이나 PC를 통해 확인하며 처리결과는 고객센터를 확인하는 것입니다. 마지막으로 물건 픽업은 편의점이나 기타 물류채널이 제공하는 서비스를 이용하고 있다는 것이지요.

이외에도 고객 자신의 상황에 따라 접근이 쉬운 채널을 선호하지만 원하는 지식이나 정보를 제공받지 못할 경우 다른 채널로 빈번히 이동하는 것입니다. 자신이 운전 중이거나 또는 통화할 수 없는 상황이거나 접속이 제대로 되지 않는 상황으로 인해 접촉 자체가 어려울 경우 본인이 가장 접근하기 쉬운 채널을 활용하는 것이지요. 예를 들어 고객센터가 콜 폭주로 인해 연결이 어렵다면 채팅이나 앱을 통해서 자가 해결하는 경우가 이에 해당합니다.

또한 정보를 탐색하거나 구매를 한 후에 의견을 공유하는 채널은 웹사이트나 SNS채널의 이용 빈도가 높은 것이 특징입니다. 위에서 말씀드린 바와 같이 민감하고 불만족한 경우가 심한 유형의 민원일수록 디지털 채널보다는 고객센터를 선호하는 것으로 나타납니다. 물론 이러한 현황에는 세대별로 약간 특징이 있긴 합니다. 예를 들어 불만이 있을 경우 10~20대는 디지털 채널을 이용해서 공유를 하는 반면 30대 이상부터는 공공기관이나 규제당국에 호소하는 비중이 높다는 것입니다.

채널 이용 경험에 따른 전반적인 만족도[1]는 일반적으로 고객센터나 디지털 채널 모두 높지 않은 것으로 나타나는데 이는 연결지연이나 수신여건이 불량한 것이 주요 원인으로 나타납니다. 흥미로운 사실은 위에서 언급한 디지털 채널 이용이 많은 고객일수록 고객센터 이용 비율이 높은 것으로 나타나며 채널 간 답변 및 업무처리에 있어서 서로 다른 정보를 제공받거나 기존과는 상이한 경우를 다수 경험한 것으로 나타났습니다. 아마도 디지털로 전환하면서 기존의 것과 동조화를 이루지 못해 발생한 것이 아닐까 싶은데 이러한 현상은 시간이 지나면서 많은 개선이 있을 것으로 생각합니다.

향후 기술이 더욱 진화를 하게 되면 고객채널의 모든 프로세스가 자동화되는 관점에서 디지털로의 환경 변화가 가속화될 것이며 결국 인공지능을 포함한 로봇 프로세스 자동화를 통해 단순 업무는 로봇이 처리하고 인간은 좀 더 부가가치가 높은 업무에 집중하는 형태로 진화할 것입니다. 이렇게 되면 인간은 인간이 가진 고유의 '문제해결능력'과 '공감능력'을 바탕으로 복잡하고 해결하기 어렵거나 감성적인 요구에 부응하기 위

---

1  해당 내용은 2018년 KMAC 주관 대한민국 채널 및 커뮤니케이션 컨퍼런스에서 발표된 한국 소비자들의 채널&커뮤니케이션 이용 실태 조사 결과를 참고하였음

서비스 조직 밀레니얼 이렇게 코칭하라

한 작업을 수행하는 쪽으로 자리잡을 것으로 보입니다.

문제는 이렇게 고객채널의 프로세스가 자동화되거나 기술의 진화로 인해 고객응대에서도 자동화 시스템이나 인공지능기술이 차지하는 비중이 늘어날수록 고객의 경험이 분산되거나 의도치 않게 잘못 전달되는 우려가 발생할 수 있어 적절하게 사람이 관여하여 통제하는 역할이 필요할 것으로 생각됩니다.

---

## 2

### 고객 서비스는 어떻게 진화할까?

4차 산업혁명은 실제 고객서비스에 있어서도 많은 변화를 초래하고 있습니다. 기존에 맞춤화, 개인화라는 명목으로 시도되었던 고객서비스가 실제 다양한 기술에 의해서 실현되고 있기 때문입니다. 결국 4차 산업혁명 시대 고객서비스는 개별 고객이 요구하는 상품이나 서비스는 물론 경험을 제공하는 데 있다고 해도 과언이 아닐 것입니다. 즉 고객경험의 극대화와 개인 맞춤화 서비스라고 정리하면 되지 않을까 싶습니다. 그렇다면 4차 산업혁명 시대 고객서비스가 어떻게 변화할지 살펴보도록 하겠습니다.

먼저 4차 산업혁명 시대에 고객서비스는 데이터, 알고리즘 그리고 플랫폼 경쟁이 더욱 가속화될 것이고 이 세 가지 요소는 기업의 핵심경쟁력으로 자리 잡고 있습니다. 실제로 3요소는 기업의 성장에서 가장 핵심이 되는 요소이며 이 3가지를 이용해 창업을 하거나 사업을 확장하는 기업들이 늘어나고 있는 실정입니다. 과거에는 없던 알고리즘을 통해 새로운 서비스를 만들어내고 플랫폼을 만들어서 새로운 가치를 제공함에 따라 고객이 원하는 서비스를 제공하다 보니 기존과는 다른 형태의 비즈니스 모델이 등장하고 있는 것이지요.

이와 함께 인공지능 기술로 인해서 전문가 수준의 지식 및 정보 제공을 통해 서비스 역량이 향상됨에 따라 서비스 질 또한 대폭 향상될 것이고 단순히 '검색'보다는 '대화'가 정보를 습득하는 방식으로 자리매김할 것으로 예상하고 있습니다. 이미 우리 주변에서는 통신사나 인공지능업체에서 출시한 인공지능기술을 활용하여 만든 인공지능 스피커를 통해서 음악감상은 물론 다양한 지식과 정보 검색서비스를 제공받고 있습니다.

또한 고객과의 커뮤니케이션을 활성화하기 위해서 다양한 채널을 지속적으로 확대하고 있으며 예전처럼 단순히 단순한 '음성'이 아닌 청각, 후각, 시각, 미각, 촉각 등을 자극해 고객의 총체적 경험을 제공하는 방향으로 고객서비스가 진행 중입니다. 이러한 오감을 자극하는 서비스를 제공하는 이유는 고객이 제품을 구매하는 의사결정 과정에서 많은 영향을 끼치기 때문입니다.

이와 함께 고객이 직접 참여하는 새로운 서비스가 지속적으로 등장하고 있습니다. 근래에 인게이지먼트(Engagement)라는 말을 많이 들어보셨을 겁니다. 고객과의 관련성 또는 관여도라고 할 수 있는데 고객이 일정

기간 동안 관심을 가지고, 참여하고, 관계를 맺는 일련의 약속된 행동이라고 할 수 있습니다. 또한 고객과의 상호 작용은 물론 관계를 강화하고 유지하는 것을 의미하며 이러한 관계를 통해 고객과 함께 가치를 창출하는 과정을 의미하기도 합니다. 고객과 관련된 경험을 지속적으로 전달하고 이를 통해 브랜드는 물론 상품 및 서비스에 가치(이윤)를 발생하게 하는 양방향적인 관계라고 할 수 있는 것이지요.

또한 스마트폰이 보급되면서 기존과 전혀 다른 서비스 형태가 등장하고 있는데 대표적인 것이 바로 온디맨드 서비스(On Demand Service)라고 할 수 있습니다. 온디맨드 서비스는 언제 어디서나 모바일을 통해 기존 오프라인에서 불편했던 경험들을 편리하게 해결해주는 서비스라고 할 수 있으며 고객의 요구가 있을 때 언제 어디서나 고객 중심에서 니즈를 해결해주는 것을 의미합니다. 최근 모바일을 통해 주문을 하면 서비스 제공자가 고객이 원하는 시간에 맞춰 해당 서비스를 제공하는 것처럼 고객들은 언제 어디서나 원하는 상품을 주문하고 원하는 방식으로 즉각적인 서비스를 제공받을 수 있게 되었는데 이러한 서비스 형태가 바로 온디맨드 서비스라고 할 수 있습니다. 예를 들어 더 이상 자신이 보고 싶은 TV프로그램을 본방 사수할 필요가 없어진 것도 온디맨드 서비스라고 할 수 있습니다. 전날 못 봤다고 하더라도 다운로드를 받아서 언제 어디서든 해당 프로그램을 볼 수 있기 때문입니다.

이외에도 서비스와 관련하여 기존 고객과의 관계나 커뮤니케이션에서 대면보다는 비대면 채널의 비중이 증가할 것이고 단순히 언어만이 아닌 비언어적인 커뮤니케이션 기능이 강화될 것으로 예상됩니다. 최근에는 오프라인과 온라인의 경계를 허무는 개념으로 태블릿, 매장, 데스크톱, 이메일, 고객센터, 스마트폰 앱, 심지어 스마트 TV까지 모든 채널에 걸쳐 고객에게 매끄럽게 통합된 서비스 경험을 제공하는 옴니채널[2]이 특정 산업에서 자리 잡아가고 있습니다.

마지막으로 4차 산업혁명 시대에는 데이터 중심의 서비스가 지속적으로 출현할 것입니다. 고객을 이해할 수 있는 다양한 시스템이나 분석도구가 등장함에 따라 축적된 데이터를 활용해서 고객이 원하는 서비스는 물론 전혀 예상하지 못한 서비스 제공이 가능할 것입니다. 이러한 고객 데이터와 데이터 분석을 통해 더욱 개인화된 서비스 제공은 물론 홍보와 할인 및 혜택 정보를 제공할 수도 있습니다. 무엇보다 서비스 측면에서 고객 데이터 분석을 통한 피드백 확보가 가능해 더 나은 제품을 개발할 수도 있고 고객 서비스를 개선할 수도 있습니다.

---

2  2011년 Harvard Business Review에서 처음 소개되어 기존에 "멀티 채널" 또는 "크로스 채널"이라고 불렀던 개념을 대체하는 개념으로 사용되고 있다.

## 3

## 4차 산업혁명 시대에 적합한 고객 채널 운영 전략

4차 산업혁명 시대의 도래로 인해 서비스 조직은 불안을 호소합니다. 서비스 조직은 물론 고객채널을 어떻게 운영해야 하는지가 가장 큰 고민이라고 생각합니다. 물론 "인공지능기술로 인해 직업이 사라지지 않을까?"라는 것도 있지만 어쨌든 4차 산업혁명 시대라고 여기저기서 떠들어대는데 손 놓고 있을 수만은 없기에 더욱 불안한 것이 사실입니다.

여러분들도 잘 알고 있다시피 고객채널은 고객경험관리 전략 실행, 비대면 접촉 채널의 증가 및 인공지능 기술의 발달로 인해 갈수록 그 역할이 중요해질 것입니다. 따라서 고도화된 지식 기반의 서비스가 가능할 4차 산업혁명 시대의 고객채널 운영은 단순히 관망하는 전략보다는 기존 고객센터를 운영함에 있어 비효율적인 부분을 개선하는 방향으로 운영 역량을 향상시켜야 합니다.

이에 따라 일관되고 신속·정확한 문제해결이 고객채널 운영의 성공을 좌우하므로 운영 전략 면에서도 몇 가지 방향성을 가지고 운영되어야 합니다. 필자가 생각하는 4차 산업혁명 시대의 고객채널 운영전략은 아래와 같습니다.

(1) 디지털 시대에 맞는 운영역량을 확보해야 합니다

4차 산업혁명 시대에는 당연히 고객의 요구는 까다로워지고 니즈 또한 다양해질 것이므로 고객 니즈에 맞는 탄력적이고 신속·정확한 서비스가 지속적으로 제공되어야 합니다. 이를 위해서 고객서비스에 대한 경영상 의사결정을 하는 데 있어서 필요한 정보도 실시간으로 제공이 되어야 합니다. 여기서 중요한 것은 회사 경영상의 의사결정은 물론 운영 프로세스 및 서비스 혁신은 감이나 그간의 경험을 토대로 하는 것이 아닌 철저하게 데이터를 기반으로 해서 이루어져야 한다는 것입니다.

이와 함께 고객의 다양한 서비스 요구에 신속히 대응하려면 체계적인 전략도 수립되어야 하며 무엇보다 고객관리센터로의 기능을 수행할 수 있는 구성원들의 역량이 단계적으로 확보되어야 하겠습니다. 고객의 생각이나 라이프 스타일은 빠르게 변화하는데 구성원들의 마인드나 서비스 태도에 아무런 변화가 없다면 제대로 된 서비스 제공이 어렵다는 말입니다.

최근 연구 결과에 의하면 과도한 공감보다는 문제해결에 초점을 맞춰 고객을 응대해야 한다는 주장에 힘이 실리고 있습니다. 고객 서비스 질이 지속적으로 하락하는 이유 중에 하나는 고객 관련 문제는 갈수록 복잡해지고 어려워지고 있음에도 불구하고 서비스 업무를 수행하는 직원들의 역량이 이를 따라가지 못하기 때문이라고 밝히고 있습니다. 따라서 이러한 문제를 해결하기 위해서는 친절 지향적인 공감 및 호응 중심의 응대가 아닌 고객 관련 문제를 해결하는 데 있어 문제를 정확히 이해하고 이에 대해 신속하게 해결책을 제시하는 주도적인 직원이 필요한 시점입니다.

## (2) 고객채널은 문제해결을 중심으로 운영해야 합니다

고객의 요구사항은 물론 채널을 사용하는 환경 또한 다양해지고 있습니다. 특히 모바일 사용이 일상화되면서 더욱 세분화되고 복잡한 서비스가 요구되고 있습니다. 기존에 웹이나 고객센터를 이용한 접촉이 주를 이루었다면 모바일 사용을 통한 접촉이 일반화되면서 실시간 채팅(Chatting)은 물론 소셜 미디어를 활용한 접촉이 갈수록 증가하고 있습니다.

이렇게 고객 서비스 채널이 더욱 확산되면서 고객 입장에서는 편의성이나 접근성에 대한 만족도가 높아지는 반면 그만큼 신경 쓸 일들이 많은 서비스 조직입장에서는 골치가 아플 수밖에 없습니다. 게다가 고객의 요구는 갈수록 까다로워지고 무엇보다 신속하고 정확한 서비스를 요구하는 고객이 늘어나고 있습니다. 특히 우리나라 고객의 성급함은 타의 추종을 불허할 만큼 급하기로 유명합니다. 문제가 발생하거나 불만족이 발생하게 되면 당장 해당 문제를 해결하라고 압박하거나 제대로 처리가 안 될 경우 격한 감정을 드러내기도 합니다.

일반적으로 모바일은 가뜩이나 성급한 고객의 조바심을 더욱더 부추기는 경향이 있습니다. 이러한 이유로 인해서 고객은 자신이 문의한 내용이나 불편한 사항이 해결되지 않거나 지연되면 해당 문제가 해결될 때까지 똑같은 내용을 가지고 끊임없이 모바일을 포함한 다양한 채널을 이용해서 접근하려 합니다. 이렇게 되면 서비스 조직 입장에서는 과연 채널을 다양화해서 고객의 접근성을 높이는 것이 좋은지 아니면 선택적으로 채널을 운영할지를 고민하게 됩니다.

이러한 고민 해결에 있어 판단 기준이 되는 것은 고객채널 운영에 따른 효율성을 고려하여야 하겠지만 무엇보다도 고객만족을 위한 문제해결에 초점을 두고 신중하게 선택해야 합니다. 고객경험관리 측면에서 다양한 고객채널을 운영하는 것이 바람직하기는 하지만 채널만 다양화하고 실질적으로 접근 자체가 어렵고 오히려 고객의 불만을 야기한다면 운영하지 않는 것이 나을 것입니다. 문제해결을 위한 방법으로 직접적인 접촉에 의한 해결보다는 고객이 스스로 문제를 해결하기 위한 셀프서비스가 대안으로 등장하는 것은 어찌보면 당연한 귀결이 아닐까 싶습니다.

(3) 온디맨드 서비스(On Demand Service)에 적합한 운영체계를 구축해야 합니다

4차 산업혁명 시대를 구분 짓는 특징 중에 하나가 바로 위에서 설명한 온디맨드 서비스라고 할 수 있습니다. 고객의 니즈를 해결해주기 위해서는 바로 이러한 서비스 수행이 가능하도록 인적자원은 물론 프로세스, 조직문화 등 서비스 조직의 시스템을 디지털로 바꾸어야 합니다. 근래에 여기저기서 등장하는 디지털 트랜스포메이션(Digital Transformation)이라는 말을 들어보셨을 겁니다. 다양한 의미로 해석이 가능한데 '기업이 새로운 비즈니스 모델, 제품, 서비스를 창출하기 위해 디지털 역량을 활용함으로써 고객 및 시장(외부 생태계)의 파괴적인 변화에 적응하거나 이를 추진하는 지속적인 프로세스'라고 정의하는 곳도 있고 '기업이 디지털과 물리적인 요소들을 통합하여 비즈니스 모델을 변화시키고, 산업에

새로운 방향을 정립하는 전략'이라고 정의하는 곳도 있습니다만 필자는 간단히 '서비스 조직의 모든 체계를 서비스 조직의 목표인 고객만족(수익 창출)과 운영 효율성을 통해 사업성과에 기여하기 위해 디지털화하는 것'이라고 정의합니다.

이와 같은 정의에 근거하여 서비스 조직은 디지털 기술에 기반을 둔 서비스 제공을 통해 제품이나 서비스의 근본적인 가치를 제공하여야 하며 이러한 활동을 구체화하기 위해서 디지털 트랜스포메이션에 따른 운영전략을 수립하여야 합니다. 디지털 트랜스포메이션은 서비스 조직의 인적자원은 물론 시스템, 프로세스, 조직문화 등 조직의 전반적인 자원과 체계를 디지털화하는 데 노력해야 합니다. 예를 들어 고객 인터페이스 전략의 경우 고객의 다양한 니즈를 충족시켜주기 위한 노력의 일환으로 고객이 쉽게 수용할 수 있도록 설계하는 것도 한 가지 방법입니다. 이외에도 고객을 위한 개인화 및 맞춤화된 서비스를 제공하기 위해서 내부 프로세스나 인적자원 외 다양한 자원을 표준화 또는 유연화하는 것도 이러한 전략에 포함됩니다.

(4) 고객만족은 물론 효율성 개선을 위해서 고객접촉 채널을 지속적으로 개선해야 합니다

몇 차례 강조하였다시피 고객센터는 물론 고객채널은 고객만족과 운영 효율성을 위해 존재한다고 하였습니다. 이를 위해 고객채널은 채널 분산은 물론 고객편의성과 접근성을 고려하여 채널을 확보할 필요가 있

습니다. 고객채널로 고객이 접촉하는 이유는 크게 정보 및 지식을 제공받기 위해서와 문제해결을 위해서라고 했습니다. 그렇다면 정보와 지식 제공 채널과 문제해결 중심 채널에 대한 업무 정의를 명확히 하고 이를 실행에 옮겨야 합니다. 채널에 대한 정의를 할 때는 가급적 정보와 지식을 제공하는 채널의 경우 불편함을 최소화할 수 있는 해소 전략도 함께 수립되어야 합니다.

최근 셀프서비스가 고객채널로서 각광을 받는 이유는 위의 2가지 목적을 수행하는 데 효과적이기 때문입니다. 최근 정보기술과 결합하며 셀프서비스는 점차 강력한 고객 서비스 접점이 되어 가고 있습니다. 기업 입장에서 여러 가지 이점이 있겠지만 무엇보다도 최소한의 인원으로 서비스와 시스템 운영이 가능해져 비용을 낮추는 효과가 큰 것이지요. 반면 고객입장에서는 약간의 불편함을 감수한다면 저비용으로 서비스를 제공받거나 24시간 서비스를 받을 수 있는 장점이 있어서 셀프서비스의 비중이 높아져 가고 있습니다.

다만 셀프서비스를 설계한다면 3가지를 고려하여 결정하시기 바랍니다. 먼저 고객이 셀프서비스(프로세스)에 어떤 공헌을 하는지 여부를 고려하여야 합니다. 셀프서비스를 구축한 후 목표도 불분명하고 어떤 공헌도 하지 않는데 무작정 셀프서비스를 확장하는 것은 효율성은 물론 비용을 낭비하는 요소로 작용할 위험성이 큽니다. 또한 고객이 셀프서비스를 충분히 사용할 수 있는지 여부를 고려하는 것입니다. 이용편의성은 둘째치고 고객이 충분히 셀프서비스를 이용하지 않는다면 비용 발생은 물론 오히려 고객불만을 야기하기 때문입니다. 마지막으로 셀프서비스로 인해 기대할 수 있는 효과 또는 영향을 고려하여야 합니다. 예를 들면 셀프서비스를 통해 고객에게 긍정적인 경험을 제공한다거나 가치를 인식하게 하는 것입니다. 또는 셀프서비스를 통해 효율성이나 달성하고자 하는 성과 및 기대치를 고려하여 구축하여야 합니다.

2부

# 밀레니얼과 공존하기 위해 알아야 할 것들

4차 산업혁명 시대에 접어든 지금, 환경도 급변하고 사람도 바뀌고 있습니다. 이러한 상황 속에서 서비스 현장 또한 변화된 모습을 보이고 있습니다. 특히 서비스업 종사자의 절반 이상이 젊은 세대로 구성되어 있는 지금, 소위 '요즘 애들'이라 불리는 밀레니얼 세대는 관리자들과는 다른 방식으로 소통하기를 원합니다. 너무도 뻔하고 이해하기 어려운 말들은 더 이상 통하지 않으며, 그들에게서 동기부여와 몰입을 이끌어내려면 다른 시각에서의 접근이 필요합니다. '요즘 것들'이라 불리는 그들은 과연 누구이며, 그들과는 어떤 방식으로 소통해야 할까요? 이에 대한 이해가 선행이 되어야 서비스 조직에서 효과적인 코칭이 이루어질 수 있습니다.

## 밀레니얼, 너흰 도대체 누구니?

전문가마다 정의가 조금씩 다르기는 하지만 주로 1980년대 중반부터 1990년대 중반까지 태어난 사람들을 밀레니얼 세대라 일컬으며, 이들은 온라인에서 여러 사람과 수평적인 의사소통을 하며 자랐습니다. 또한 이들은 핵가족 형태의 가정에서 부모 사랑을 독차지함과 동시에 원하는 것을 쉽게 얻으며 자라 자존감이 높고, 개인주의적 성향이 강한 모습을 보입니다. 최근에는 밀레니얼뿐만 아니라 Z세대까지 등장하였는데 Z세대는 1990년대 중반부터 2010년대에 태어난 세대를 말합니다. 밀레니얼과 Z세대를 분리해서 정의하는 전문가들도 있습니다만 중요한 것은 이들 모두 자기 색깔이 강하고 자기 표현에 적극적이며 '나답게 사는 것'에 중점을 둔다는 것입니다. 또한 경험을 중시하는 이들은 현재 가치 중심적인 의사결정을 선호하지요. 기존 세대와는 달리 20세가 되기 전 해외여행을 다녀왔으며, 미래의 불확실성보다는 현재 나에게 만족감을 줄 수 있는 삶에 집중하는 모습을 보이기도 합니다.

2019년 백상예술대상 대상을 차지한 김혜자 배우의 수상소감에 많은 분들이 감동했을 것이라 생각합니다.

"지금 삶이 힘든 당신, 당신은 이 모든 것을 누릴 자격이 있습니다. 오늘을 살아가세요. 눈이 부시게. 후회만 가득한 과거와 불안하기만 한 미래 때문에 지금을 망치지 마세요."

힘들어하시는 분들에게는 분명 힘이 되는 말입니다만 저는 이 수상소감을 듣고 밀레니얼이 고민하고 있는 상황이나 그들이 지향하고 있는 삶을 표현하자면 김혜자 배우가 얘기한 내용과 동일하지 않을까라는 생각을 하게 되었습니다.

최근에 회자된 밀레니얼 하면 떠오르는 말들을 한번 볼까요? 소확행, 미투, 욜로, 열정페이, 노~오력, 니트족, 노잼, 핵노잼, 워라밸, 가성비, 가심비, 핵인싸, 혼코노(HONKONO), 혼콘 등등 참으로 많은 말들이 생겨나고 있습니다.

그런데 이러한 단어들을 천천히 뜯어보면 '밀레니얼의 생활이 참으로 녹록지 않구나'라는 생각이 듭니다. 이들이 자라온 환경이나 처한 상황이 기성세대와는 달라도 너무 다르다 보니 여기저기서 마찰과 갈등이 일어나고 있습니다. 물론 서비스 조직도 피해갈 수 없지요. '옳고 그름'으로 세상의 가치나 방향을 설정하고 판단하며 살아가는 베이비부머(Baby boomer) 세대와 X세대와 달리 '좋고 싫음'으로 귀결되는 밀레니얼은 전혀 다른 종족처럼 서로를 대하는 것이 흔합니다.

흔히 회식이라고 하면 기성세대는 '친목도모', '격려'라고 생각하는 반면 밀레니얼은 '퇴근 후에 소중한 개인시간을 빼앗는 갑질'이라고 생각하는 인식이 강합니다. 기성세대가 대를 이어 충성하겠다는 자세로 회사업무에 임한다면 밀레니얼은 '워라밸' 또는 '저녁이 있는 삶'을 이야기합니다.

밀레니얼의 이러한 삶의 태도나 특징은 갑자기 생겨난 것이 아닙니다. 이들은 단군 이래로 최고의 스펙을 자랑할 정도로 대학 진학률이 월등히

높고 아시다시피 국내외 금융 위기 이후 사회에 진출하다 보니 일상생활에 제약이 많고 취업, 연애, 결혼도 어려운 현실적인 위험에 직면하게 되면서 흔히 말하는 N포세대라고 불리기도 합니다.

기성세대도 노력은 많이 했지만 밀레니얼과 비교해서 쉽게 취업했고 당연히 결혼을 하였으며 자녀를 낳아 양육을 하는 정상적인 삶을 살아왔다고 하면 스펙에 비해 취업은 어렵다 보니 미래지향적인 삶을 살기에는 한계가 존재하는 세대가 바로 밀레니얼이 아닌가 싶습니다.

기성세대야 세상이 어렵다고 하더라도 취업은 했는데 밀레니얼의 경우 최고의 스펙을 자랑해도 취업이 어렵다 보니 현실적으로 여러 가지 제약이 있는 것으로 생각됩니다. 그렇다 보니 미래지향적으로 살아가기보다는 현실지향적으로 살아갈 수밖에 없는 것이죠.

게다가 이들은 태어날 때부터 IT는 물론 인터넷에 능통하며 태어날 때부터 스마트폰을 사용해서 디지털에 익숙한 세대이기도 합니다. 따라서 기술변화에 능동적이고 적극적이며 인터넷과 모바일이 삶에 없어서는 안 될 디지털 원주민(Digital native)이기도 한 것이죠.

---

## 2

### 요즘 것들의 6가지 특징

이렇듯 기존 세대와는 여러모로 다른 양상을 보이는 밀레니얼은 서비스 현장에서도 이전 세대와는 다른 모습을 보입니다. 이들은 뛰어난 컴퓨터 활용능력, 어학 실력 및 협업 능력을 갖춤과 동시에 기존 질서에 저항하고, 조직보다는 개인을 중시하며 조직과 대등한 관계임을 내세웁니다. 더불어 이들은 출세, 성공보다는 천상천하 유아독존적인 자세를 유지하면서 워라밸을 실천하기 위해 노력합니다.

관리자들은 이러한 밀레니얼 세대의 모습이 너무 낯설게 느껴집니다. 도무지 열정이 없는 것 같다가도, 자신의 취향이나 주관은 쉽게 양보하지 않습니다. 또한 업무에 대한 기본적 에티켓이나 개념이 없어 보이는데, 디지털 기술 등 새로운 변화에는 기가 막히게 적응하며 앞서가지요. 결혼, 출산 등을 포기했다고 하면서 왜 그토록 사표를 쉽게 던지는지, 이해하기 어려운 것들 투성입니다.

이처럼 세대에 대한 이해가 제대로 행해지지 않은 상황에서, 많은 관리자들은 과거 세대에 통했던 관리 시스템을 유지하고 그들과 소통하려 합니다. 때문에 관리자는 의도치 않게 혼자서만 자신의 생각을 이야기하는 일방적 의사소통을 하게 되고, 수평적인 의사소통을 중시하는 밀레니얼 세대는 이에 대한 불편함을 느끼게 되는 것입니다. 결국, 관리자와 직원 모두 혼란스러운 상황을 겪게 됩니다. 이러한 상황 속, 밀레니얼 세대와 면담을 해야 하는 상황마다 관리자들은 그들에게 도대체 무엇을 어떻게 말해야 할지 고민하며 두려움을 느끼기도 합니다.

설상가상으로 올바르지 않은 소통 방식으로 인해 관리자와 직원 간의 갈등이 발생하기도 하며, 이는 곧 직원의 퇴사로 이어집니다. 또한 이로 인한 신규 직원 채용, 교육 비용 지출의 발생은 조직의 손실로 귀결됩니다. 이러한 상황을 개선하기 위해 관리자들은 밀레니얼 세대의 특징을 보다 자세히 이해하고, 올바른 소통법으로 그들과의 거리를 좁혀야 합니다.

필자는 서비스 현장에서의 밀레니얼 세대를 보다 자세히 이해하기 위해 콜센터, 병원, 백화점 등 다양한 업종의 관리자들을 인터뷰했습니다. 그 결과, 그들에게서 다음과 같은 특징을 찾을 수 있었습니다.


### (1) 강요에 대한 반감, 공평보다 공정

밀레니얼 세대는 정치, 사회, 경제 등 모든 분야에서의 형평성을 추구합니다. 이들은 소통에서도 형평성과 명료함을 중시하며, 납득할 수 없는 상황에 반기를 들기도 하지요. 이러한 세대 특성에 맞게 다수의 관리자들은 그들을 '손해 보는 것을 무척 싫어하며, 양보할 줄 모르는 세대'로 정의합니다.

합리적이고 충분히 설득이 되지 않는 일들을 이들에게 강요하면 '꼰대'라는 말로 맞섭니다. 뒤에서도 지속적으로 설명을 드리겠습니다만 이들은 그동안 당연히 해왔던 일들이니 군말없이 따르기를 강요하면 반발합니다. 기성세대에게 8시 40분까지 출근해서 업무를 준비하라고 하면 너무도 당연한 일이지만 밀레니얼에게 이런 얘기를 하면 돈을 더 줄 것도 아니고 9시에 맞춰 와도 일하는 데 전혀 지장이 없음에도 왜 일찍 출근하기를 강요하느냐고 항의를 받을 것입니다.

이와 함께 우리는 일부 정치인들의 자녀들이 다양한 형태로 누린 무임

승차 또는 부정입학 그리고 2018년에 평창 동계올림픽에서 국가대표 아이스하키 선수를 선발할 때 남북단일팀 구성이라는 명분하에 자신의 또래 선수들이 밀려나는 것을 보고 밀레니얼이 분노했던 사실을 이미 목격한 바 있습니다. 이들은 높은 교육열 속에서 자란 세대이며 어떤 세대보다 치열하게 경쟁하여 취업한 세대입니다. 따라서 서비스 조직에서 보이는 일련의 불합리하고 공정하지 않은 의사결정이나 업무 배분을 극도로 혐오합니다. 또한 조직에서 무임승차자가 있다면 이러한 상황을 그냥 넘어가지 않습니다.

여러분이 어느 경진대회에 나가서 상금으로 50만원을 받았다고 한다고 가정하면 예전 세대는 공평하게 나누거나 전체 회식을 하는 경우가 많았을 겁니다. 그러나 밀레니얼은 너무도 당연하게 경진대회에서 공헌한 비율에 따라 공정하게 상금을 나누는 방식을 취합니다. 팀플이나 공동작업에 익숙한 이들은 이렇게 금전적인 보상 못지않게 업무에 대한 배분에 있어서도 아주 예민하게 반응합니다.

필자가 대학에서 겸임교수로 근무하면서 경험했던 일들이 있습니다. 중간고사나 기말고사 평가 시즌이 되면 학점에 대한 문의는 물론 학기초에 다양한 경로를 통해 고지했던 강의계획서의 평가 방식에 따라 평가를 해도 낮은 점수를 받은 학생들에게서 평가가 정말 공정한 것인지 어떻게 그러한 점수가 나온 것인지에 대해서 구체적인 설명을 해달라는 이의제기가 발생하곤 하였습니다. 제가 학교를 다닐 때와는 너무나도 다른 풍경이었던 셈이죠.

밀레니얼의 이러한 태도는 서비스 현장에서도 그대로 적용되고 있습니다. 일례로 스케줄 근무가 행해지는 서비스 현장의 밀레니얼 세대들은 최대한 '공정하게' 휴무일이 정해지길 바라며, 본인 외에 다른 직원들의 스케줄까지 살핀 뒤 특정 인원에게 유리하게 스케줄이 짜이지는 않았는지 등을 꼼꼼히 따지는 모습을 보입니다. 만약 공정하지 않다면 이들은 다양한 방식으로 자신의 의견을 피력하기도 합니다. 따라서 업무 분배는 물론 과정의 공정성은 이들에게 있어 매우 중요한 요소라고 할 수 있습니다.

또한 이들은 고객들에게도 형평성을 바랍니다. 이에 유모차 대여를 위해 자녀의 나이를 속이고, 위생 용품을 받기 위해 거짓말하는 고객들에게 분노하며, '고객이 원칙을 지키지 않는 것을 눈 감아주면서까지 친절한 서비스를 제공해야 하느냐?'라고 말해 관리자를 당황스럽게 만들기도 합니다.

### (2) 일의 가치와 의미 중시, 명확한 지침 요구

더불어 직장에서 어떠한 지시나 지침이 내려지면 '왜?'를 묻지 않았던 기성세대와는 달리, 밀레니얼들은 '왜 이 일을 해야 하는지?' 명확하게 알고 싶어 합니다. 더불어 본인들의 입장에서 그 일을 해야 하는 이유가 명확하지 않을 경우 좀처럼 움직이려 하지 않습니다. 분명 '하고 싶은 일'과 '해야 하는 일'이 공존하는 곳이 직장이지만, 밀레니얼들에게 타협이란 없기에 관리자들은 어떻게 해야 그들을 움직일 수 있는지에 대해

항상 고민합니다.

또한 그들 중 일부는 고객 응대에서도 명확한 지침이 존재하기를 원합니다. 그들은 고객들의 성향에 따라 응대 방식이 달라져야 한다는 것에 거부감을 가지며, 모든 고객에게 적용할 수 있는 공통된 고객 응대 매뉴얼을 요구합니다.

최근에는 국가의 법들이 근로자들의 우선시하는 방향으로 선회하면서 52시간 근무제, 직장 내 괴롭힘과 같은 노무적인 이슈와 함께 블랙컨슈머나 감정노동 들이 주요 이슈로 등장하게 되었습니다. 따라서 조직이나 관리자 입장에서는 이들이 업무를 수행하는 데 있어서 명확한 지침을 주어야 함에 고충을 토로하고 있습니다.

이와 함께 업무에 대한 자율성을 요구하는 경우가 많습니다. 특히 고객불만건이 발생하면 왜 계속해서 욕을 먹으면서 응대해야 하는지를 따져 묻는 경우가 많고 적법한 절차를 거치지 않고 관리자도 해당 부서로 이관하는 경우가 많습니다.

자신에게 주어진 권한 위임이 없고 명확한 지침도 없으니 어쩔 수 없다는 것이 이들의 입장인데 관리자 입장에서는 일면 이해가 가면서도 답답하기 그지없습니다. 이들은 예전처럼 '까라면 까' 한다고 따르는 그러한 세대가 아닌 것은 확실해 보입니다.


### (3) 존재에 대한 가치와 인정에 대한 욕구

세대 전문가인 진 트웬지는 자기중심적이고 나르시시스트이며, 어디로 튈지 모르는 그들을 'Me Generation 세대(나나나 세대)'라고 정의합니다. 이처럼 밀레니얼 세대는 '나' 중심적이며, 본인의 생각과 가치, 감정 등을 존중받고 싶어 합니다. 이러한 그들의 모습은 그들의 성장 배경과 관련 있습니다. 밀레니얼 세대의 부모님들은 본인의 자녀가 유능한 존재라는 인식을 심어줌과 동시에 자녀에게 필요한 모든 것을 지원하며 그들을 양육했지요. 이런 환경에서 자란 그들은 그들 스스로를 유능한 사람이라 여기며, 개인의 존재 자체를 그대로 인정하고 배려받기를 원합니다.

이렇게 있는 그대로 존중받고 싶어 하는 그들의 욕구는 고객 응대 시에도 여과 없이 드러납니다. 그들은 본인이 납득할 수 없는 상황에 대해서는 고객에게 사과를 건네지 않거나, 설령 사과를 하더라도 '죄송합니다'라는 말에 걸맞지 않은 말투와 표정으로 더 큰 컴플레인을 유발하기도 합니다. 더불어 감정적인 모습을 보이는 고객에 맞서 '고객이 먼저 잘못을 했는데 내가 왜 참아야 하느냐'라는 태도를 보입니다.

또한 이들은 개인의 사생활에 대한 존중을 중요하게 여깁니다. 이에 근무 중 표정이 좋지 않은 직원에게 관리자가 '무슨 일 있는지' 물을 경우, 되려 그런 질문을 받았다는 것에 불쾌감을 표현해 관리자를 당황스럽게 만들기도 합니다. 상황에 따라 관리자가 건네는 말이 잔소리와 조언으로 갈리기도 하기 때문에 조심스러운 접근이 필요합니다. 관리자 입장에서는 관심의 표명이라고 접근하지만 이들에게는 사생활에 대한 질문은 또 다른 형태의 갑질이라고 생각할 확률이 100%입니다. 따라서 적당히 사적인 영역을 침범하지 않는 범위 내에서 밀레니얼을 존중하는 것이 바람직합니다.

특히 여성들이 많은 서비스 조직에서의 이와 같은 관리자의 오지랖보다는 현명하게 적당한 간격을 유지하면서도 존중을 기반으로 한 질문이 오히려 개념 있는 관리자로 각인될 확률이 높습니다.

### (4) 돈보다는 현실 지향적인 워라밸 추구

기준이 남이 아닌 '나'인 밀레니얼 세대에게 성공과 행복에 대한 기준은 이전 세대보다 더 확장되고 다양해졌습니다. 이들은 예전과 같이 높은 연봉을 받고 영향력이 큰 임원이나 높은 지위를 갖는 것이 행복의 전부가 아니라고 생각합니다. 서비스 현장의 밀레니얼 세대들 또한 조직에서 자신에게 어떠한 권한, 임무 등이 부여되는 것을 부담스럽게 생각하며, '본인에게 주어진 일만 열심히' 해 나가려는 태도를 보입니다.

실제로 서비스 조직에서는 팀장이나 관리자가 되려는 직원들이 많지 않다고 하죠? 쥐꼬리 만한 월급 좀 더 받고서 노예처럼 일하는 팀장이나 관리자를 보면 너무도 불쌍하다고 느낀다고 합니다. 이들의 논리는 얼마 되지 않는 월급 받으면서 할 일은 엄청 많아지고 신경 써야 할 일들과 책임져야 할 일들이 너무도 많은데 왜 고생해서 승진을 하려고 하는지 이해가 되질 않는 것이죠.

이들은 열심히 일해서 돈 모으고 그 돈으로 행복하게 살자는 구태의연한 삶의 방향성을 선호하지 않습니다. 미래를 위해 현재를 희생해야 하는 삶을 저주하는 것이죠. 그래서 돈이 자신의 정체성에 질척대는 것에 환멸을 느껴 현재를 맘껏 즐기려는 태도를 지향합니다. 어떻게 될지 모를 미래를 꿈꾸기보다는 현재를 즐겁고 행복하게 보내자는 것이 이들의 삶에 대한 태도입니다.

근래에 등장하는 용어들을 한번 보세요. 스몰라이프(Small life), 욜로(YOLO), 소확행, 워라밸(Work-life balance)이라는 단어가 등장하는 것이 이들의 삶을 제대로 투영하고 있다고 봐도 과언이 아닙니다.

특히 이미 언급했던 워라밸을 중시하는 것 또한 이들의 특징입니다. 이들은 혼잡한 시간의 고객 응대로 인해 본인들의 쉬는 시간이 줄어드는 것을 원치 않으며, 고객이 많으니 휴게 시간 한 시간을 30분씩 나눠 가지라고 이야기하는 관리자에게 반기를 듭니다. 또한 이들은 본인이 속한 일터를 '돈을 모으기 위해 잠시 거쳐가는 곳'으로 여기며, 미래보다는 현재를 중요시하기도 합니다.

실제로 서비스 조직에서는 여행을 가기 위해서 1년간 열심히 일하고 6개월 간은 실업급여를 가지고 스몰 라이프를 즐기다가 돈 떨어질 만하면 다시 재입사하는 사람들이 의외로 많습니다. 이러한 이들에게 '젊어서 고생은 사서도 한다'는 말을 하면 꼰대 취급을 받기 십상입니다. 실제로 국내 유명한 취업포털에서 직장인 대상으로 실시한, 선호하는 직장을 묻는 설문조사에 따르면 연봉은 적어도 야근이 적은 기업(65.5%)을 연봉이 높고 야근이 잦은 기업(11.8%)보다 더 선호하는 것으로 나타났으며 실제로도 '칼퇴근' 또는 '워라밸' 보장은 직원을 모집하고 채용할 때 필수로 들어가는 단어가 되고 있습니다.

### (5) 접촉보다 접속 선호

기성세대는 접촉을 좋아합니다. 동호회나 무슨 모임들이 그렇게 많은지 이들은 자주 접촉을 통하면서 자신의 존재를 확인하고자 합니다. 물론 요즘 기성세대는 접촉과 접속을 동시에 하는 경우가 많지만 어쨌든 직접 얼굴 보고 만나는 접촉의 비중이 높은 것이 사실입니다.

그러나 밀레니얼은 이와는 좀 다릅니다. 접촉보다는 접속을 오히려 선호하는 경우가 많습니다. 실제로 카톡으로 퇴사를 통보하거나 남자 또는 여자친구와 결별하는 밀레니얼들이 너무도 많죠? 심지어 휴가나 결근도 카톡으로 보내는 것을 선호합니다. 기성세대 입장에서는 놀랄 일이지만 이들이 자라온 환경을 보면 이해가 되는 측면도 있습니다.

부모가 맞벌이 첫 세대인 이들은 대화가 많지도 않고 대부분 TV나 웹을 통해서 세상을 배우고 친구들과 운동장이나 골목길에서 놀기보다는 학원이나 집에서 과외를 하거나 게임을 하면서 자란 세대입니다. 이들이 오프라인보다는 온라인 그리고 대면보다는 비대면을 선호하는 이유가 바로 여기에 있습니다.

실제로 서비스 조직에 있는 관리자라면 이러한 상황에 몇 번이고 놀랐을 겁니다. "만나서 이야기를 할 때는 대꾸도 잘 하지 않는데, 메신저 상에서는 굉장히 상냥해요", "얼굴을 마주하고 물을 때는 하지 않았던 이야기들을 메신저 상에서는 털어놔요", "사정이 있어 출근하지 못한다는 이야기를 근무 당일에, 그것도 문자로 이야기해요" 등등 이해하지 못할 일들이 흔히 발생하고 있습니다.

관리자들의 말처럼, 밀레니얼은 직접적인 접촉(contact)보다는 접속(connect)을 통한 소통을 추구합니다. 이에 관리자의 갑작스러운 커피 타임, 전화, 면담 등을 불편하게 생각하며, 카톡이나 업무용 메신저, 문자 등으로 관리자와 소통하는 것을 선호합니다.

이러한 상황은 고객을 만나는 데서도 그대로 반영됩니다. 기성세대의 경우 고객을 직접 만나서 얼굴 보며 이야기를 하는 과정에서 고객과의 관계를 유지할 수 있다고 생각하는 반면 밀레니얼은 직접적인 만남이나 전화를 하는 것보다는 문자나 이메일로도 충분히 소통이 가능하다고 생각하는 경향이 강합니다.

근래에 음식 배달이나 쇼핑, 호텔 예약, 택시 호출 등의 경우 전화나 직접적인 만남이 아닌 비대면 접촉채널이 많이 생기는 이유가 바로 여기에 있습니다. 밀레니얼은 직장인인 동시에 소비자이기도 합니다.

### (6) 개인주의적 성향

마지막으로 서비스 현장의 밀레니얼 세대들은 다른 누구보다도 '나 자신'을 중요하게 생각하는 모습을 보입니다. 이에 본인의 관심사가 아닌 일 혹은 사람에게는 좀처럼 관심을 갖지 않으며, 휴무일 선정 관련 혹은 갑작스러운 근무 스케줄 변경으로 인해 협력을 요구하는 관리자에게 본인도 쉬고 싶은데 왜 타인을 먼저 배려해야 하는지에 대해 묻습니다.

이와 함께 이들 중 일부는 앞을 가린다는 이유로 유니폼에 포함된 모자를 벗은 채로, 혹은 규정에 맞는 신발을 착용하는 대신 본인에게 편한 신발을 착용한 뒤 근무를 하기도 합니다. 이처럼 조직의 규칙보다도 자신의 편의를 우선시하는 그들의 태도는 관리자와 마찰을 빚는 요인이 되기도 하지요.

실제로 현장에서는 부서 회식 때 회식의 진리로 통하는 삼겹살을 구울 줄 모르거나 굽기 싫어하는 직원들로 인해서 족발·보쌈세트를 시키는 회사들도 있다고 합니다. 집에서 한 번도 고기를 구운 적이 없는데 어떻게 고기를 구울 수 있냐는 항변에 부글부글 끓어오르는 분노를 진정시키는 것 외에는 딱히 할 말이 없다고 합니다.

또한 회식도 회사업무의 연장이라고 하면 이들은 미쳐버리기 일보 직전의 표정을 짓습니다. 이들이 싫어하는 것은 개인 의사나 성향에 반하는 집단주의적인 태도입니다. 따라서 이들은 회식이나 야근, 주말 근무, 친목도모를 위한 워크샵이나 단체 행사 등을 극도로 싫어합니다.

개인적인 삶을 포기해야 하거나 희생해야 하는 회사의 업무를 좋아하지 않는 이들의 성향은 어떻게 하면 적게 일하고 자기의 개인적인 삶을 즐길 수 있는지를 항상 고민한다고 봐야 합니다.

또한 수시로 정리해고되는 선배들이나 부모님을 보고 자란 이들의 입장에서는 미래가 늘 불안하게 느껴집니다. 따라서 이들은 항상 '앞으로 뭐 해 먹고 사나?'가 주요한 삶의 화두입니다. 이러한 불안함이 늘 존재하는 이들의 입장에서는 각자도생 해야 한다는 현실적인 문제는 두고 두

고 고민해야 하는 것이고 따라서 다른 사람이 아닌 자신에게 오롯이 집
중하는 것이 낫다고 판단하는 것입니다.

---

### 3

밀레니얼 하면 한숨부터 나오는 당신을 위한 유형별 소통 처방전

앞에서 우리는 밀레니얼 세대와 특징에 대해서 알아봤습니다. 서비스
조직에서 일하는 밀레니얼의 비중이 점차 증가함에 따라 이들의 행동과
태도 그리고 그들이 어떤 생각을 가지고 사는지를 이해하지 못하면 제
대로 된 서비스 조직운영이 어렵다는 사실을 이해하셨을 것이라 생각합
니다.

그렇다면 이제부터는 밀레니얼과 소통하는 법에 대해서 알아보도록
하겠습니다. 서비스 현장에서 관리자들이 밀레니얼 세대들과 소통하며
실제로 겪을 수 있는 상황들과 그에 맞는 소통 방법은 무엇인지 살펴보
도록 하겠습니다.

서비스 조직 밀레니얼 이렇게 코칭하라

"저는 평소 서비스란 고객의 특성과 상황에 맞게 제공되어야 한다고 생각해왔어요. 그런데 최근 들어 '어떤 상황에서 어떤 융통성을 발휘해야 하는지, 구체적으로 알려 달라'는 직원들이 있어요. 하루에 안내 데스크를 방문하는 수십, 수백 명의 고객들에게 맞는 응대를 일일이 알려 달라고 하니 너무 난감해요."

기성세대가 도제식으로 교육을 받았다면 이들은 온라인을 통해 자기가 원하는 강의를 몇 번이고 반복하면서 들었던 세대입니다. 기성세대가 추상적이고 암묵지 형태의 교육에 익숙하다면 밀레니얼은 구체적이고 형식지 형태의 교육에 익숙합니다. 따라서 이들의 입장에서는 '알아서 해봐!', '일단 해보고 안 되면 얘기해!' 또는 '그 정도는 좀 알아서 해야지'라는 말을 하면 답답해합니다. 따라서 업무 상의 명확하고 구체적인 지침을 중요하게 생각합니다. 문제는 서비스업의 특성상 고객 응대 시 일괄적으로 매뉴얼을 적용시키기보다는 고객 유형에 맞는 응대가 이뤄져야 하는 상황이 많다는 것이지요.

그럼에도 불구하고 직원이 고객 응대에서의 명확한 기준과 지침을 요구하는 경우 직원과 함께 그 기준을 세워보는 것을 조언해 드립니다. 직원이 어떤 고객들을 응대할 때 어려움을 느끼는지, 그러한 상황에서는 어떤 방식의 응대가 도움이 될지 직원과 함께 논의한 뒤 구체화시킨다면 그것이 곧 명확한 지침이자 세부 매뉴얼이 될 수 있습니다. 이와 함께 업무를 어려워하는 직원에게는 뭉뚱그려서 설명하기보다는 전체를 쪼개서 나눠 설명하는 것이 바람직합니다.

동시에 관리자는 직원에게 다양한 상황을 제시함으로써 '이렇게 많은 유형의 고객이 존재하기에, 모든 고객들의 유형을 케이스화시키는 것이 어려우므로 융통성이 필요하다'라는 메시지를 전달할 수 있습니다.

지침을 요구하는 그들의 요구에 조직이 적극적으로 나서지 못하는 이유를 잘 알고 있지만 일하는 환경이나 조건이 바뀐 이상 무조건 어렵다는 말로 임시방편적이고 일방적으로 직원의 희생을 강요하는 방식으로는 분명 한계가 있습니다.

결국 업무상의 융통성이라는 것은 직원에게 자율성을 준다는 것과 동일합니다. 고객응대에 있어서 자율성이라는 것은 업무에 있어서의 권한을 의미하는데 권한을 줄 때도 구체적인 위임범위와 해야 할 것, 그리고 하지 말아야 할 것을 명확히 구분하고 충분히 설득 및 이해를 시키는 것이 바람직합니다.

또한 직원과 매뉴얼을 작성했다면, 그 매뉴얼을 토대로 관리자와 직원이 함께 역할연기(Role playing) 또는 모니터링을 통해 각 유형에 해당하는 응대 스킬이나 실전 응대한 내용을 가지고 리뷰를 해보는 것을 추천합니다. 물론 요즘 게이미피케이션(Gamification)이나 마이크로 러닝 등 다양한 학습이 있기는 하지만 아직까지 서비스 조직에서 이보다 효율적인 방법이 없습니다.

다양한 상황을 가정하고 그에 맞는 적절한 응대를 고민하는 과정에서 직원은 자신만의 기준을 정할 수 있으며, 실제 고객 응대에서도 본인이 학습했던 내용을 토대로 보다 효과적인 고객 응대를 할 수 있습니다.

　마지막으로 실제 고객 응대 중 발생한 특수한 상황 혹은 컴플레인 상황에 대해 직원들과 함께 공유하는 것도 중요합니다. 어떠한 일이 발생했는지, 본인이 그러한 일을 겪게 되었다면 어떤 방식으로 문제를 해결해 나갈지 의논하고 방안을 강구하는 것으로 직원들의 문제해결 능력을 키울 수 있습니다. 동시에 이러한 활동은 추후 발생할 수 있는 상황에 대한 대비책이 될 수 있습니다.

"병원은 직원들이 스케줄 근무를 하는 곳이다 보니 상황에 맞춰 직원들의 휴무일을 정해야 하고, 갑작스러운 스케줄 변경이 필요할 때가 많아요. 특히 근무자 사정으로 갑작스레 대타 근무자를 구해야 하는 경우, 다들 본인의 일이 아니라는 듯한 태도로 방관하는 모습을 보여 너무나 난감해요."

서비스 조직 관리자들이 밀레니얼 직원과 소통 시 가장 골치가 아프다고 하는 것 중 하나가 바로 개인주의적인 성향을 가진 직원들에게서 협력을 이끌어내야 하는 것이 아닐까 싶습니다. 상대적으로 집단주의 성향이 강했던 기성세대는 주말 근무나 타인의 사정으로 인한 갑작스러운 스케줄 변경에 대한 수용도가 높았습니다. 조직을 위한 개인의 희생이 불가피하다고 인식한 것이지요. 그러나 개인주의 성향이 강한 밀레니얼은 무조건적인 희생이라는 것이 사전에 없는 세대이며 오직 개인주의적인 색채가 강한 집단입니다. 개인주의적이라고 하지만 목표와 이익이 분명하면 기꺼이 뭉칠 줄 아는 세대이기도 합니다. 따라서 목표와 보상이 명확하면 그들은 기꺼이 자신을 희생(?)할 줄 압니다. 여기서 보상이란 단순히 금전적인 것만을 의미하지 않으며, 작고 사소한 것일지라도 그들의 도움에 대한 대가라 여겨질 수 있는 것들이 해당됩니다.

또한 밀레니얼은 엔빵(직장인들 사이의 술값을 공평하게 나누는 계산 방식)에 익숙한 세대이기도 하며 무엇보다 기브 앤 테이크(Give & Take) 문화에 익숙한 세대여서 누군가에게 도움을 받았으면 반드시 되돌려줘야 하는 것이죠. 따라서 이들에게서 협력을 이끌어내기 위해서는 이러한 이들의 특성을 활용해야 합니다.

예를 들어, 다른 직원 대신 근무를 해준 직원의 휴무일을 본인이 원하는 날짜로 정해주는 것 등도 보상에 해당되겠지요. 더불어 가끔은 직원이 원하는 보상이 무엇인지 물어본 뒤, 수용 가능한 선에서 그들에게 맞는 '맞춤 보상'을 제공할 수도 있습니다. 이처럼 관리자의 권한 안에서 주어지는 적절한 보상은 그들의 협력을 끌어내는 방법이 됩니다.

이 밖에도 본인들에게 자율성을 부여하는 것 또한 그들을 협력하게 만드는 또 다른 방법이 될 수 있습니다. 다만 자율성이라는 것은 무엇을 마음대로 해도 된다는 의미가 아닙니다. 실질적으로 현장에서 문제가 발생했을 때 자율적으로 정한 기준은 무엇이고 사전에 우선순위는 어떻게 정할 것인지 그리고 실제 실행을 했을 때 제한사항은 무엇인지가 명확히 설정되어야 합니다. 예를 들어 허용되는 것과 허용되지 않는 것은 무엇인지가 명확해질 때 자율성이 활성화될 수 있습니다.

예를 들어 서로의 합의하에 직원들 스스로 근무 스케줄을 짜게 한다던가, 공동 근무를 하는 경우 업무 규칙을 직원들이 직접 정하게 하는 것으로 자율성을 부여할 수 있지요. 이때, 직원들의 의견 차가 있는 상황에서는 관리자가 개입할 수 있음을 미리 인지시키고, 실제 마찰이 발생한 경우 관리자가 중재자 역할을 하는 것으로 협력을 이끌어냄과 동시에 갈등을 최소화할 수 있습니다.

"기존에 하던 일 외에 새로운 업무를 지시했더니, '왜 이 일을 해야 하죠?'라고 묻더라고요. 마땅히 해야 하는 업무인데다 근무시간 내에 충분히 해결할 수 있는 일인데, 왜 그래야 하냐고 물으니 당황스러워요."

근무 시간보다 조금 일찍 나와 준비 시간을 가지라는 관리자에게 "정식 근무 시간은 9시인데 왜 그래야 하죠?" 말하고, 기존 업무 외에 업무가 추가되는 경우 "원래 하던 일이 아닌데 왜 해야 하죠?"라고 하는 직원들이 늘고 있습니다. 'WHY 세대'라 불리는 그들답게, 밀레니얼 세대는 '왜'를 중요하게 생각하며, 본인들이 납득하지 못하는 경우 아예 시도조차 하지 않으려는 모습을 보입니다.

이러한 상황을 풀어나가기 위해, 가장 먼저 관리자 스스로 왜 그렇게 해야 하는지에 대한 충분한 설명과 함께 해당 상황과 관련한 정보를 공유하는 것이 바람직합니다. 위에서 설명을 했다시피 일의 가치와 의미를 중시하는 세대이므로 무조건 해야 한다는 논리로 접근하면 당연히 반발을 사기 마련입니다.

따라서 직원이 왜 그 일을 해야 하는지, 그리고 지시 사항을 이행하거나 불이행했을 때 직원에게 어떤 영향이 있을지 관리자가 명확하게 알고 있어야 그들을 납득시키는 것이 수월하겠지요. 이러한 과정을 거쳤다면, 다음 단계는 그들에게 지시하는 일의 맥락과 의미를 포함한 설명을 하는 것입니다.

예를 들어 새로운 업무가 추가된 배경 및 업무 처리 방식, 이 일을 했을 때 직원에게 어떤 이득이 있는지, 해당 업무가 향후 어떤 일을 할 때 도움이 되는지 또는 하지 않았을 때 어떤 피해가 발생할 수 있는지에 대한 전체적인 맥락과 상황을 포함한 설명이 필요합니다.

그리고 지시한 일이 다른 직원이 아니고 자기 혼자만 억울하게 일을 하는 것은 아닌지에 대한 공정성에 의문을 갖는다면 난이도에 따라 업무를 분담하거나 업무처리의 노하우는 물론 문제가 발생했을 경우 도움을 요청할 직원이나 방법을 공유하는 것도 좋습니다. 아니면 직접적으로 업무를 설명한 후 해당 직원이라면 어떻게 처리할 것인지 조언을 구하는 것도 방법입니다.

마지막으로 지시 사항에 따르는 직원에 대한 칭찬도 뒤따라야 합니다. "처음 하는 일인데도 원래 하던 일처럼 능숙하게 잘하네요" 등의 인정이 더해진다면, 보다 자발적으로 지시사항에 따르려는 그들의 모습을 발견할 수 있습니다.

**유형 04** 피드백을 하면 감정적으로 받아들이고,
무시당했다고 생각해요 (봉)

"고객 응대 시 지속적으로 실수를 하고, 고객들의 컴플레인을 유발하는 직원이 있어 그에 대한 지적을 한 적이 있어요. 그랬더니 본인의 실수에 대한 생각은 전혀 하지 않고, 제가 본인의 감정을 상하게 했다며 되려 기분 나빠하더라고요. 피드백은 감정적으로 받아들이면 안 되는 것 아닌가요?"

회사는 개인들이 각자의 역할을 통해 공동의 목표를 이루는 조직입니다. 성과를 내는 과정이 항상 아름다울 수는 없기에, 직원에 대한 관리자의 피드백이 필요한 경우가 있습니다. 그러나 자신의 감정과 생각이 가장 중요한 밀레니얼에게는 원치 않는 누군가의 충고나 조언은 불쾌하게 느껴질 뿐입니다.

이러한 밀레니얼 세대에게 보다 효과적으로 피드백을 건네기 위해, 관리자 스스로 '과연 직원에게 피드백 할 필요가 있는지' 먼저 생각해봐야 합니다. 이러한 과정 없이, 사실 확인이 정확하게 되지 않은 피드백은 당연히 직원의 반발을 부를 수밖에 없겠지요. 더불어 피드백을 건넬 때는 직원에게 감정적으로 다가가지 않으려는 노력이 필요합니다. 그것이 만약 부정적인 피드백이라면 더욱 조심해야 합니다.

또한 피드백은 '개별적으로', '독립된 공간'에서 행해져야 합니다. 다른 직원들이 보는 앞에서 행해지는 피드백은 그들의 감정만 상하게 할 뿐입

니다. 더불어 밀레니얼 세대는 자신들에 대한 섣부른 판단이나 일방적인 피드백을 받을 때 관리자가 본인들을 무시한다고 생각합니다. 이에 비판적이고 일방적인 피드백보다는 먼저 그들의 이야기에 귀를 기울인 뒤, "당신의 입장을 충분히 이해합니다. 그러나 ~했다면 어땠을까요?", "혹시 다른 방법이 있을까요?" 등의 질문과 포용력 있는 태도를 통해 그들을 존중하는 모습을 보이는 것이 중요합니다.

이와 함께, 관리자는 직원의 행동으로 인해 어떤 일이 발생했으며 어떤 결과가 있었는지 등의 '객관적 사실'에 집중한 피드백을 주어야 합니다. 동시에 재발을 막기 위해 어떤 노력을 기울일 수 있을지 관리자가 함께 고민하는 모습을 보인다면 직원 또한 보다 수용적으로 피드백을 받아들일 것입니다.

마지막으로 가끔은 부정적인 내용의 피드백일지라도, 색다른 방식으로 전달한다면 보다 즐거우면서도 효과적인 피드백이 될 수 있습니다. 예를 들어 반복해서 같은 실수를 하는 직원이 있다면, 직원이 실수할 때마다 각기 다른 색상의 포스트잇에 실수 항목을 적어 직원 자리에 부착하는 등의 긍정적인 방식으로 피드백을 줄 수 있습니다.

"근무 시간 내내 무표정한 얼굴과 퉁명스러운 말투로 고객 응대를 하는 직원에게 '요즘 표정이 좋지 않은데, 혹시 무슨 일이 있나요?'라는 물음에 직원은 '없다'고 하더라고요. 개인적인 일이 해결되지 않은 상태에서는 당연히 고객 응대에 영향을 끼치게 마련인데, 말로는 '아무 일 없다' 하면서 불친절 응대를 하고, 물어도 좀처럼 마음을 열지 않는 직원들 때문에 곤란할 때가 많아요."

"표정이 좋지 않은데, 혹시 무슨 일 있나요?"라고 묻는 관리자에게 직원들은 "없다"라고 짧게 답한 뒤 되려 '한 소리 들었다'고 생각합니다. 그뿐만 아니라 "일할 때 힘든 점은 없나요?"라는 물음에도 "없다"라고 답한 뒤 갑작스레 일을 그만둬 관리자를 당황스럽게 만들기도 하지요.

그러나 직원들의 입장에서 관리자의 갑작스러운 대화 요청은 "내가 뭘 잘못했나?"라는 생각이 들게 하며, 평소 어색한 사이였다면 더욱 불편하게 느껴질 수밖에 없습니다. 또한 비대면이 익숙한 그들에게 관리자와 얼굴을 맞댄 채로 소통을 해야 한다는 자체가 부담이 되거나, 본인의 사적인 이야기를 관리자에게 하는 것이 불편하기 때문에 대화를 꺼리기도 합니다.

자신만의 사적인 영역을 침범하는 것을 극도로 싫어하는 밀레니얼의 특징을 알고 있다면 적어도 관리자들은 '잔소리'와 '조언'을 구분해서 접근해야 한다고 생각합니다.

그들의 마음을 열기 위해 가장 먼저 기억해야 할 것은 그들에게 지속적인 관심을 두고 있어야 한다는 것입니다. 평소 그들이 무엇을 좋아하는지, 어떤 것에 관심이 있는지에 대해 파악한다면 자연스레 공감대가 형성되고, 그들과 통하는 사이가 될 수 있습니다.

더불어 메신저나 e메일 또는 카톡 등 밀레니얼에게 친숙한 방식으로 그들과 대화를 시도한다면 보다 수월하게 그들과 소통할 수 있습니다. 접촉(Contact)보다는 접속(Connect)이 익숙한 세대인 만큼, 얼굴을 마주한 상태에서 무슨 일이 있냐고 묻는 관리자에게는 "아무 일도 없다"라고 답하지만, "요즘 힘들어 보이던데, 혹시 무슨 일 있나요?"라는 메시지에는 장문으로 답장을 보내기도 하는 그들이기 때문이지요.

이와 함께 식사를 하러 가는 중, 혹은 휴게 시간과 같이 비교적 편한 분위기에서 주말을 어떻게 보냈는지, 최근 관심사가 무엇인지 등의 편한 주제로 대화의 물꼬를 튼 뒤 자연스레 대화 주제를 변경하는 방법을 추천합니다. 이를 통해 직원들은 소통에 대한 거부감을 덜 수 있고, 관리자는 그들과 보다 자연스럽게 대화를 이어 나갈 수 있습니다.

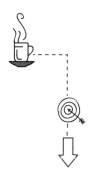

"고객 응대 중 본인이 납득할 수 없는 부분이 조금이라도 있으면, 절대 고객에게 먼저 사과의 말을 건네지 않아요.

행여나 사과를 건넨다 해도, '죄송하지 않은' 말투나 표정을 하고 있는 직원 때문에 더 큰 컴플레인이 발생하기도 해요."

고객의 부당한 요구와 주장에도 "죄송합니다"라고 우선적으로 사과를 건넸던 과거와 달리, 최근 들어 고객 응대 근로자들의 권리에 대한 목소리가 높아지고 있습니다. 이러한 상황에 개인에 대한 존중을 중시하는 밀레니얼의 특성이 더해져, 본인들이 납득할 수 없는 상황에서 그들은 더 이상 고객에게 "죄송합니다"라고 말하지 않습니다. 설령 사과를 건넨다 한들, 그들 중 일부는 마지못해 사과를 건네는 태도를 보여 고객의 화를 더욱 돋우기도 합니다.

이런 직원들과 소통을 할 때 가장 중요한 것은 '무조건적인 사과를 하지 않겠다'는 직원들의 생각을 존중해 주는 것입니다. 실제로 직원들이 고객에게 무조건적으로 사과를 건네는 과정에서 직원의 사기가 꺾이고, 마음의 상처를 입는 경우가 생기는 것은 부정할 수 없는 사실입니다.

그리고 실제로 고객 중에서는 말도 안 되는 논리를 펴서 화를 돋우는 고객들도 많습니다. 흔히 갑질하는 고객을 말하는 것인데 밀레니얼 입장에서는 자신이 왜 저런 몰상식한 사람들의 감정을 쓸어 담는 쓰레기통이 되어야 하는지가 이해가 되지 않을 것이고 이와 함께 몰상식한 고객에게 대응하기 위한 마땅한 지침이 없는 상황에 폭발하는 것입니다.

따라서 이러한 밀레니얼의 상황을 이해하고 직원에게 무조건적인 사과를 건네는 대응방식은 지양하되, '고객의 성향'에 맞는 응대가 필요하다는 것을 인지시켜야 합니다. 예를 들어 순응적인 성향의 고객일 경우, 직원이 논리적으로 본인의 입장을 전달하며 설득하는 것이 가능하지만, 강성의 고객일 경우 같은 방식의 응대는 적합하지 않다는 것을 인지시키는 것이지요.

이를 위해서는 무엇보다 중요한 것은 조직의 제도적인 뒷받침입니다. 직원을 괴롭히는 블랙컨슈머에 대해서 단호하게 업무를 중지시키거나 재량권을 발휘할 수 있도록 하는 것이죠. 이러한 제도적 뒷받침에 이어서 전문적인 교육 및 훈련은 물론 대응을 위한 명확한 지침과 이들을 보호할 수 있는 프로세스가 마련되어야 합니다. 산업안전보건법 개정안이 시행되고 있는 상황에서 블랙컨슈머에 대한 대응 지침도 주지 않고 고객을 응대하는 과정에서 발생하는 감정노동으로부터 보호되지 않는다면 내부 리스크가 발생할 수밖에 없습니다. 기성세대는 고객을 응대하는 과정에서 발생하는 부당함을 참아냈지만 밀레니얼은 과감하게 부당함에 맞섭니다.

대표적인 것이 바로 미투(Me too)와 해시태그를 이용해 자신의 의견이나 상황을 공유하고 연대를 합니다. 부당함을 더 이상 참지 않고 이슈화하기 원하는 것이죠. 이들은 자신이 부당한 일을 당하고 있다고 생각하면 직접 해결해 줄 수 있는 사람을 찾습니다. 팀장이나 관리자가 부당함을 해결해 줄 것 같지 않으면 직접 인사부서나 담당 임원을 찾거나 그렇지 않으면 고용노동부에 직접 민원을 제기하는 경우가 많아 관리자들이 어려움을 겪기도 합니다.

따라서 이들에게 고객을 응대하는 과정에서의 주의할 점이나 지침을 명확하게 제시해야 합니다. 이와 함께 한편에서는 고객에게 본인의 입장을 전달할 때 보다 공손한 말투와 태도를 보여야 하는 이유와 함께 고객을 가르치려는 듯한 느낌의 말투를 사용하거나 고객에게 맞서는 태도를 보일 경우 오히려 역효과가 날 수 있으며, 그로 인해 발생하는 피해는 고스란히 직원에게 돌아온다는 것을 알려줌으로써 직원 스스로 조심성을 가질 수 있도록 도와주어야 합니다.

**유형 07** 아무렇게나 옷을 입고 출근해요 ⓟ

"업무 매뉴얼에 규정에 맞는 복장을 착용이 명시되어 있고, 본인도 분명 매뉴얼을 준수해야 하는 것을 알고 있어요.

그런데 본인의 편의를 위해 복장 규정을 어긴 채 근무를 서는 직원들이 많아요."

어느 서비스 현장에서든 규정에 맞는 용모 복장 준수는 중요하며, 이는 조직에서 따라야 하는 규칙이기도 합니다. 그러나 관리자 몰래 규정에 맞지 않는 복장으로 근무를 하다 해당 업장에서 고위 관직자에게 발견되거나, 불시에 행해진 미스터리 쇼퍼나 모니터링을 통해 나쁜 점수를 받아 관리자를 곤란하게 만드는 직원들이 있습니다. 설상가상으로 이들에게 "왜 그랬는지" 이유를 물으면 돌아오는 답은 다음과 같습니다. "그냥, 불편해서요."

과거와는 다르게 일하는 방식과 환경이 많이 변한 것이 사실입니다. 아직까지 대면 또는 오프라인에서 고객을 만나는 일들의 비중이 많다고 하지만 서서히 비대면 고객채널이 증가를 하고 있고 오프라인보다는 온라인에서 고객을 만나거나 그들이 원하는 일을 처리하는 경우가 많습니다. 일부 업체이기는 하지만 유연근무제 또는 스마트워킹, 재택근무 등을 선호하는 기업들이 점차적으로 늘어나는 추세이고 고객들도 정장을 입으면 매너 있고 예의 바르다고 생각하기보다는 오히려 부담스럽고 불편해하는 분들도 많다는 사실에 주목을 해야 합니다. 게다가 밀레니얼의 경우 옷조차 마음대로 입고 다니지 못하는 회사 분위기에 청바지 입은 꼰대들과는 일하기 싫다는 생각을 많이 합니다.

서비스 조직에서도 밀레니얼 직원 중 일부는 조직의 규칙보다도 본인의 편의를 우선시하는 경향이 있습니다. 문제는 이러한 직원 한 명의 행동이 다른 직원들에게 영향을 미치고, 조직의 질서가 걷잡을 수 없이 무너지는 상황이 발생하기도 한다는 것입니다.

필자가 예전에 다니던 회사는 13층 건물에 여러 계열사들이 모여 함께 근무하는 곳이었습니다. 업종 특성에 따라 어떤 곳은 정장을 입고 어떤 곳은 캐주얼한 복장을 입었으며 또 다른 곳은 찢어진 청바지에 후드티, 빡빡머리에 피어싱, 그리고 반바지에 슬리퍼를 신고 일하는 곳도 있었습니다. 이렇다 보니 계열사 사장단 회의에서는 드레스 코드에 대한 이슈가 불거지기도 했습니다. 조직의 질서에 반한다는 것이죠.

물론 주로 타겟이 된 곳은 자율복장을 선호하던 게임회사였고 회사 대표는 매일 밤샘하고 고객을 만나는 기회가 적은데 이들에게 정장을 입힐 수는 없지 않느냐는 반론을 펴기도 했지만 결국 슬리퍼를 포함한 몇 가지는 허용되지 않는 선에서 입장을 정리해서 마무리되었습니다.

복장에 대해서 무조건 안 된다고 하면 반발이 생길 수 있으므로 여기에는 몇 가지 룰을 만드는 것이 좋을 것 같습니다. 예를 들어 자율복장이라고 하더라도 허용되는 범위와 허용되지 않는 범위를 명확히 아주 구체적으로 정하는 것이 바람직합니다. 예를 들어 위의 사례처럼 슬리퍼 또는 핫팬츠는 허용되지 않는다고 룰을 만들고 허용될 수 있는 범위는 어디까지라는 규정을 정하고 이에 대한 교육은 물론 공지를 하는 것입니다.

이와 함께 서비스 조직 특성상 고객을 직접 대면하는 부서와 비대면으로 고객을 응대하는 부서에서의 드레스 코드를 정하는 것입니다. 비대면 채널에서 일하는 직원들에게는 위 예시와 같이 자율성을 주되 허용되지 않은 범위를 규정하는 것이 중요하고 직접 고객을 대면하는 조직의 경우 개성을 존중하면서도 자율성을 보장하는 선에서 규정을 마련하는 것이죠.

이렇게 규정을 마련해놓고 밀레니얼이 직접 '옷 잘입는 법'과 관련하여 영상이나 사진을 찍어 공유하거나 사내 그룹웨어에 공지하도록 하는 것입니다. 기성세대가 아닌 밀레니얼 눈높이에서 허용되는 범위와 허용되지 않는 범위의 복장을 규정하고 이를 공유하는 것만으로도 좋은 효과를 나타낼 수 있습니다.

이와 함께 해당 규칙을 어겼을 경우를 대비해서 사전 예방활동을 병행하는 것도 좋습니다. 예를 들어 정해진 용모 복장 및 업무 태도, 직원의 개인행동으로 인해 발생했던 일들을 토대로 업무 규정 관련 동의서를 만든 뒤 직원들에게 직접 서명을 받는 것을 추천합니다. 또한 서명을 받은 뒤에는 관리자가 직원에게 각 규정 및 규정을 지키지 않을 시 어떤 불이익을 받을 수 있는지에 대한 설명이 필요합니다.

더불어 동의서 작성 이후 몇 개월 정도 흐른 시점에 직원들에게 본인들이 서명한 동의서를 다시 전달한 뒤, 다시금 그 내용을 살펴보게끔 하는 것도 중요합니다. 동의서를 보며 본인이 어떤 부분을 잘 지키고 있는지, 본인도 모르게 지키고 있지 않은 부분은 없는지 스스로 확인하는 과정에서 직원들 또한 책임감을 느끼게 됩니다.

직원들의 이러한 사전 동의 하에 규정을 지키지 않는 직원이 발생한 경우 관리자의 사전 안내 및 동의서상 내용에 따라 해당 직원에 대한 페널티가 불가피함을 알린 뒤, 그에 상응하는 조치를 취함으로써 직원에게 경각심을 심어줄 수 있습니다.

서비스 조직 밀레니얼 이렇게 코칭하라

"직원이 처음 지원했을 때 업무 환경과 본인이 맡게 되는 업무에 대해 충분히 이해시켰고, 본인 동의 하에 근무를 시작했어요.

그런데 막상 일을 시작하면 재미없어 하고, 쉽게 질려 해요."

앞서 언급했듯, 밀레니얼 세대들은 일과 놀이 두 가지를 분리해서 생각하지 않습니다. 게다가 똑같은 것이 반복되는 업무를 지루하고 따분하게 여기는 것은 물론 재미를 추구하는 성향으로 인해 관리자 입장에서는 고민이 깊어집니다.

사실 밀레니얼 성향상 진지하거나 불편한 것보다는 재미있는 것과 흥미로운 것에 관심이 많고 실제로 이들은 공통적으로 '자신이 좋아하는 일을 자유로우면서도 재미있게 하고 싶다'라는 말을 자주 하곤 합니다. 더 자세히 표현하자면 직장이라는 곳을 '일터 같은 놀이터 또는 놀이터 같은 일터'로 인식한다는 것이 옳은 표현이라고 할 수 있겠습니다.

물론 조직에서는 밀레니얼의 이러한 성향을 다 받아들여 줄 수 없습니다. 그러나 밀레니얼들의 이러한 성향을 고려하여 그들이 재미있고 즐겁게 일할 수 있는 분위기나 근무 환경을 마련해주는 것이 중요합니다. 제가 아는 회사에서는 월요병에 시달리는 직원들을 위해서 아예 월요일은 오후 1시 이후에 출근하도록 하는 제도를 시행하고 있고 단조로운 업무에 따른 직무 스트레스를 해소시키기 위해 다양한 이벤트 및 프로모션을 진행하는 곳도 있습니다.

예를 들어 근속 기간 1년 직원에게 작은 선물을 준비하는 것과 같은 소소한 이벤트 진행 및 제비뽑기 혹은 사다리 타기 등의 게임을 통해 당번을 정하는 것, 아침 조회 시간에 칭찬 샤워나 눈 맞춤 게임, 전 직원 스트레칭 등을 포함시켜 조회 분위기를 달리하는 것이 이에 해당되겠지요.

뿐만 아니라 '밀레니얼이 즐겁게 일하는 방법', 아니면 '고객응대 시 바로 써먹을 수 있는 응대 꿀팁', '직장생활 제대로 하기 위한 비법 4가지', '고객상담시스템 이것만 주의하면 당신은 핵인싸', '진상고객 응대 시 열폭하지 않는 방법 5가지' 등의 컨텐츠를 직접 영상으로 제작해서 또 다른 직장 동료에게 공유하거나 반대로 '꼰대되지 않는 법', '청바지 입은 꼰대가 주의하여야 할 점', '팀장님이 요즘 것들과 소통하는 법'이나 '관리자가 요즘 애들과 대화하면서 빡돌지 않는 스킬' 등의 영상을 만들어서 서비스 조직에서의 다양한 이슈를 양지로 끌어내고 세대 간의 간격을 줄이는 보람 있는 일을 맡기는 것도 좋습니다.

이외에 기존의 업무 방식에 변화를 주거나 직원들에게 업무에 대한 주도권을 주는 것 또한 그들의 욕구를 충족시키는 방법이 될 수 있습니다. 예를 들어 직원들이 고객 응대 중 보다 효율적이면서 본인들에게 편한 고객 응대 방식을 제안하는 경우, 납득 가능한 선에서 관리자가 수용하는 모습을 보이거나 직접 매뉴얼을 만들어 보게 함으로써 그들에게 재미를 줄 수 있겠지요. 이렇게 재미를 추구하는 와중에 시너지가 발휘되어 때로는 누구도 생각하지 못했던 아이디어가 나오기도 하고, 업무에 보다 몰입할 수 있는 분위기가 조성되기도 합니다.

**유형 09** 업무를 지시하면 '도대체 왜 내가 해야 하나요'라고 따져요

"조직의 특성상 직원에게 다른 업무를 지시할 때가 있어요. 충분히 할 수 있는 일을 지시하면 대뜸 한다는 말이 '왜 업무를 제가 해야 하나요?' 라고 말하거나 해당 업무가 자신의 역량에 비해 너무 하찮은 일이라고 생각하는 것 같아요. 또는 자신이 수행하는 업무와는 관련 없다고 생각하는 것 같기도 하고… 어떤 때는 '이 업무를 하면 무슨 혜택이 있나요?' 라고 물어보는 직원도 있어요."

처음부터 전문가가 되지는 않습니다. '천 리 길도 한 걸음부터'라는 말도 있는데 밀레니얼의 경우 자신의 일이 아니면 관심이 없는 세대이기도 합니다. 관리자 입장에서는 속에서 천불이 나고 고구마 5개는 먹은 느낌일 겁니다.

무슨 일을 시키면 한 번에 '네. 알겠습니다'라고 하는 법은 없고 꼭 토를 달기도 합니다. 그중에도 위의 상황처럼 '이거 제가 담당하는 업무도 아닌데 왜 제게 이 업무를 주시나요?' 또는 '이런 중요하지도 않고 단순 반복적인 업무를 제게만 시키시나요?'라고 말할 때면 뒷목잡기 십상입니다.

아시다시피 이들은 돈만을 보고 일하지 않습니다. 수행하는 업무가 내 가치 또는 경력에 어떤 도움을 주는지에 관심이 많습니다. 따라서 이들이 수행하는 업무의 가치를 설명해주고 해당 업무가 어떻게 연결되고 작

용하는지를 설명해주어야 합니다. 필자가 위에서 설명한 바와 같이 구체적이지도 않고 명확하지도 않은 지시를 내리면 이들 입장에서는 답답해합니다. 기성세대처럼 선배에게 혼나면서 배운 지식이나 업무처리 방법이 대부분 추상적이고 암묵지 형태의 지식이나 정보였다면 이들은 형식지 형태의 교육에 익숙해서 구체적으로 설명해주지 않으면 이해하지 못합니다.

단순하고 지루하면 '이 일은 왜 해야 하나?'고 묻는 직원이 있다면 해당 업무의 목적과 맥락을 설명해주고 전체적인 틀에서 설명해주어야 합니다. 예를 들어 '○○○ 씨가 이 업무를 수행해야 하는 이유는~' 같이 구체적이고 명확하게 설명해주면 좋습니다. 해당 업무는 우리 조직에서 중요한 업무를 수행하기 위해서는 반드시 수행해야 하는 업무라는 설명도 함께 해주면 쉽게 수긍할 가능성이 높습니다. 이러한 설명과 함께 해당 업무가 중요한 업무를 수행하는 데 어떠한 연관성을 가지고 있는지를 구체적으로 설명해주면 대부분 아무 말 않고 해당 업무를 수행할 것입니다.

예를 들어 '경쟁사 모니터링을 해서 보고하라'고 일방적으로 지시하기보다는 회사의 서비스 품질을 향상시키기 위해서는 경쟁사의 서비스 품질은 어떤지 모니터링하는 것은 매우 중요한 일이라고 필요성을 인식하게 하는 것이 중요합니다.

그리고 해당 업무를 수행하면 어떤 혜택이나 이득이 있는지를 묻는 직원이 있다면 해당 업무의 중요성에 대한 설명과 함께 위에서 설명한 대로 중요한 업무를 수행하기 위해 반드시 거쳐야 하는 업무라고 인지시켜

주어야 합니다. 이와 함께 해당 업무를 성공적으로 수행했을 경우 칭찬과 인정, 보상을 병행해주면 좋습니다. 해당 업무를 수행했다고 성과를 올려 준다거나 인사고과에 반영하는 것은 어렵겠지만 수행결과에 따라 내·외부 교육의 기회를 제공하거나 유·무형의 보상을 제공하는 것이 바람직합니다.

유형 10 근무 시간에 스마트폰을 해요

근무시간에 집중하라고 몇 차례 얘기를 했는데 알았다고 한 뒤에도 계속해서 스마트폰을 이용하는 직원으로 인해서 돌아버릴 지경입니다. 스마트폰을 이용해서 SNS를 하기도 하고 주식 거래를 하는 직원도 있고 심지어는 회사 업무를 하면서 몰래 자신이 수행하는 업무는 물론 조직 내부의 자산이나 중요한 시설물을 촬영해서 유투브에 올리는 직원들도 있어요.

아시다시피 밀레니얼은 밥은 안 먹고 살지언정 스마트폰은 절대 포기하지 않는 세대입니다. 태어나서 자랄 때부터 손에 스마트폰이 쥐어진 세대이기도 하고 일상의 크고 작은 일들이 모두 스마트폰에 담겨 있다 보니 스마트폰이 없는 삶을 상상하기란 어렵습니다. 실제로 직원의 60% 이상이 근무시간 중 스마트폰 이용에 1시간을 소비한다고 하며 특히 밀레니얼이나 Z세대의 36%는 근무 시간에 스마트폰 확인에 2시간 이상을 소비한다는 조사 결과가 있습니다. 조직 입장에서는 업무에 집중하지 못하는 것 같은 직원 때문에 골머리를 앓다가 외부 SNS를 강제 차단하는 강력한 조치를 취했음에도 불구하고 대부분 실패한 사례가 많습니다. 그렇다고 근무시간에 스마트폰을 이용하지 못하도록 압수하는 것은 오히려 일을 크게 만드는 일이니 생각하지 않는 것이 좋습니다.

차라리 스마트폰을 못 보게 하는 것보다는 그러한 행위가 성과나 업무를 수행하는 데 있어서 미칠 영향에 대해서 분명한 피드백을 주는 것이

바람직합니다. 쉽지는 않겠지만 스마트폰으로 인한 업무의 양적·질적
의 변화가 부정적이라면 강하게 지적해야 합니다.

　지적을 할 때는 "도대체 몇 번이나 같은 말을 되풀이 해야 하나?" 또는
"그 따위 식으로 일해서 제대로 된 성과를 내겠어!"와 같이 인격을 부정하
는 말이나 비하하는 말보다는 구체적인 사실과 자료를 근거로 지적하는
것이 바람직합니다. 이렇게 하기 위해서는 꾸준한 관찰이 필요하며 이렇
게 누적된 사실이나 위에서 설명한 업무에 있어서 양적·질적인 변화가
클 경우 지적과 함께 구체적인 개선을 요구하는 것입니다. 예를 들면 "핸
드폰 사용으로 인해서 (오안내 또는 업무 실적 저하)와 같은 일들이 발생하
고 있는데 이러한 일들이 발생하지 않게 하려면 어떻게 하는 것이 좋을까
요?"와 같이 긍정형 미래시제를 활용하여 커뮤니케이션하는 것입니다.

　이러한 개선요구를 몇 차례 했음에도 불구하고 지속적으로 해당 행위
를 반복한다면 회사의 규정에 입각하여 조치를 취하는 것이 바람직합니
다. 예를 들자면 서비스 조직에서 이러한 일들을 방지하기 위해서 입사
를 할 때부터 업무시간 중에 SNS활동을 금지하는 내용의 취업규칙이나
인사규정을 만들고 이를 근거로 해서 해당 직원을 징계하는 것도 고려해
야 합니다. 사실 근무시간 중에 SNS를 사용하는 행위는 업무와는 전혀
무관한 사항이므로 사적인 활동으로 구분할 수 있습니다.

　따라서 근로계약서에 나와있는 대로 성실하게 근무를 제공해야 할 의
무가 있으며 근무시간 중에 사적인 행위를 지속한다면 계약서상 '성실의
무 위반', '근무태만' 등의 사유로 징계를 할 수 있습니다.

# 3부

## 서비스 조직의 인적자원관리 어떻게 해야 하나?

 위에서는 간단히 4차 산업혁명 시대 고객서비스는 어떻게 변하고 그에 따라서 서비스 조직 운영은 물론 고객채널은 어떻게 변해야 하는지에 대해서 알아보았습니다. 4차 산업혁명은 먼 미래의 이야기가 아니라 현재 진행형인 실제이며 사물인터넷, 인공지능, 빅데이터, 증강현실과 같은 기술을 통해 우리 일상과 업무 속에 하나씩 실현되고 있는 개념이라고 할 수 있습니다. 이렇게 4차 산업혁명은 사람, 사물, 공간을 초연결·초지능화해 산업의 구조는 물론 사회 시스템 변화를 통해 삶 자체를 근본적으로 바꾸어 놓는 개념으로서의 이해가 필요하며 이에 따라 서비스 조직도 다양한 변화가 예상된다고 말씀드렸습니다. 그럼에도 불구하고 4차 산업혁명을 관통하는 키워드는 '기술'이 아니라 '사람'이라는 사실을 잊지 않으셨으면 합니다.

아무리 4차 산업혁명 시대라고 하더라도 이용하는 주체나 제공하는 주체는 사람이라는 사실은 변하지 않습니다. 지식이나 정보를 제공하거나 일부 문제를 해결하는 것은 인공지능기술의 영역이지만 직접적인 고품질의 대면서비스를 제공하는 고부가가치 서비스나 비정형적이며 감성적인 서비스는 아직 인간의 영역이라고 할 수 있습니다.

앞에서도 말씀드린 바와 같이 서비스 조직은 사람으로 시작해서 사람으로 귀결이 되는 곳이라고 할 수 있습니다. 그렇다면 인적자원은 중요한 요소일 수밖에 없습니다. 그렇다면 4차 산업혁명 시대 서비스 조직의 인적자원관리는 어떻게 해야 하는지 알아보도록 하겠습니다.

---

## 1

### 접점 채널 인적자원관리 전략 7

4차 산업혁명 시대 서비스 조직의 인적자원관리 차원에서 가장 큰 특징 중 하나는 조직 구성원의 변화가 아닐까 싶습니다. 밀레니얼 세대로 대표되는 이들의 출현으로 인해 인적자원관리 또한 다른 전략이나 방법으로 접근해야 할 것입니다. 기존 사고방식으로는 이해하기 힘들고 소속감보다는 철저하게 개인주의적인 성향이 강하며 미래보다는 다분히 현실지향적인 밀레니얼 세대의 출현으로 인해 서비스 조직의 인적자원

관리 또한 많은 변화가 필요합니다.

단순히 서비스 조직뿐만이 아니라 고객 또한 밀레니얼 세대가 전면에 등장하면서 서비스에 대한 변화도 매우 다양하게 전개될 것으로 예상됩니다. 그렇다면 서비스 조직의 접점 채널 인적자원관리는 어떤 접근 방법을 가지고 운영을 해야 할지 알아보도록 하겠습니다.

먼저 서비스 조직에 맞는 인재상과 갖추어야 할 역량을 정의하여야 합니다. 흔히 서비스 조직에서 '일 잘하는 직원'이라면 어떤 직원이 떠오르나요? 성과가 높은 직원인가요? 주어진 업무를 빠르게 처리하는 직원인가요? 고객응대를 잘하는 직원인가요? 요약하면 기존에는 동료 직원들과의 협업을 통해 자신의 분야에서 업무를 충실히 수행하고 이를 통해 성과를 내는 직원이 '일 잘하는 직원'으로 인식이 되었습니다. 그러나 4차 산업혁명 시대에 일 잘하는 직원이란 인공지능이 업무를 잘 수행할 수 있도록 지원하고 관리하는 방향으로 바뀔 것이라고 예상합니다. 예를 들어 인공지능을 어떤 직무에 어떻게 활용할지를 결정하고 인공지능이 생성한 결과물인 다양한 데이터를 해석하고 의미 있는 인사이트를 도출하고 이를 다시 현장업무에 반영하여 새로운 가치를 이끌어낼 수 있는 직원이 '일 잘하는 직원'으로 자리매김할 것입니다. 일하는 방식과 환경이 바뀌었기 때문에 서비스 조직에서도 이러한 유형의 직원들을 선호할 가능성이 높습니다.

서비스 조직의 접점 채널에서 일하는 직원들의 핵심역량을 꼽으라고 한다면 '소통 및 공감 능력' 그리고 '문제해결 능력'과 '감성역량'을 갖추는 것이라고 할 수 있습니다. 여기에 빅데이터를 활용한 분석은 물론 인공지능기술을 이해하고 디지털 디바이스를 활용하여 업무에 적용할 수 있는 디지털 역량을 갖추는 것이 중요하다고 할 수 있습니다. 다른 역량도 있지만 위에서 언급한 4가지 역량은 가장 핵심적인 역량이라고 할 수 있는 것이지요.

다음으로 서비스 조직에 알맞은 역량을 갖춘 인재를 확보하고 육성하는 방향으로 전략이 수립되어야 합니다. 빠르게 노동시장으로 유입되는 밀레니얼 세대가 조직의 주류가 되고 있는 상황에서 그들의 특성과 일하는 방식, 직업관 등을 반영하여 채용, 교육, 평가, 보상, 경력관리는 물론 이직관리에 이르기까지 직원들이 경험할 수 있는 인적자원관리 전략을 체계적이고 통합적으로 수립하여야 합니다. 예를 들어 기존처럼 상대평가가 아닌 절대평가와 보상방식을 다양화하는 방향으로 인적자원관리가 이루어지게 하거나 불필요한 경쟁 유발이 아닌 팀워크와 협력을 장려하는 등의 성과 평가가 병행될 수 있도록 하는 것이지요.

인적자원 전략은 단순히 '우수사례'를 축적하고 이를 도입하는 수준이 아닌 4차 산업혁명 시대에 위치한 서비스 조직의 외부요인들에 대한 통찰은 물론 조직 내부의 역량에 대한 명확한 이해를 바탕으로 수립이 되어야 합니다. 이를 위해 인적자원관리를 위한 내외부의 다양한 데이터를 확보하고 이를 기반으로 전략적인 의사결정을 할 수 있어야 하며 빅데이터는 물론 인공지능 수준이 고도화되면서 인적자원에 대한 전략도 시스템, 프로세스 차원에서 세심하게 다루어져야 합니다.

최근 들어서 인적자원에 전략을 수립하고 이를 구체적으로 실행하는 데 있어서 셀프서비스 애플리케이션(Self Service Application)을 이용하는 기업들이 점차적으로 증가하고 있습니다. 내부 직원에 대한 인적자원관리 중 교육 및 훈련, 경력 및 승계, 평가 및 보상과 관련한 부분을 직원 스스로 해결할 수 있도록 시스템적으로 지원하는 곳도 있습니다. 즉, 직원들이 직접 자신의 경력을 스스로 관리하고 필요한 학습과정이나 업무와 관련된 자신의 경험을 공유하는 등 능동적인 방안을 모색하는 것이지요. 아직 일반화되지는 않았지만 분명 인적자원과 관련하여 시사하는 바가 크다고 하겠습니다.

다음으로 인적자원과 관련한 데이터 기반의 인적자원관리가 활성화되어야 합니다. 기존처럼 인간의 직관 또는 재량 및 경험에 근거한 주먹구구식의 인적자원관리로 서비스 조직을 운영하는 것은 분명 한계가 있을 수밖에 없습니다. 따라서 서비스 조직에서 인적자원과 관련한 채용, 교육과 훈련, 평가 및 보상, 승진, 이직 관리에 이르기까지 다양한 데이터를 분석하고 이를 통해 관리해야 한다는 것입니다. 물론 데이터 기반의 인적자원관리가 말처럼 쉽지는 않습니다. 왜냐하면 인적자원 데이터가 없는 경우가 많기 때문입니다.

데이터를 수집하거나 축적하기 위해서 조사 또는 측정을 하지도 않고 심지어 평가 과정을 기록하지도 않는 경우가 많습니다. 조직의 규모가 클수록 평가 또는 조사를 하는 과정에서 기준이나 절차가 변경되는 경우도 있습니다. 이러니 제대로 된 자료가 있을 리도 만무하고 잘못된 데이터, 활용가치가 전혀 없는 데이터만 쌓이기 마련입니다.

당장 인적자원 관련 데이터를 확보하기는 어렵겠지만 인공지능기술이 진화를 거듭하고 업무 환경은 물론 일하는 방식이 변하는 만큼 이러한 데이터 기반의 인적자원관리는 필수라고 할 수 있으며 가까운 미래에 이러한 인적자원 데이터를 활용한 서비스 조직 운영 및 관리는 활성화는 물론 일반화될 것으로 생각됩니다.

이와 함께 내부 인적자원 관련한 핵심영역을 설정하고 이를 세분화하여 각 영역별로 관리 포인트를 수립하는 것입니다. 예를 들어 조직문화 요인, 기술 및 직무적인 요인, 물리적 사무 환경 등을 핵심영역이라고 한다면 각 요인 아래 관리해야 할 포인트를 수립하는 것입니다. 기술 및 직무적인 요인을 예로 든다면 직무 자체의 의미와 보람 그리고 사명감은 무엇인지 이외 서비스 조직의 비전이나 미션 그리고 가치와 연동할 수 있는 인성, 직무적성(Aptitude), 직무능력(Ability)에 대한 정의를 수립하는 것입니다. 즉 내부 인적자원 관련 데이터를 활용해서 자사에 알맞은 직무적성을 모델링하고 이를 핵심 관리포인트로 삼는 것입니다.

아시다시피 4차 산업혁명 시대에는 인공지능기술을 기반으로 하는 최첨단 IT기술로 인해 사람이 아닌 기술로의 대체가 급속도로 이루어지고 있습니다. 그동안 사람이 수행하던 상당부분의 업무들이 빠르게 기술로 대체되면서 새로운 방식의 인적자원관리가 필요하게 된 것이지요. 이렇게 세분화된 영역별 관리포인트를 가지고 평가시스템에 반영함으로써 성과 향상은 물론 서비스 조직의 자원 활용을 최적화할 수 있습니다.

다음으로 서비스 조직 운영에 따른 공정성과 객관성을 확보하여야 합니다. 아시다시피 다른 조직도 마찬가지겠지만 많은 인원이 모여서 일하는 서비스 조직에서는 공정성과 객관성만큼 중요한 것이 없습니다. 공평이 아닌 공정성이 서비스 조직을 운영하는 데 있어서 가장 중요한 요소입니다. 특히 성과평가 및 보상에 있어서 공정성 및 객관성 확보의 중요성은 아무리 강조해도 지나치지 않습니다.

이를 위해 내부 데이터를 활용하여 인적자원 기법의 적극적인 도입이 필요합니다. 단순히 감이나 경험 또는 기존의 관행에 의한 관리가 아닌 데이터에 기반한 의사결정 및 평가가 인적자원관리에 활용되어야 한다는 것이지요. 실제로 한국IBM은 채용할 때 지원자의 자격요건, 면접팁(Tip), 인턴생활 등에 관한 궁금증을 24시간 답변해주는 챗봇 '와블리'를 운영하고 있습니다. 뿐만 아니라 성과관리는 물론 평가 및 보상에 있어서도 IT기술이 적절히 활용되고 있으며 관리자가 직원 개개인의 데이터를 분석하여 직원의 상황에 따른 개인화 및 맞춤화된 인사이트를 제공하기도 합니다. 이렇게 객관적인 데이터를 통해 직원의 커리어 개발은 물론 주요 성과관리 포인트, 몰입을 위해 지원해야 할 사항들에 대해서 적절한 의사결정을 할 수 있도록 해줍니다.

이와 함께 4차 산업혁명 시대에는 직원의 교육 및 훈련 방식도 바뀌어야 합니다. 기존처럼 일방적이고 직접적인 교육 방식이나 단순히 암기를 위주로 하는 방식이 아닌 직원이 직접 참여하고 문제를 해결할 수 있는 교육 방식으로 바뀌어야 합니다. 해당 업무를 수행하는 데 필요한 지식과 기술을 짧은 시간 안에 주입하는 방식으로는 현장에서 발생하는 다양한 문제를 해결하기에 분명 한계가 있습니다. 서비스 조직의 업무 특성상 비정형적인(Informal) 업무가 많이 발생할 수 밖에 없는데 바로 이러한 상황을 해결해 나갈 수 있는 문제해결 능력이 무엇보다 중요합니다. 무엇보다 불확실성이 커진 4차 산업혁명 시대에 정형화된 지식이나 정보 또는 스킬을 전달하는 교육 방식은 더 이상 효과를 발휘하기 어렵다는 것이지요. 현장에서 필요로 하는 문제해결 능력은 서비스 조직의 상황에 맞는 업무 영역을 잘 선정해서 직원 주도로 스스로 문제를 해결할 수 있도록 교육과정을 잘 설계하고 지속적으로 수행하도록 해야 합니다.

또한 디지털 디바이스를 통해 문제해결 능력을 키우는 것도 고려해 볼 만합니다. 예를 들어 월마트의 경우 'VR'을 활용해 현장 직원에게 필요한 '고객응대 매뉴얼' 교육을 실시하고 있습니다. 딱딱한 매뉴얼이 아닌 다양한 상황을 마련해놓고 직접 직원이 문제를 해결해나가는 것이지요. 고객의 컴플레인이나 블랙컨슈머 등의 고객의 불만 상황을 VR을 통해 경험하게 하고 직접 대응할 수 있도록 해서 실무역량을 향상시키고 이를 통해 고객응대 서비스 분야에서 근무하는 직원들의 '문제해결능력'을 제고하는 것입니다.

마지막으로 4차 산업혁명 시대에 알맞은 리더십을 발휘하여야 합니다. 서비스 조직은 고객과 직접적으로 접촉하는 경우가 많으므로 이들이 현장에서 맡은 임무와 역할을 잘 수행할 수 있도록 도와주고 방향을 제시하는 것이 리더의 역할이라고 할 수 있습니다. 이러한 역할과 함께 여기저기서 4차 산업혁명 시대 리더십은 이래야 한다 또는 저래야 한다 등의 다양한 주장이 나오고 있지만 한마디로 말하자면 다양한 상황이 펼쳐지는 시대에 유연하고 신속한 의사결정과 코칭(피드백)은 물론 소통과 책임을 통해 복잡성과 불확실성에 맞서는 역량을 겸비해야 합니다.

직원들에게 서비스 및 고객 채널 운영과 관련하여 방향을 제시할 때도 단순히 본인이 경험한 것에 기반한 것이 아니라 자율, 모범, 설득 및 감성을 통한 리더십 발휘가 중요합니다. 게다가 밀레니얼 세대 외 다양한 세대가 어울려 일하는 서비스 조직에서는 디지털 시대에 알맞게 네트워킹 능력은 물론 소통 능력, 조정 능력을 통해 조직을 이끌어 나갈 수 있는 디지털 포용력을 가진 리더가 필요합니다.

---

## 2

### 서비스 조직의 인적자원 이렇게 관리하라!

위에서 우리는 서비스 조직의 인적자원관리 전략 방향성에 대해서 알아보았습니다. 무엇보다 고객채널을 운영하는 데 있어서 중요한 것은 인적자원이라고 말씀드렸는데 인적자원관리는 반드시 HR데이터를 기반으로 활성화할 수 있도록 해야 합니다. 기존처럼 주먹구구식 관리가 아닌 철저하게 데이터 기반의 분석을 통해 채용은 물론 교육 및 훈련, 성과관리, 경력 및 조직개발 등이 관리되어야 하는 것이지요.

예를 들어 리더 및 관리자의 축적된 경험이나 전문성 수준을 데이터베이스화하여 회사 역량에 적합한 리더의 유형을 도출하고 이를 채용이나 경력관리에 반영하는 것입니다. 뿐만 아니라 직원을 채용할 때 인적성 검사를 통해 적합한 수준의 역량을 갖춘 인재를 확보하고 채용된 직원들을 대상으로 하는 것이 중요합니다. 이를 위해서는 채용, 유지, 인력 수요 예측 등 내부 알고리즘이 개발되어야 합니다.

실제로 일부 앞서가는 기업에서는 직원 프로파일을 통해서 채용 및 선발, 교육 및 훈련, 성과관리, 급여 및 보상, 승진, 퇴직 등 기업 입사에서부터 퇴직에 이르기까지 인적자원을 관리하는 곳도 있다고 합니다. 개개인의 데이터를 분석해서 직원 상황에 적합한 맞춤 인사이트를 제공함은 물론 적절한 조치를 통해서 인적자원의 성장을 지원하는 것입니다.

서비스 조직에서의 인적자원관리에 대해서 좀 더 자세히 알아보도록 하겠습니다. 인적자원관리의 핵심이라고 할 수 있는 역량, 채용 및 선발, 교육 및 훈련, 성과관리, 이직관리 그리고 마지막으로 리더십 순으로 설명하도록 하겠습니다.

### (1) 서비스 조직에 필요한 핵심역량 4

인공지능 시대에는 접점채널의 존재 이유와 함께 업(業)의 본질을 이해하는 것이 중요하며, 서비스 조직은 고객만족을 위해 존재하나 정보제공보다는 문제해결에 초점을 맞추어야 한다고 누차 강조하였습니다. 또한 고객경험관리가 중요한 요소로 자리를 잡으면서 기계에서 나오는 음성 멘트를 듣고는 감동하지 않는 것처럼 인간적인 접촉(Touch)이 우선시되고 감성적인 서비스를 제공할 수 있어야 합니다. 따라서 지식과 정보보다는 문제해결 능력이 중요한 요소이며 이외에 문제인식 역량과 소통 및 공감능력, 그리고 감성역량과 디지털 디바이스를 활용하여 업무에 적용할 수 있는 디지털 역량이 가장 핵심적인 역량으로 자리 잡을 것입니다.

### 문제인식 및 문제해결 역량

일반적으로 문제인식 역량이라는 것은 유연하고 감성적인 인지력을 바탕으로 문제를 인식하는 것이 중요한 역량이라고 할 수 있습니다. 획일적이지 않으며 문제의 핵심을 인지하고 해석하는 역량으로 인문학적 소양 기반 및 감성적인 해석 방법으로 유연하게 문제를 인식하는 것입니다. 흔히 조직생활을 하다 보면 어떤 문제를 인식하는 데 있어 둔한 사람이 있는가 하면 예민한 사람이 있기 마련입니다. 분명히 문제임에도 불구하고 이를 인식하지 못한다면 문제를 해결할 수 없겠지요? 고객의 불편함이나 불만족한 문제가 무엇인지를 인식하여야만 문제를 해결할 수 있습니다.

문제가 발생하였다면 가장 중요한 것은 가장 먼저 문제가 무엇인지를 규명하는 것이고 그렇게 하기 위해서는 정보를 수집하고 그렇게 수집된 정보를 활용하여 분석하다 보면 무엇이 문제인지를 정확히 인식할 수 있습니다. 문제인식 역량은 발생한 문제 또는 상황과 관련이 있는 다양한 자료나 정보를 탐색하고 스스로 학습을 통해 문제와의 관련성을 찾을 수 있는데 이렇게 정확한 인식을 바탕으로 해결책 제시는 물론 문제가 해결되는 것입니다.

서비스 조직은 고객만족이라는 목표를 가지고 움직입니다. 따라서 고객의 만족을 위해서 무엇이 중요한지를 인식하는 것이 중요합니다. 고객의 불편사항이나 처리과정에서 어떤 문제가 있는지를 인식하여야만 고객만족을 위해서 방해가 되는 요소들을 제거하고 문제를 해결할 수 있기 때문입니다.

이와 함께 문제해결 능력은 단순한 정보제공이 아닌 유연하게 문제를 해결하기 위해 필요한 역량을 의미합니다. 문제해결에 있어 가장 핵심적인 것은 바로 차별화된 대안을 제시하는 것입니다. 이러한 문제해결 능력은 인공지능이 가지고 있지 않은 인간 고유의 역량으로 차별화된 대안을 탐색하고 도출할 수 있는 능력을 의미합니다. 이를 위해 서비스 조직 내 빅데이터 및 다양한 정보 조합 및 활용이 필요합니다. 뿐만 아니라 해당 분야 또는 타 분야의 인적 네트워크를 적극적으로 활용함으로써 가능합니다.

### 소통과 공감 능력

흔히 소통이라고 하면 다양한 해석이 가능하지만 여기서 의미하는 소통이란 인간만이 가지고 있는 고유의 특성으로 이를 활용해 협업 및 문제를 해결해나가는 역량을 의미합니다. 과거처럼 지시와 통제를 통한 서비스가 아닌 상호 협조 및 협업을 통해 문제를 해결해나가야 하는 업무가 증가하고 있습니다. 사람의 대인관계 또는 소통능력은 아직까지 인공지능이나 로봇이 대체할 수 있는 것이 아니기에 서비스 조직에 있는 직원들은 이러한 소통능력을 가진 직원을 필요로 합니다. 이와 함께 이성이 극단으로 치닫는 4차 산업혁명 시대에 인공지능이나 시스템에 의해 대체되지 않는 인간 고유의 감성이나 진정성에 바탕을 둔 소통능력과 함께 공감능력은 가장 중요한 역량으로 그 중요성이 갈수록 증가할 것입니다.

특히 서비스 조직처럼 고객을 자주 접촉해야 하는 업무의 특성상 이러한 소통능력 및 공감능력의 중요성은 아무리  강조해도 지나치지 않습니다. 「사피엔스」의 저자로 유명한 유발 하라리 교수가 4차 산업혁명 시대에 직면해 있는 현대인들에게 전하는 말 가운데 "수학·과학 등은 인공지능(AI)에게 맡기고 인간은 감정 지능을 배양하라"고 한 것은 의미하는 바가 크다고 할 수 있습니다.

### 감성역량

흔히 감성역량이라고 하면 '업무를 수행하는 데 있어 감성지능을 잘 활용하여 자기 자신은 물론 타인의 마음을 잘 이해하고 자신의 부정적인 감정을 잘 조절하여 타인과 좋은 관계를 유지함으로써 원하는 목표를 달성해 가는 능력'을 의미합니다.  여기서 감성지능이 일종의 기질이라고 한다면 감성역량은 학습능력을 의미하며 '감성지능을 토대로 자신과 타인의 감성을 이해하는 능력'이 가장 핵심적인 의미라고 할 수 있습니다.

고도의 지식사회로 발전하면서 객관적인 제도와 시스템만으로 해결하기 어려운 일들이 지속적으로 발생함에 따라 이를 해결하기 위해서 이성에 의한 제도 또는 효율성이 아닌 감성이 중요한 요소로 부각되고 있습니다. 또한 조직에 있어서의 감성역량이 성과를 향상시키는 데 중요한 요인이라는 인식이 점차 확산되고 있으며 감성이라는 것은 직간접적으로 개인의 특정 행동을 유발하기 때문에 조직의 총체적인 행동 변화 유발을 위한 프로그램의 필요성을 주장하는 연구가 증가하고 있습니다.

이와 함께 직원들에 대한 감성관리를 통해 조직이 높은 감성역량을 보유하게 되면 조직의 효율성과 효과성이 증가한다는 사실이나 사례가 늘어나고 있습니다. 따라서 조직 구성원의 감성관리는 향후 기업을 운영하는 데 가장 중요한 핵심역량이 될 것입니다.

개별 직원들이 감성역량이 뛰어나다면 조직 내부에서 갈등이 발생했을 때 상호 간에 순기능적으로 해결할 수 있고 감성지능에 근거하여 학습된 능력을 발휘함으로써 효과적인 업무 수행은 물론 탁월한 업무성과를 낼 수 있습니다. 뿐만 아니라 감성역량이 높은 직원에 의해서 긍정적인 감성이 증가함에 따라 부정적 감성을 감소시키고 극복할 수 있게 업무환경이나 조직문화를 개선시킬 수도 있습니다.


### 디지털 역량

디지털 역량을 간단히 설명하자면 디지털 기술, 즉 인공지능기술과의 소통을 의미합니다. 4차 산업혁명 시대에는 인간과의 소통도 중요하지만 디지털과의 소통도 중요합니다. 디지털 기술을 활용하여 필요한 정보와 지식을 검색하고 분석함으로써 결과물을 도출해내는 능력을 디지털 역량이라고 할 수 있습니다. 흔히 디지털 리터러시(Digital Literacy)라고 하는데 디지털 기술을 활용하여 업무에 필요한 다양한 정보를 탐색하고 이를 활용하며 평가는 물론 공유할 수 있는 역량이라고 할 수 있습니다. 마치 우리가 일상에서 언어를 사용하듯이 디지털 업무환경과 다양한 데이터를 활용하여 제대로 된 의사결정을 할 수 있는 상태와 능력을 의미하는 것이지요.

디지털 역량이 중요한 이유는 직원 스스로 업무 수행에 적합한 자신의 능력을 키우는 것은 물론 원하는 결과물을 창출해내기 위한 필수역량이기 때문입니다. 여기서 중요한 것은 단순히 디지털 기술을 활용해서 정보를 탐색하는 수준에만 머무는 것이 아닌 인공지능기술 및 빅데이터를 직접 조작하고 활용할 수 있는 능력을 의미하는데 인지적인 능력뿐만이 아닌 기술적인 능력까지를 포함한다고 보시면 될 것 같습니다.

몇 년 전 국내 카드회사가 디지털 소통 강화를 위해서 직원들에게 코딩 교육을 의무화했다는 기사를 접한 적이 있습니다. 코딩 교육은 의무 교육이었으며 대상자들은 정보기술 담당자가 아닌 일반 부서 직원들이 대부분이었는데 점차 늘어나는 조직의 디지털 인력과 소통하기 위해서는 코딩을 제대로 할 줄 알아야 한다는 최고 책임자의 지시에 따라 전사 디지털 교육이 시작된 것입니다.

특히 고객과의 접촉이 많은 서비스 조직의 경우 인공지능기술이 적용된 채널 활용은 물론 실제 기술이 반영된 시스템이나 프로그램이 제대로 기능할 수 있도록 코디네이터 역할을 수행할 수 있어야 합니다. 아직 인공지능기술이 100% 고객서비스를 완벽하게 수행할 수 없기 때문에 하이브리드 형태의 업무가 수행될 경우 이러한 상황에 맞추어 해당 업무를 처리할 수 있는 역량을 갖추고 있어야 합니다.

### ⑵ 제대로 된 요즘 것들 채용하기

인적자원의 확보가 무엇보다 중요합니다. 확보 이전에 산업환경 변화에 따른 현재 수행하고 있는 기업의 업(業)에 대한 재정의도 필요하고 이를 통해 확보하려는 인재에 대한 선발기준도 변화해야 합니다. 이러한 변화와 더불어 서비스 조직의 내부 데이터를 활용하여 전략적 인력 계획을 수립하여야 하며 데이터 분석을 통해 서비스 조직에 알맞은 직원 역량 모델링을 해야 합니다. 예를 들어 내부 직원을 대상으로 인터뷰를 진행하거나 성과 분석을 통해 서비스 조직의 다양한 적성 중 해당 조직에 맞는 역량이나 적성을 도출하는 것이지요.

고객과의 접촉이 많은 서비스 조직의 경우 서비스 조직의 목표나 미션 수행에 필요한 감정 조절이나 의사소통, 관계형성, 낙관성이나 업무 성취 지향성 등 다양한 역량을 도출해내는 것입니다. 이렇게 도출된 역량을 채용 및 선발을 할 때 인적성검사에 반영합니다. 이와 같은 절차나 진단을 거쳐 심리적 특성의 결함 여부와 직원으로서의 적성이 부적합하다고 판단된 후보에 대해서는 사전에 필터링을 하는 것입니다. 물론 인적성 검사 결과를 토대로 하지만 면접을 거쳐 적합성 여부를 판단하는 것이 바람직합니다.

최근에는 채용을 할 때 인공지능 기술을 이용하는 기업이 갈수록 늘어나고 있습니다. 특히 서류심사를 할 때 지원자에게 어떤 상황을 제시한 후 지원자가 작성한 문장을 분석해 직군에 적합한 지원자인지 여부를 분별하기도 합니다. 뿐만 아니라 헤드셋을 착용한 뒤 모니터를 통해 면접을 치르는데 지원자의 표정이나 얼굴 근육, 음성은 물론 뇌파까지 분석해 다양한 정보를 추출해내기도 합니다.

음성의 떨림이나 고저는 물론 자주 사용하는 어휘나 문장과 심장박동, 맥박, 얼굴색의 변화까지 감지하고 기업에서 원하는 적성이나 역량과

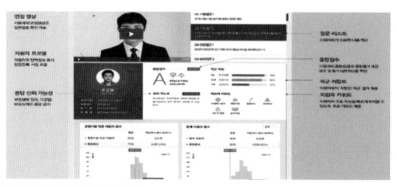

인공지능기술을 이용한 면접 예시

출처 : 마이다스 아이티

관련한 뇌의 부분을 6개로 나누어 뇌파까지 분석하기도 합니다. 이렇게 인공지능기술을 활용한 채용 및 선발은 기존에 면접을 진행하는 과정에서 인간이기 때문에 발생할 수 있는 주관적인 개입이나 면접 당일 면접을 진행하는 사람들의 컨디션에 따른 판단의 실수가 작용하지 않고 오로지 객관적인 데이터만을 가지고 조직에 적합한 지원자를 선발할 수 있습니다.

물론 이러한 방법이 가지고 있는 장점도 있지만 부작용이나 단점이 많은 것도 사실입니다. 너무 데이터에 의존하다 보니 지원자 이면의 장점이나 역량을 파악하지 못하거나 향후 성장 가능성에 대한 고려가 전혀 없다는 사실 그리고 PC 등 디지털 디바이스를 통한 면접에 부담이나 불편을 느끼는 지원자들을 고려하지 않는다는 사실도 무시할 수 없습니다.

인성과 잠재력을 잘 판단해낼 수 있는 것은 사람이므로 객관적인 데이터는 인공지능이 주는 정보를 활용하고 특정 부분에 대해서는 사람이 직접 면접을 진행하는 하이브리드 형태가 적합할 것으로 생각합니다.

이외에도 위에서 언급하였다시피 일상화된 온디맨드 서비스를 위해 필요한 공감, 커뮤니케이션, 협력, 공유 능력이 뛰어난 양질의 인재를 확보하기 위한 인재 프로파일링(Profiling)이 필요할 것입니다. 단순히 주먹구구식의 인재 확보가 아닌 자사 비전은 물론 서비스 역량에 알맞은 인재를 확보하는 것이 중요합니다.

4차 산업혁명 시대, 컨베이어벨트식의 소품종 대량생산이 아닌 다품종 소량생산시대에는 일하는 방식도 많은 변화가 있을 것입니다. 실제

인공지능 및 디지털 기술이 진화하고 특히 보안과 관련한 기술이 강화되고 발전하면서 전통적으로 일정한 공간에 모여 근무하는 방식은 점차 줄어들고 스마트 워킹(Smart working) 방식의 업무가 증가할 것으로 예상합니다.

최근에는 자신이 원하는 시간에 자기가 원하는 형태로 일하는 개인 맞춤형 근무가 등장하고 있습니다. 실제로 주문형 방식의 거래의 확산으로 인해 파트타임, 임시직, 파견직, 재택근무 등 다양한 고용형태가 등장하는 것을 볼 수 있습니다. 그럴 수밖에 없는 이유 중 가장 큰 것은 공유경제의 확산을 들 수 있고 무엇보다도 시간과 공간은 물론 업무 유형이 다르고 직무 또는 관계 등이 더 복잡해지기 때문입니다.

특히 고객센터의 경우 오래 전부터 재택근무를 하는 업체들이 꾸준히 증가했다는 사실을 고려하면 이와 같은 개인 맞춤형 근무는 더욱 일반화될 것으로 생각합니다. 고정된 근무 장소가 아닌 다양한 형태의 근무 방식으로 진화할 것으로 예상되는데 예를 들면 외부 인재 또는 퇴사자들을 대상으로 프로젝트 업무나 파트타임 형태로 활용하거나 재택근무자 및 프리랜서를 활용하여 원격근무가 가능한 업무에 투입하는 것도 생각해 볼 수 있습니다.

### (3) 주입식 아닌 문제해결 중심의 교육 및 훈련하기

서비스 조직에서 일해 본 경험이 있는 분들이라면 교육 및 훈련의 중요성에 대해서 잘 아실 것이라 생각합니다. 교육을 통해 습득한 지식이나 정보는 물론 축적된 경험은 서비스의 질을 결정하기 때문입니다. 그 만큼 직원들을 대상으로 하는 교육 및 훈련의 중요성은 아무리 강조해도 지나치지 않습니다.

이미 알고 있다시피 서비스 조직의 교육 및 훈련과 관련하여 주요 이슈라면 밀레니얼 세대의 부각이라고 할 수 있습니다. 기존 세대와는 성장배경도 다른 것은 물론 생각이나 사고방식이 다르기 때문에 전통적인 교육이나 훈련방식도 달라져야 하기 때문입니다. 이들은 접촉보다는 접속을 선호하고 급속도로 기술이 발달한 사회에서 태어난 첫 세대여서 디지털 기술이나 디바이스 사용에 익숙합니다.

뿐만 아니라 어릴 때부터 팀플레이나 공동작업은 물론 정보수집과 공유활동에 익숙합니다. 이러한 이들의 특성으로 인해서 온라인상에서 상호 영향을 주고 받는 경우가 많습니다. 이와 관련하여 한 조사에 의하면 기존 세대라고 할 수 있는 X세대와 밀레니얼 세대의 SNS 이용률을 비교해보면 이용자 비율은 비슷한 반면 이용 시간은 X세대가 하루 평균 26분, 밀레니얼 세대가 35분이며 이제 서서히 존재를 드러내고 있는 Z세대의 경우 무려 43분으로 나타나고 있습니다. 보통 대면보다는 비대면을 선호하고 하루 종일 말하지 않는 경우도 많아서 공격적이고 날카로운 말이나 톤을 좋아하지 않습니다. 따라서 이들과의 커뮤니케이션은 공격적인 것보다는 호응하면서 공감하는 것이 바람직하고 특히 여성의 경우 억양이나 어투가 감정에 영향을 미치므로 교육 및 훈련을 할 때는 이 점을 반드시 고려해야 합니다.

즉각적인 피드백을 원하고 집단의식이 아닌 개인주의적인 성향이 강하며 수평적인 사고와 적당한 무관심 그리고 관심으로 포장된 지나친 간섭과 평가를 단호히 거절하는 호기를 부리기도 합니다. 뿐만 아니라 자신의 성장에 대해서 관심이 많고 목적의식이 뚜렷하며 업무전문성과 함께 삶의 질을 강조하는 등의 특징을 가진 밀레니얼 세대는 분명 기존 세대와는 다른 것은 확실해 보입니다.

따라서 위에서 말씀드린 대로 기존과는 다른 방식으로 교육 및 훈련이 이루어져야 합니다.

이미 모바일은 사회 변혁을 이루는 대세가 되었으며 향후에도 이러한 형태의 디바이스는 계속해서 진화를 거듭할 것으로 예상됩니다. 기술의 진보와 더불어 과거와 달리 지식과 정보를 소비하는 기간이 놀라울 정도로 짧아지고 있습니다. 따라서 밀레니얼 세대에게는 즉각적인 정보, 검색, 피드백이 요구되고 있습니다. 이러한 시대상을 반영하듯 요즘 미디어를 보면 인포그래픽(Infographic), 5분짜리 동영상 또는 5페이지 내외의 텍스트가 앞다투어 나오고 있습니다. 예를 들어 1Boon, 스브스뉴스, T타임스처럼 텍스트 중심이 아닌 그림과 영상이 포함된 5분 이내의 유용한 정보를 지속적으로 양산해내고 있습니다. 왜 그럴까요? 그 이유는 밀레니얼 세대들이 5분 이상 집중하기 힘든 세대라는 점을 이해하셔야 합니다.

5분 이상을 집중하기 힘들다는 점 외에도 어떤 교육을 받는다면 그 해당 교육 내용의 15% 이하만 제대로 이해하고 교육 내용의 80%는 30일이내 모두 망각을 한다고 합니다. 따라서 서비스 조직에서 이루어지는 교육은 매뉴얼처럼 두꺼운 하드카피 형태가 아닌 단편적으로 이해하기 쉬운 형태의 컨텐츠 형태로 제공이 되어야 합니다. 고시 공부하듯이 이루어지는 교육 및 훈련이 아닌 재미는 물론 짧으면서도 실무에 바로 적용할 수 있는 '마이크로 러닝(Micro learning)'으로의 확대가 바람직합니다. 과거처럼 비용이나 시간을 많이 소요하면서 실제 효과는 그리 크지 않은 교육 방식은 더 이상 자리잡기 힘든 것이지요.

이와 함께 많은 정보와 지식을 한꺼번에 머리에 구겨 넣는 것보다 하나라도 확실하게 이해할 수 있도록 학습하는 것이 바람직합니다. 실제 연구결과에 의하면 1가지를 학습하는 것이 복수의 개념을 연달아 학습하는 것보다 학습효과가 무려 2배가 높다고 합니다. 따라서 교육은 1가지 학습내용을 가지고 1가지 행동의 변화를 유도하고 1가지의 성과를 낼 수 있는 방식으로 이루어지는 것이 바람직합니다.

위에서 언급한 마이크로 러닝이 주는 이점은 다양하지만 무엇보다 교육받는 직원들의 두뇌에 부담을 덜 준다는 것과 효율적이며 교육받는 직원의 속도에 맞추어 교육이 이루어지고 쌍방향적이라는 것입니다. 마이크로 러닝이 추구하는 핵심가치는 부담스럽지 않을 정도로 짧고(Short), 빠르고(Speed), 효율적(Effective)이라는 점입니다. 짧다는 것은 교육을 받는 직원들이 한 입 크기(Bite sized), 한 번에 학습할 수 있는 분량을 의미합니다. 따라서 5~7분 내의 교육 컨텐츠여야 하고 1가지 개념만으로 구성된 학습이어야 하며 한 번에 이해할 수 있는 분량으로 학습량을 세분화해야 합니다.

교육 및 훈련 방식에는 위에서 설명한 마이크로 러닝 외에도 게임과 교육을 합친 게이미피케이션(Gamification)도 활용해 볼 필요가 있습니다. 게이미피케이션의 핵심은 바로 게임을 통해 재미있는 교육 및 훈련을 유도하고, 집중하고 몰입하게 만들면서 원하는 소기의 학습 효과를 가져올 수 있다는 것입니다. 마치 교육을 게임하듯이 하면서 업무를 수행하는 데 필요한 내용을 익히고 실제 훈련을 하는 것이지요. 게이미피케이션을 통한 사례를 하나 들어보겠습니다.

패스트푸드로 유명한 맥도날드는 기존에 직원들에게 시행하는 교육 방식에 있어 주로 매뉴얼 교육, OJT 및 모니터링 위주였습니다. 이러한 교육 및 훈련방식은 직원들로 하여금 동기부여도 되지 않았고 학습 만족

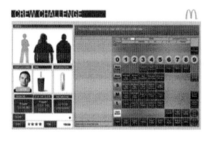

게이미피케이션을 통한 교육 및 훈련 사례

출처 : 맥도날드

도나 성취도가 많이 떨어지는 결과를 초래하였습니다.

그러나 게임을 통한 교육 및 훈련을 통해서 주요 미션이나 평가 지표 상에 괄목할 만한 결과를 가져왔습니다. 예를 들어 게임 목표는 주어진 시간 동안 고객과의 대화와 주문 사항 기반의 과제를 완수하는 것이었 으며 평가 지표는 '주문정확도', '3연속 주문의 성공여부', '제한시간 준 수율', '고객만족도 및 미션 완료 후 잔여 시간 등이었으며 미션 완료 시 포인트 제공 등의 보상도 제공하였습니다. 뿐만 아니라 고객만족도, 점 수, 레벨, 고객 응답에 대한 즉각적이고 즉시적인 피드백을 제공함으로 써 교육 및 훈련의 효과를 극대화하기 위해 노력하였습니다.

맥도날드에서 시행한 게이미피케이션에 의한 교육 및 훈련에는 연간 약 145,000명이 참여하였으며, 이와 같은 방식의 교육 및 훈련을 통해 업무 적응도는 기존보다 85%가 향상되었고 주문 시간은 무려 7.9초가 단축되었습니다. 이러한 놀라운 성과로 인해 지점 당 매출이 15% 증가 하는 등 실로 엄청난 성과를 창출하였습니다.

향후에도 위에서 설명드린 교육 및 훈련 방식은 다양한 형태로 지속 적인 진화를 거듭할 것입니다. 따라서 지금까지 시행되어왔던 전통적인 방식보다는 밀레니얼 세대에 적합한 교육방식에 대해 고민해야 합니다. 일방적인 교육이 아닌 서비스 조직의 개개인이 업무를 수행하는 과정에 서 필요한 교육 및 훈련 관련 컨텐츠를 시스템적으로 찾아 실시간으로 제공해주는 큐레이션 기술을 제공하거나 실리적이고 실질적인 교육 프 로그램 마련과 함께 학습결과나 평가에 대해서 신속하고 구체적으로 피드백하고 솔직한 의견을 공유할 수 있는 환경 마련도 필요합니다.

위에서도 몇 차례 강조하였다시피 전통적인 강의 방식이 아닌 몰입과 참여 중심의 강의가 실제 현장에서 힘을 발휘하고 제대로 된 성과 창출은 물론 직원의 성장을 돕는다는 사실을 잊지 않으셨으면 합니다.

⑷ 밀레니얼과 함께 조직성과에 기여하기 위한 지침 6

성과관리는 단순히 평가를 위해 존재하는 것이 아니라 성과관리를 통해 서비스 조직의 운영이 제대로 이루어지고 있는지 점검하고 서비스 업무를 수행하는 데 있어서 운영 지표들에 대해 지속적인 개선을 이룸으로써 좀 더 합리적이고 효율적인 방법을 이끌어내는 일련의 과정이라고 할 수 있습니다.

4차 산업혁명 시대라고 하더라도 성과관리의 본질이 바뀌지는 않습니다. 성과관리의 본질은 '최종 완료된 일을 체크하는 것'이 아니라 '업무 과정 중 수시로 대화하며 더 나은 대안을 만드는 활동'으로 정의될 수 있습니다. 과거에는 성과를 높이기 위해서 종종 더 나은 대안을 만드는 활동은 물론 직원의 성장에 무관심하거나 등한시하는 경우가 많았습니다. 특히 서비스 조직의 경우 이러한 성향이 강했던 것이 사실입니다. 그렇다면 4차 산업혁명 시대에 서비스 조직 성과관리는 어떻게 해야 할까요? 여기 몇 가지 방향을 제시하고자 합니다.

먼저 성과관리는 상시적으로 이루어져야 합니다. 서비스 조직의 성과관리는 그간 월간 단위로 또는 분기, 반기로 진행하는 것이 일반적이었습니다. 그렇다 보니 과정보다는 결과에 치중하게 되었고 그러한 과정 속에서 직원의 성장이나 업무 개선은 후순위로 밀리는 것이 다반사였습니다.  하지만 밀레니얼 세대를 대상으로 하는 이와 같은 방식의 성과관리는 자칫 낭패를 볼 수 있습니다. 왜냐하면 위에서 설명하였다시피 밀레니얼들은 빠른 피드백은 물론 자신의 성장에 많은 관심을 가지고 있기 때문입니다. 언제 어디서나 피드백이 가능한 상시 성과관리 시스템이나 프로세스가 갖추어져야 하는 이유가 여기에 있습니다.

이러한 상시 성과관리가 가능하려면 평가 대상자인 직원과 관련한 정보를 수시로 입력하고 분석해야 합니다. 물론 분석은 시스템이 하겠지만 직원의 정보는 다양한 내용을 포함하고 있어야 하는데 일종의 개인이력관리카드와 같이 시스템에 해당 직원의 시계열 형식의 성과 추이는 물론 서비스 업무수행에 따른 특징, 핵심 특성이나 성격 및 행동, 조직 내목표, 성장 기회에 대한 의지, 역량, 직장 동료 및 상사와의 관계, 해당직원만이 가진 독특한 니즈, 좌절 또는 나름대로의 불평이나 불만사항등을 입력해놓고 수시로 피드백해줄 수 있어야 합니다. 이 부분에 대해서는 직원경험관리 부분에서 자세히 다루도록 하겠습니다.

두 번째, 평가는 기존같이 상대평가가 아닌 절대평가로 성과관리가 이루어져야 합니다. 전통적인 평가방식은 말 그대로 개선 및 보완보다는평가를 위한 평가에 그치는 경우가 많았습니다. 그러한 평가방식은 말그대로 직원은 없고 오직 기업의 목표와 그 목표를 위해 기능적으로만활용되는 직원들만 존재하는 방식이라고 할 수 있습니다. 이러한 순위를 매기는 방식이나 상대평가는 밀레니얼 세대에게 적용하기에는 분명 한계가 있습니다.

가장 큰 이유가 상대평가 자체의 한계라고 할 수 있습니다. 이러한 한계가 결국 내부 직원 간의 소모적인 경쟁을 부추기고 외부 환경과 맞서는 경쟁력을 저하시킨다는 것이지요. 특히 대부분의 서비스 조직에서 시행하고 있는 상대평가의 경우 철저하게 성과와 비용의 효율성만을 강조하여 이루어지는 성과 평가여서 직원들의 열정을 꺾거나 사기를 저하시키는 경우가 많습니다. 또한 상대평가라는 것이 직원들의 미래의 잠재능력이나 역량을 반영하지 못하고 오직 평가에만 초점을 맞춘다는 점입니다. 뿐만 아니라 평가를 하는 과정에서 객관적으로 나올 수 있는 결과도 더러 있지만 대부분 평가를 하는 관리자의 주관이 상당 부분 개입될 여지가 있습니다. 이러한 한계로 인해서 평가를 하는 관리자나 평가를 받는 직원들 모두가 만족하지 못하고 반목 및 대립하는 경우가 너무도 많습니다.

예를 들어 고객 체감만족도 평가결과가 직원 1의 경우 89.7점 나왔고 직원 2는 90점이 나왔다고 가정해 보겠습니다. 직원 1은 상대평가 결과 A가 나왔고 직원 2는 B가 나왔다면 A와 B의 경계의 기준이나 이러한 평가 결과를 받아 든 직원 1과 2의 직무 수행 능력이나 역량은 어떤 차이가 있을까요? 또한 고객의 입장에서도 마찬가지입니다. 고객의 입장에서는 89.7점과 90점 맞은 직원이 제공한 서비스 수준이나 체감 정도를 구분할 수 있을까요?

이렇게 평가하는 사람의 주관적인 판단기준에 대한 신뢰가 부재하기 때문에 평가 결과에 승복하지도 않고 늘 평가에 대한 공정성이 의심스럽다고 불만을 제기하는 것입니다.

따라서 향후에는 상대평가가 아닌 절대평가로 변경이 되어야 합니다. 위에서 상대평가의 한계에 대해서 설명을 드렸고 밀레니얼 세대의 경우 성장에 대한 욕구가 많으므로 자신의 강점이 무엇이고 어떤 역량을 개발하고 향상시켜야 할지를 알게끔 해주는 것이 중요합니다. 또한 절대평가는 직원들을 성과 달성을 위한 기능적인 요소의 일부로 보는 것이 아닌 직원의 성장에 초점을 두기 때문에 수행하는 업무에 대한 몰입도를 높일 수 있습니다. 남들보다 잘하기를 강요하는 '순위 매기기'가 아니라 과거 또는 현재보다 더 잘할 수 있도록 도와주는 성과관리가 바람직하다는 말씀을 드리는 겁니다.

절대평가를 통해 직원의 성과는 물론 적성, 잠재역량, 직무행동을 평가하고 이를 통해 직원들의 역량향상은 물론 성장할 수 있는 객관적인 기준을 제공해줄 수 있습니다. 물론 평가기준을 만드는 데 시간이나 비용이 많이 들어가고 강제할당식이 아니기에 비용의 효율성이나 자원의 효용성이 떨어지는 단점은 있습니다만 상대평가가 주는 한계를 상쇄하고도 남으므로 적극적으로 도입할 필요성은 충분히 있다고 생각합니다.

세 번째, 성과관리는 직원들이 '더 잘할 수 있도록 도와주는 일'에 집중하여야 합니다. 밀레니얼 세대는 회사의 성장도 중요하지만 자기자신의 성장에 더 많은 관심을 가지고 있는 세대입니다. 뿐만 아니라 워라밸 추구, 자신에게 맞는 교육 제공, 적절하고 즉각적인 피드백 등을 적극적으로 원하고 요구하는 세대이기도 합니다. 따라서 전통적인 가치를 가지고 이들을 가르치거나 강요를 하면 튕겨져 나갑니다. 따라서 성과관리에 있어서도 평가를 위한 평가보다는 왜 그러한 결과가 나왔고 개선시키기 위해서 필요한 것은 무엇인지를 명확하게 피드백 해주어야 합니다.

따라서 성과관리는 단순히 성과관리가 아니라 성과를 어떤 식으로 개발하고 그러한 성과를 통해 직원들을 어떻게 성장시킬 것인지에 대한 해답을 제공해야만 직원들이 떠나지 않고 지속적으로 일을 할 수 있습니다. 이러한 이유로 인해서 서비스 조직은 코칭과 피드백이 상시적으로 제공되어야 하는 것인데 이에 대한 설명은 아래 '개인적인 성장을 위한 피드백 체계를 구축하여야 한다'에서 자세히 설명 드리도록 하겠습니다.

여기에 덧붙여 밀레니얼 세대의 특징 중 이들이 어렸을 때부터 팀플레이(Team play)는 물론 공동작업에 익숙하고 정보수집은 물론 공유에 익숙하다는 사실을 안다면 이러한 특징을 조직 목표 달성에 필요한 역량이나 주요성과지표에 반영하는 것이 좋습니다. 예를 들어 개인평가와 함께 팀워크(Teamwork)나 협력을 장려하는 지표를 개발하는 것이죠. 어차피 향후 서비스가 지식과 정보를 중심으로 움직이는 것이 아니라 문제해결과 공감 그리고 협업과 감성적인 서비스로 변화한다면 팀워크나 협력이 중요한 요소가 될 수가 있기 때문입니다.

그리고 서비스 조직에서 상대적으로 낮은 가치의 업무를 수행하는 그들에게 해당 업무에 대한 가치와 의미를 부여하는 등의 가이드를 제시하여야 합니다. 나이나 경력이 낮다고 해서 단순히 숫자를 제시하고 무조건 따르라고 하는 조직의 논리를 쉽게 수긍하지 않습니다. 따라서 그들이 수행하는 업무가 향후 어떤 식으로 바뀔 것인지 그리고 어떻게 조직에 영향을 미칠지를 양적 지표만이 아닌 질적인 지표와 함께 가치로 전달해줘야 합니다. 자신이 수행하는 업무가 가치 있고 보람 있는 일이며 의미 있는 일이라는 사실을 인식하게 되면 어떤 어려움이 있더라도 극복할 수 있으며 업무 자체가 곧 보상으로 작용할 수도 있다는 사실을 기억할 필요가 있습니다.

네 번째, 성과 데이터 간의 상관관계 속에 있는 패턴이나 개선 및 보완요소를 찾아내는 데이터 과학(Data science)이 필요합니다. 단순히 감이나 직관 및 경험을 통한 가이드 및 개선요소 도출보다는 객관적인 데이터를 근거로 해서 성과관리가 이루어져야 하는 것이지요. 의사결정을 할 때도 데이터를 근거로 하는 것처럼 성과관리도 데이터를 통해서 이루어져야 합니다. 데이터 속에 숨어있는 패턴을 찾아 성과관리는 물론 조직 운영에 필요한 인사이트를 추출하고 이를 유용하게 활용할 수 있어야 합니다.

아시다시피 서비스 조직에서는 정말 다양한 지표는 물론 지표와 관련한 많은 데이터가 생성됩니다. 이러한 지표와 데이터의 연관성을 분석하거나 결과로 도출된 다양한 데이터 결과물과 해당 직원의 직무 연관성을 분석함으로써 잠재적인 기회를 발견하고 이를 적절하게 지원할 수도 있습니다.

뿐만 아니라 서비스 핵심성과지표와 직원들의 직접적인 공헌 정도를 파악할 수 있으며 무엇보다 중요한 것은 데이터를 활용함으로써 과거 성과는 물론 향후 조직의 성장에 직접적으로 기여할 수 있는 핵심성과지표를 도출해낼 수 있다는 사실입니다.

따라서 인공지능기술을 이용한 데이터 간의 상호 연관성은 물론 데이터 기반의 성과관리를 통해 실제 현장에서 직간접적으로 영향을 미치는 지표를 지속적으로 발굴할 수 있고 기존의 지표들을 정교화할 수 있는 것입니다. 이러한 과정을 통해서 서비스와 관련한 핵심성과지표를 단순히 결과를 평가하는 수준이 아닌 목표 달성을 위한 체계적인 관리도구로 활용할 수 있고 가장 중요한 개선과 보완을 통해 보다 체계적으로 성과 관리를 할 수 있습니다.

서비스 조직 운영과 관련하여 데이터 성과지표를 결합하고 분석함으로써 서비스 조직에서 성과의 차이를 만들어가는 통제 가능한 요인을 파악하고 개선하는 것이 정말 중요합니다.

다섯 번째, 개인적인 성장을 위한 피드백 체계를 구축하여야 합니다. 서비스 조직을 운영하는 데 있어 성과관리의 중요성은 아무리 강조해도 지나치지 않습니다. 그런데 현재 서비스 조직에서 이루어지는 성과관리는 간단히 요약해서 말하자면 그냥 '등급 매기기'에 지나지 않습니다. 이러한 등급 매기기는 과정보다는 결과 지향적이어서 직원 개개인의 약점이나 개선할 점을 보완하기 위한 활동과는 괴리가 있습니다. 말 그대로 성과 결과는 단순히 통보이고 개인의 성장에 대한 메시지가 전달되지 못하는 한계가 있습니다.

기존에 서비스 조직에서 시행하고 있는 순위 매기는 방식의 성과관리는 불필요한 경쟁을 유발하고 팀원 간의 불편함을 발생시키는 것은 물론 직원 상호 간에 아이디어를 공유하고 협업을 해야 하는 밀레니얼 세대에는 어울리지 않는 방식이라고 생각합니다. 이러한 관리방식은 창의적으로 서비스를 제공해야 하는 서비스 조직이 추구하는 목표나 다양성을 추구하는 밀레니얼 세대에는 적합하지 않습니다.

일반적으로 서비스 조직에서는 인원이 많다는 이유로 피드백을 주고받는 활동에 익숙하지 않은 것이 사실입니다. 물론 인원이 많은 것 외에도 다양한 이유로 피드백을 통한 성과관리가 쉽지 않고 설령 피드백이 있다고 하더라도 기계적이고 형식적으로 이루어지는 경우가 많습니다. 위에서도 말씀 드렸습니다만 밀레니얼 세대들은 자신의 개인적인 성장에 많은 관심을 가지고 있습니다.

따라서 성과 결과에 대해서 등급을 매기고 이를 일방적으로 통보하는 것이 아니라 일반적으로 성장에 관심을 두는 직원들에게 필요한 구체적이고 깊이 있는 피드백을 제공할 수 있는 체계를 갖추는 것이 중요합니다.

이러한 피드백 체계를 갖추는 것은 인공지능기술을 이용하면 좋긴 하지만 없으면 내부적으로 구조화된 설문지나 면담을 통해 직원 대상으로 피드백 및 소통해야 할 내용들에 대한 정보를 수집할 수 있습니다. 보통 설문지나 면담은 다양한 내용을 담아야 하지만 근무환경 및 협업 정도는 물론 조직문화에 대한 전반적인 만족도, 직원의 업무 역량과 성과에 대한 기대치, 조직의 기대 등을 담습니다.

　이러한 구조화된 설문이나 면담을 통해 나온 결과와 서비스 조직에서 나온 성과결과를 근거로 개선은 물론 직무와 관련된 전반적인 상황을 공유하고 서비스 조직을 구성하는 직원들과 이에 대한 의견과 생각을 솔직하게 나누는 것입니다. 이렇게 구조화된 피드백 과정을 통해서 직원들이 성과 개선과 해당 직무를 효율적으로 수행하기 위한 자세 및 태도, 그리고 향후 기대치, 구체적인 활동 계획 등에 대해서 피드백하고 그러한 피드백 내용을 한눈에 조망할 수 있도록 함으로써 일회성으로 끝나지 않도록 하는 것이 중요합니다.

　위와 같이 체계적인 피드백을 갖춤으로써 성장에의 욕구를 추구하는 밀레니얼 세대들로 하여금 자신에 대한 성과는 물론 성장에 대한 신속하고 체계적인 피드백 제공이 가능하고 이를 통해 지속적인 성과관리가 이루어질 수 있습니다.

　마지막으로 평가에 따른 보상은 공정하고 확실하게 해줘야 합니다.

　아시다시피 요즘 밀레니얼 세대들의 조직에 대한 충성도가 그리 높지 않습니다. 기성세대처럼 조직이 곧 자신인 것처럼 여기지 않는다는 것이지요. 조직은 조직이고 자신의 삶과는 별개라는 생각을 가지고 일을 합니다. 자연스럽게 불편한 상황이 발생하면 언제든지 떠날 준비를 합니다. 조직을 떠나는 요인은 매우 다양합니다만 요즘은 평가는 물론 보상의 공정성으로 인해 떠나가는 직원들도 적지 않습니다.

　이와 관련하여 요즘 미디어에서 쏟아져 나오는 뉴스를 보시면 아시리라 생각됩니다. 밀레니얼 세대는 윤리는 물론 공정성을 중요하게 생각하고 다분히 현실적이며 경험을 중시하는 세대입니다. 따라서 업무를 배정하거나 성과를 평가하는 단계에서는 무엇보다 공정해야 합니다. 특히 다른 조직과는 달리 많은 사람들이 모여 근무하는 서비스 조직에서의 공정성은 아무리 강조해도 지나치지 않습니다.

최근 정치인들의 '엄마, 아빠 찬스' 불공정에 대한 분노와 몇 년 전 남북단일팀으로 아이스하키팀을 구성하자고 했을 때 당시 밀레니얼 세대들은 같은 또래 선수들이 공정하게 대표팀에 선발이 되었음에도 불구하고 정당한 출전 기회를 얻지 못하고 희생을 강요당하는 불공정한 현실에 분노를 표출한 것을 기억하실 겁니다.

서비스 조직에서의 평가는 물론 보상의 공정성을 확보하는 것이 바람직합니다. 그리고 평가에 따른 보상은 무엇보다 확실한 금전적인 보상이라고 생각합니다. 밀레니얼 세대들이 워라밸을 중시하는 경향이 있다고 하더라도 금전적인 보상을 가장 중요시 여기는 것은 의외라고 생각할 수 있습니다. 하지만 기성세대나 밀레니얼 세대나 기본적인 금전적 보상이 충족되지 않은 상태에서는 동기부여가 발생하지도 않고 워라밸을 유지하기 힘들다는 현실적인 이유가 반영된 것이 아닐까 싶습니다.

정리하자면 생활하는 데 있어 가장 기본적인 금전적인 보상이 충족된 후에 워라밸이 중요한 요인으로 작용하는 것으로 이해하시면 될 것 같습니다. 따라서 보상체계를 수립할 때는 누구나 납득할 수 있는 경쟁력이 있는 금전적인 보상을 우선 하되 밀레니얼 세대들이 바라는 비금전적인 보상을 체계화하는 것이 바람직합니다. 비금전적인 보상의 예는 공개적인 인정과 칭찬 그리고 개인적으로 고마움과 감사를 표현하는 것입니다. 예를 들어 서비스 조직의 경우 명예의 전당과 같은 것은 많이 시행하고 있는데 이러한 보상들이 일에 대한 의욕이나 열정을 이끌어 낼 수 있다는 것이지요. 이들에 대한 칭찬이나 인정은 추상적인 것이 아니라 구체적일수록 효과가 큽니다.

또한 비금전적인 보상은 밀레니얼 세대에 맞게 맞춤형으로 진행하되 개인의 특성을 고려하여 제공하는 것이 좋습니다. 비금전적인 보상으로 회식을 생각하시는 분들이 있을 겁니다. 보통 기성세대는 일이 끝나고 성과가 있으면 회식을 가지는 것이 일반적이지만 밀레니얼들에게 보상으로서의 회식은 끔찍함 그 이상입니다. 이들이 원하는 것은 자신에게만 주어지는 자유시간이라는 점을 간과하지 않았으면 합니다. 따라서 이들에게는 자신이 유연하게 활용할 수 있는 자유시간을 주는 것이 오히려 효과가 더 큽니다.

예를 들어 칭찬과 함께 돌발적으로 출퇴근 시간을 스스로 선택할 수 있게 하거나 점심시간을 1시간이 아닌 2시간 또는 3시간을 제공하는 것이지요. 또는 근무시간은 물론 근무공간을 유연하게 선택할 수 있게 하거나 심리상담이나 라이프 코칭을 받을 수 있는 기회를 제공하는 등 자율성과 재미를 주는 요소를 병행하면 좋습니다.

이미 설명하였다시피 밀레니얼 세대는 즉각적인 보상을 선호합니다. 일반적으로 금전적인 보상이 쉽게 잊혀지고 지속성으로 볼 때 오래 가지 않는다는 점을 고려해야 한다는 것이지요. 금전적인 보상이 너무 지나치게 적으면 업무 의욕이 저하되고 너무 많아진다고 해서 업무의욕이 넘쳐 나지 않는다는 점은 익히 알고 있을 겁니다. 따라서 금전적인 보상으로 채워지지 않는 요소들을 고려하여 스팟성 이벤트나 복리후생 또는 비급여성 보상 등을 확대하는 등의 보상 체계가 필요하다고 말씀을 드립니다. 예를 들어 칭찬과 함께 커피나 달달한 디저트를 구입할 수 있는 모바일 쿠폰을 보내주는 것이 법인 카드로 친하지도 않은 동료들과 거나한 점심식사를 제공하는 것보다 낫다는 것이지요.

### ⑸ 퇴사 및 예비 이직러를 위한 서비스 조직 이직관리

서비스 조직에 있어 이직관리도 중요하지요. 밀레니얼 세대들은 조직보다는 개인을 우선시하고 퇴사하는 데 누구보다도 과감하다는 것과 공정함을 중요시 여기면서 불이익에 엄청 민감하다는 것 이외에도 개성이 강해서 조직에 쉽게 융화되기 어렵다는 특징을 가지고 있습니다. 그런데 이러한 밀레니얼 세대가 전체 구성원의 50% 이상을 차지하고 이들이 서비스 조직의 중심이 되어가고 있는 현실을 고려한다면 이들의 이직관리 또한 중요한 이슈라고 생각할 수 있습니다.

단순히 밀레니얼 세대의 비중이 높다고 하는 사실 외에도 인적 구성원이 다양화되고 그만큼 직원들의 고충도 더욱 더 복잡할 것입니다. 특히 서비스 조직처럼 많은 사람들이 모여 일하는 곳일수록 말씀드리지 않아도 고충의 스펙트럼이 상상을 초월할 정도로 많을 것이라는 사실을 쉽게 이해하실 수 있을 겁니다.

그런데 서비스 조직에서 기존 직원들의 고충을 해결하는 방식을 보면 너무나 형식화되어 있고 획일화되었다고 해도 과언이 아닙니다. 그렇다 보니 직원들의 고충을 처리하는 과정도 투명하지도 않고 제대로 된 피드백을 받기도 어렵습니다. 그러나 이러한 해결방식이 결국 서비스 조직 문화에 악영향을 미친다는 사실을 간과하면 안 됩니다. 뿐만 아니라 직원들에 의한 감정전염 또는 정서전염을 통해 조직의 부정적인 정서가 퍼져 운영을 어렵게 하는 요인으로 작용할 가능성이 높기 때문입니다.

기존의 이직관리는 일반적으로 관리자의 감(感) 또는 경험이나 믿음 또는 관행으로 이루어지는 경우가 많습니다. 그렇다 보니 직원의 표정이나 복장, 근무 중 태도, 말투, 다른 직원들이 주는 비공식적인 정보 등을 통해 이직의 가능성을 점(?)치는 경우가 많습니다. 이직의 가능성을 예측했다고 하더라도 제대로 된 선제적 대응이나 후속관리가 이루어지기 힘든 조직 구조로 인해서 이직관리가 제대로 이루어지지 않습니다.

뿐만 아니라 위에서도 간단히 언급하였다시피 이직관리를 하는 데 있어 개인이 아닌 전체를 대상으로 이루어진다는 점과 무엇보다 획일적으로 접근한다는 사실입니다. 비용문제도 있겠지만 집단주의 문화에 익숙한 조직문화나 관리에 기인한다고 보는 것이 옳습니다. 그렇다 보니 이직관리를 하는 데 있어 급여문제나 복지로 국한하는 것에 익숙하고 지엽적인 문제해결이나 개선에 집중합니다. 그리고 이러한 이직관리 방식의 가장 큰 문제는 사후 해결에 집중한다는 것이지요. 아마 서비스 조직에서 근무해보신 분들이라면 쉽게 공감하실 것이라 생각합니다.

그러나 서비스 조직의 약 50%를 차지하고 언제든지 퇴사할 준비가 되어있는 밀레니얼은 단순히 급여나 복지에 국한하여 이직하지 않습니다. 이들은 자신의 적성이나 향후 커리어에 대한 영향, 부당한 대우에 대한 불만, 자신의 비전, 자율성의 부재 등 다양한 원인으로 인해 퇴사를 하고 있습니다. 성장기에 입사한 기성 세대가 충성심으로 똘똘 뭉쳤다면 저성장기에 입사한 이들은 항상 퇴출의 공포를 안고 살기 때문에 충성심이 아닌 다른 대안을 마련하기 위해 애쓰는 등 다분히 현실적일 수밖에 없습니다.

따라서 서비스 조직의 이직관리는 과학적이고 체계적인 해결방안이 필요합니다. 이와 관련하여 우리는 구글의 사례를 참고할 필요가 있습니다. 구글의 경우 내부의 다양한 인적 데이터로 예측적 분석학 기법을 활용해 직원들의 이직확률을 계산한다고 합니다. 이러한 모형 활용을 통해 선제적으로 이직을 방지하거나 관리하는 것이지요. 이직관리에 있어서도 단순히 감이나 경험이 아닌 데이터에 근거한 관리가 필요합니다. 이를 위해 정확하고 유의미한 데이터를 확보하고 이를 통해 이직하려는 의도를 가진 직원들의 특성을 분석해 이직관리에 활용하는 노력이 필요할 것 같습니다.

이와 함께 이직문제를 해결하는 방식에 있어서도 전체에 주목하고 획일적인 방식보다는 개별 직원에 주목함과 동시에 직원의 특성과 유형에 따른 이직관리가 필요합니다. 예를 들어 시계열 분석을 통해 이직하는 시기와 인구통계학적인 요소를 분석하여 퇴사하는 직원의 유형과 퇴사원인을 파악하여 이를 이직관리에 활용하는 것이죠. 이를 위해서는 위에서도 언급한 데이터 수집과 분석 및 관리는 필수적이라고 할 수 있겠네요.

끝으로 이들이 성장할 수 있도록 돕고 몰입할 수 있는 조직문화와 즐겁게 일할 수 있는 환경을 마련하는 것이 매우 중요합니다. 즐겁게 일할 수 있는 분위기란 업무를 수행하는 데 있어 자율적인 권한을 주는 것과 불안함을 이겨낼 수 있는 소속감, 그리고 자신의 비전이나 목표를 이룰 수 있도록 지원해주는 조직의 분위기가 우선합니다.

### (6) 꼰대 관리자가 되지 않기 위해 갖추어야 할 리더십

어느 조직이나 리더십의 중요성은 아무리 강조해도 지나치지 않습니다. 특히 서비스 조직처럼 많이 모여서 근무하는 조직의 특성상 제대로 된 리더십을 발휘하기란 쉽지 않습니다. 게다가 밀레니얼 세대들의 특성과 특징을 고려한다면 리더십을 발휘하려는 의지도 쉽게 꺾일 수밖에 없겠지요. 낯설어도 너무 낯선 밀레니얼 세대들과 마주치거나 함께 일을 하다 보면 열불이 나면서 부정적인 면이 먼저 떠오르는 것은 어쩔 수 없다고 치더라도 도대체 어떻게 밀레니얼 세대들과 함께 갈 수 있을 지 생각하면 아득해집니다.

리더십에 대해서 할 얘기는 무척이나 많습니다. 많은 학자와 전문가들이 쏟아내는 저마다의 리더십의 정의와 실행방법이 있습니다만 필자가 생각하는 서비스 조직에서의 리더십에 대해서 몇 가지만 말씀드리고자 합니다.

위에서 밀레니얼 세대의 특징을 설명드렸습니다만 그들의 특성과 고민을 공감하고 해결해주려는 노력과 함께 이들이 가지고 있는 에너지를 조직의 목표와 연결시키려는 노력이 병행되어야 한다고 생각합니다. 겉으로 내세우는 리더십의 목적은 빠른 의사결정과 코칭(피드백)은 물론 소통과 책임을 통해 복잡성과 불확실성에 맞서는 역량을 갖추어야 한다고 정리할 수 있지만 가장 중요한 것은 공감과 소통이 매우 중요한 요소라는 말을 강조하고 싶습니다.

좀 더 자세히 말씀드리자면 서비스 조직에 있어 가장 중요한 리더십은 바로 그 동안 축적된 경험에 근거한 방향제시가 아니라 자율, 모범, 설득 및 감성을 통한 공감과 소통 리더십이라고 할 수 있습니다.

한마디로 요약하자면 진정성을 기반으로 한 리더십이라고 하는 것이 낫겠네요. 이를 요즘에는 진성 리더십이라고 하더군요. 간단히 말씀드리자면 단기간 성과에 치중한 리더십이 아닌 리더십의 본질에 집중하는 리더십이라고 할 수 있습니다. 왜 진정성에 기반한 리더십이 중요한 것일까요? 그것은 아무리 인공지능기술이 발달한다고 하더라도 공감과 소통이라는 것은 인간만이 가진 고유의 감정과 본성인 동시에 사회적인 동물인 인간이 살아가는 데 있어 가장 중요한 특성이며 이는 진정성에서 우러나오기 때문입니다. 진정성에 기반하지 않은 소통이나 공감으로는 어떤 일도 할 수 없습니다. 예를 들어 즉각적으로 피드백을 제공하거나 다양한 방법을 통해 동기를 부여하며 그들에게 일하는 방식은 물론 성장할 수 있는 기회를 제공한다고 하더라도 이와 같은 진정성에 기반한 공감과 소통이 없으면 제대로 된 리더십을 발휘하기 어렵다는 말입니다.

혹시 밀레니얼 세대들도 불안해하고 있다는 사실을 아시나요? 우리가 결혼해서 자녀를 낳아서 기르다 보면 모든 것이 불안한 것처럼 이들도 모든 것이 두렵습니다. 2000년도 이후에 한 번도 좋아진 적이 없는 경제 상황으로 인해 수시로 인원이 감축되는 것을 지켜봐 온 밀레니얼 세대의 입장을 생각한다면 불안함이 항상 존재한다는 것을 충분히 이해할 수 있습니다. 구조조정이 상시화되고 4차 산업혁명 시대에 하루가 멀다 하고 등장하는 인공지능기술로 인해 언제 정리될지 모른다는 불안함으로 인해 이들은 조금만 더 나은 조건의 직장이 있으면 언제든지 이직을 하게 되는 것입니다.

따라서 이들의 불안감을 해소시키는 것이 리더의 역할이라고 생각하는 것입니다. 이들의 불안을 그나마 덜어줄 수 있는 것이 바로 진정성에 기반을 둔 공감과 소통의 리더십입니다. 따라서 아무나 리더가 되어서는 안 되겠고 진정성을 연구하는 학자들의 말대로 자신의 신념을 토대로 세상을 더 행복하고 더 따뜻하고 더 건강한 곳으로 변화시키기 위해 노력하며 자신은 물론 직원들의 자발적인 실천을 이끌어내는 리더가 진정한 리더라고 할 수 있습니다. 이러한 진정성을 가진 리더가 밀레니얼 세대를 극적으로 변화시킬 수 있다고 생각합니다.

4부

# 서비스 조직에 맞는 코칭

코칭이면 코칭이지 왜 하필이면 서비스 코칭인가요? 아마 이렇게 의문을 가지는 분들도 계실 겁니다. 어디에도 서비스 코칭에 대한 정의는 없지만 필자 스스로 서비스 조직 내에서 발생하는 교육 및 훈련, 성과관리, 이직 및 갈등관리와 같은 다양한 문제들을 실질적인 코칭을 통해 해결하는 것을 '서비스 코칭'이라고 정의하였습니다. 코칭의 특성을 이용하여 서비스 현장에서 근무하는 직원들의 역량을 향상시키고 조직의 다양한 이슈들을 해결하는 데 목적이 있다고 볼 수 있는 것이죠.

필자가 생각하기에 일반적인 코칭이라는 것은 서비스 조직과는 맞지 않는다고 생각합니다. 왜냐하면 서비스 조직의 경우 조직의 특성상 당장 성과를 내야 하는데 코칭의 경우 무엇보다 시간이 많이 걸린다는 점과 그

효과를 측정하는 데 한계가 있다는 점입니다. 코칭의 3가지 철학 중 한 가지는 '그 사람에게 필요한 해답은 모두 그 사람 내부에 있다'라고 합니다. 문제해결을 직원 스스로 발견하고 개선하도록 하는 코칭의 방향성에 대해서는 충분히 이해하지만 직원이 안고 있는 문제에 대해서 직접적인 답을 제시하지 못하는 경우가 많다는 사실을 부인하기 어렵습니다.

실제로 현장에서 근무하고 있는 분들을 만나서 이야기를 해보면 코칭의 의도나 장점이 무엇인지는 잘 알겠는데 한결같이 나오는 답변이 너무 시간이 오래 걸린다는 것입니다. 당장 성과를 내야 하는 서비스 조직의 특성상 일반 코칭 방식으로는 한계가 있다는 것이겠지요.

서비스 조직의 이러한 특성 때문에 서비스 코칭은 형식과 프로세스에는 코칭을 활용하지만 성과나 목표를 달성하기 위한 방법으로는 티칭(Teaching)이나 컨설팅은 물론 멘토링을 활용하는 것이 특징입니다. 따라서 해당 직원의 가능성을 믿지만 단순히 그 직원이 행동할 때까지 또는 가능성을 기다리는 것이 아닌 직접적인 방법들을 활용합니다.

---

## 1

### 왜 서비스 코칭인가?

위에서도 언급한 바와 같이 서비스 코칭은 티칭, 멘토링, 컨설팅과 같은 기법을 병행함으로써 서비스 조직의 다양한 이슈를 해결하기 위한 코칭이라고 말씀을 드렸습니다. 서비스 코칭은 서비스 집점에서 근무하는 직원들과 신뢰감 형성을 바탕으로 코칭에서 활용하는 프로세스와 스킬 그리고 커뮤니케이션 방법을 통해서 관리자의 코칭 역량을 향상시킵니다. 뿐만 아니라 서비스를 수행하는 직원들의 의욕관리는 물론 성과를 향상시키기 위해 필요한 행동과 태도에 효과적인 피드백을 제공함으로써 목적을 달성하는 것이 서비스 코칭의 목적이라고 할 수 있습니다.

아시다시피 서비스 조직은 여느 조직과는 달리 다양한 지표는 물론 정보가 실시간으로 취합되는 곳이기에 객관적인 사실이나 통계에 기반한 실질적인 코칭이 이루어지기 쉬운 곳입니다. 따라서 이러한 객관적인 통계와 수치를 기반으로 일반적인 코칭 프로세스를 따르되 여기에 구체적인 통계 데이터를 분석하거나 트래킹 기법을 활용해서 성과를 향상시키거나 서비스 조직 내 이슈를 해결하는 것이라고 이해하시면 될 것 같습니다.

서비스 코칭은 기본적으로 경청, 질문, 피드백을 통해 직원 스스로 문제점에 대한 답을 찾아내 행동하도록 지원하지만 문제 해결과정에서 나타나는 공통된 패턴이 있는지 여부를 파악하거나 문제를 해결해 나가는 과정에서 장애요소가 무엇인지를 파악함은 물론 다양한 통계나 객관적인 자료를 근거로 직접적으로 문제를 해결할 수 있도록 도와주는 방식을 취하고 있습니다.

뿐만 아니라 서비스 코칭을 통한 개선 및 변화를 효과적으로 이끌려면 반드시 필요한 요소들이 있는데 이는 코칭을 진행하는 과정에서 필수적으로 이행되어야 할 요소이기도 하며 이러한 활동 등을 통해서 목표 달성 및 개선을 위한 활동을 효과적으로 이행할 수 있도록 도와주기도 합니다.

서비스 코칭이 효과적으로 이루어지는 데 필요한 3가지 요소는 관찰, 기록, 피드백입니다. 서비스 조직의 직원들을 모니터링하고 주요 이슈에 대해서 기록은 물론 지속적으로 이슈를 관리하는 트래킹(Tracking) 기법을 활용한 피드백을 통해 코칭을 진행한다고 이해하시면 될 것 같습니다.

(1) 헷갈리는 서비스 조직 훈련 기법 제대로 이해하기

모두들 들어보셨겠지만 일반 조직에서 직원들의 역량을 향상시키기 위해서 활용하는 기법은 코칭을 비롯해 멘토링, 컨설팅, 카운슬링, 티칭 등 다양하게 존재합니다. 아래 매트릭스는 각각 질문이나 문제해결의 주체에 따른 훈련 기법들을 매트릭스화한 것입니다.

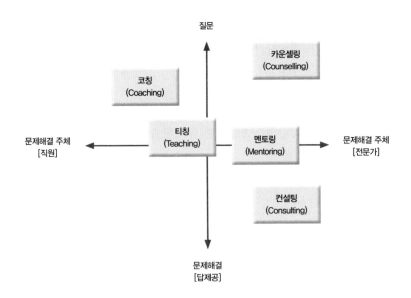

서비스 조직 밀레니얼 이렇게 코칭하라

위 매트릭스에서 보시는 바와 같이 코칭은 관리자의 경험을 이용하여 상황을 진단하고 동시에 의견과 충고를 제공하는 측면에서 멘토링이나 컨설팅과는 구별됩니다. 또한 코칭은 직원의 장점과 자원을 극대화할 수 있도록 창조하고 개발하는 것을 돕기 위해서 모든 지식과 경험을 활용하는 반면 멘토링과 컨설팅은 그 분야의 전문성을 가진 자가 지식을 전수하거나 완벽한 해결 방안 제시가 목표이며, 자신의 훌륭한 역량을 보여 주는 것이 매우 중요합니다.

흔히 서비스 조직에서 멘토링을 진행하는데 멘토링은 해당 분야의 전문성을 가진 사람, 그리고 그 분야에 있어서 이미 일정 성과를 내거나 성공한 경험을 가진 사람이 그렇지 않은 사람에게 가르쳐 주는 역할을 수행합니다. 다만 코칭의 경우 사람들의 성장 및 변화와 삶의 모든 영역에 관심을 가지는 반면 멘토링의 경우 관리자의 지식이나 경험을 전달하고 충고와 함께 방향 및 의견을 제시하는 데 그치는 것이 일반적입니다. 이외에 멘토링의 경우 멘토와 멘티의 관계가 수직적인 반면 코칭의 경우 수평적인 관계 속에서 이루어지는 특징이 있습니다.

또한 코칭은 구조화된 모델이나 방법론을 통해 결과를 낼 수 있도록 훈련을 받는 반면 멘토링의 경우 특별한 훈련을 받지 않는 특징이 있습니다. 또한 코칭이 사람들이 가진 능력을 발견하고 개발에 도움을 주는 반면 컨설팅의 경우 해당 전문가에 의한 상담, 자문을 통한 상황분석, 대안을 제시하는 경우가 많습니다. 이외에 코칭은 지혜를 통해 상대방의 역량을 이끌어내는 데 초점을 맞추는 반면 티칭의 경우 지식이나 정보를 제공합니다.

카운셀링의 경우 과거를 중심에 두고 문제해결을 하는 형태를 취하며 상대방의 이야기를 들어줌으로써 치유하는 등의 수동적인 자세를 유지하는 반면 코칭의 경우 과거보다는 미래를, 수동적인 자세보다는 적극적인 자세로 미래에 대한 방향성을 제시하는 것이 특징이라고 할 수 있습니다.

### (2) 코칭이 엉망인 서비스 조직의 특징 4

코칭은 다양한 분야에서 이루어지고 있으며 조직에서 다양한 목표와 기대를 실현시켜 줄 수 있는 훈련 도구나 인재 개발 기법으로 활용되고 있습니다. 개인 및 조직 역량을 강화시키고 성과 향상은 물론 조직 내 이슈를 긍정적인 방향으로 해결하며 무엇보다도 문제해결 역량을 향상시킬 수 있다는 긍정적인 효과를 기대할 수 있습니다.

이와 같이 코칭을 통해 조직에 긍정적인 효과가 발생함에도 불구하고 이러한 코칭을 수행하는 데 있어 서비스 조직은 몇 가지 문제점을 안고 있습니다. 서비스 조직에서 이루어지는 코칭과 관련하여 문제점은 무엇인지 알아보도록 하겠습니다.

먼저 밀레니얼 세대에 대한 이해가 부족한 상황에서 코칭이 이루어지는 경우가 많습니다. 사실 기존 세대와 달리 밀레니얼의 경우 욕심 없고 스트레스를 받아 가며 일하고 싶지 않은 가치관을 가진 세대라고 할 수 있습니다. 이외에도 밀레니얼의 특징은 기성세대와는 여러 측면에서 다름에도 불구하고 이들에 대한 이해도 없이 코칭을 진행하려다 보니 여러 가지 갈등이 발생하고 있는 것입니다.

서두에서도 설명 드렸다시피 접촉보다는 접속을 선호하고 옳고 그름보다는 좋고 싫음으로 귀결되는 밀레니얼의 특징을 알지 못하는 상태에서 이루어지는 코칭은 제대로 효과를 거두기 어렵습니다. 세대 간의 차이가 있음에도 불구하고 갭을 줄이려는 노력도 부족하고 기존에 해왔던 방식을 그대로 답습하는 코칭으로는 당연히 문제가 발생할 수 밖에 없습니다.

다음으로 코칭을 훈련시키지 않고 직원들을 코칭하라고 요구하는 경우가 많습니다. 코칭이 제대로 성과를 거두려면 관리자들을 대상으로 훈련이 충분히 이루어져야 하나 그렇지 않은 경우가 많아 제대로 된 코칭을 진행하기에는 한계가 있습니다. 보통 코칭은 경청, 질문, 피드백을 통해서 직원들 스스로 자신의 문제에 대한 해답을 찾아낼 수 있도록, 스스로 움직일 수 있도록 지원하는 인재 개발 기법임에도 불구하고 가장 기본적인 스킬에 대한 교육이 체계적으로 이루어지지 않는 경우가 많습니다.

즉 코칭하는 방법이나 스킬에 대한 학습 및 훈련을 제대로 배우지 못하거나 짧게 이어지는 교육만으로는 직원들의 무한한 가능성을 이끌어내기란 너무도 어려운 것이지요. 게다가 코칭을 받아본 적이 없는 관리자들에게 당연히 코칭은 생소하고 힘이 들 수밖에 없습니다. 이를 위해 코칭받을 수 있는 기회를 지속적으로 제공하고 코칭에 필요한 커뮤니케이션 스킬을 자연스럽게 활용할 수 있도록 하는 분위기나 환경이 조성되어야 합니다. 무엇보다 직원들을 대상으로 제대로 코칭하는 법을 배워서 이를 활용할 수 있도록 하는 것이 바람직합니다.

그리고 서비스 조직에서 이루어지는 코칭이라는 것이 장기적인 목표와 계획에 따라 움직이는 것이 아니라 단기적인 성과에만 급급해 직원을 충분히 이해하지 못한 상태에서 단편적인 지식이나 정보를 제공하는 티칭(Teaching) 수준에 머무는 것이 문제라고 할 수 있습니다. 이와 함께 직원들이 바라는 성장을 위해 필요한 시간이나 비용을 충분히 지원하지 못하는 한계도 가지고 있습니다. 이렇게 단기적으로 성과를 내야 하는 서비스 조직의 특성상 코칭이라는 것이 관리자의 일방적이고 지시적인 피드백과 커뮤니케이션이 주를 이루는 경우가 많습니다. 대표적으로 코칭이 아닌 티칭의 형태로 이루어지다 보니 직원들과 소통은 일방적이고 수직적으로 이루어지는 경향이 있으며 무엇보다도 공감이 충분히 이루어지지 않은 상태에서 코칭이 이루어져 직원들 입장에서는 매우 곤혹스러울 수밖에 없습니다.

예를 들어 자신의 경험을 근거로 일방적으로 이야기하는 소통의 형태를 코칭이라고 생각하는 관리자들이 의외로 많은 반면 관리자의 그와 같은 코칭 형태를 매우 불편하게 받아들이는 직원들이 많다는 사실입니다. 이러한 상황은 상호 간 불편함만을 야기할 뿐입니다. 기존 관리자들은 아무래도 수직적인 조직에서 지시와 통제에 익숙한 반면 밀레니얼의 경우 소통에 능하고 면대면보다는 온라인에 익숙하며 솔직함을 바탕으로 팀플레이(Team play) 형태의 공동작업을 중요하게 생각하고 인정과 칭찬에 목말라하는 경향이 있습니다. 게다가 공감대 형성이 제대로 되지 않은 상태에서 이루어지는 코칭에 대해서 많은 부담을 느끼는 것이지요. 공감대 형성 없이 이루어지는 코칭에 대해서는 "갑자기?!"라는 반응을 보이는 경우가 많은데 업무 외적인 것에 대해서는 관심도 없는 상태에서 일방적으로 조직의 입장에서만 이루어지는 코칭이 당연히 부담스러울 수밖에 없습니다.

문제를 해결하는 데 있어서도 의견을 얘기하면 코칭의 철학이나 기본적인 스킬을 모르는 상태에서 과거의 방식을 고집한다든지 코칭을 한다면서 꼰대 같은 지적질에 그치는 경우가 많습니다. 게다가 코칭이라는 것이 주기적으로 이루어져야 하는데 간헐적으로 이루어지거나 한 달에 한 번, 마치 의무적인 일처럼 진행되는 상황에 대해서 좋은 반응이 나올리 만무합니다. 또한 목표 달성이나 역량을 향상시키려면 해당 업무에 대해서 중간중간 피드백이 필요함에도 불구하고 단발성으로 끝이 나는 경우도 많고 천편일률적으로 이루어지는 경우가 대부분입니다.

직원들의 잠재적인 역량을 개발하여 업무능력을 향상시키고 이를 통해 고객을 만족시킴으로써 수익 및 서비스에 대한 기업 이미지를 향상시킬 수 있고 조직의 성과에 필요한 무형의 요소들인 직원의 충성도, 신뢰감 및 업무 만족도, 응대에 대한 자신감, 팀워크, 서비스 특유의 조직문화 등을 향상시키거나 강화시키려는 목적의 코칭과 피드백이 실제로는 제대로 이루어지지 않고 있다는 것이 문제점이라고 할 수 있습니다.

(3) 서비스 조직에서 이루어지는 코칭의 방향성

서비스 조직에서 이루어지는 코칭은 몇 가지 방향성을 가지고 움직이는 것이 바람직합니다. 서비스 코칭의 방향 중 가장 기본적인 것은 바로 **지속적인 성과관리 추구와 직원의 참여를 유도하는 것입니다.** 서비스 조직의 경우 다른 조직과는 달리 많은 사람들이 모여 근무하는 것이 일반적인 형태인 만큼 직원들의 참여를 유도하고 이들이 조직의 비전이나 목표를 달성할 수 있도록 하는 데 목적을 두고 이루어져야 합니다. 개인의 역량을 향상시키는 것도 중요하지만 역량 향상을 기반으로 개별 직원의 성과를 체계적으로 관리하고 유지하도록 하는 데 초점을 맞춰야 합니다.

또한 서비스 업무의 특성을 고려한 역량 향상에 초점을 맞춰 코칭을 진행해야 합니다. 아시다시피 서비스 업무는 직원의 전문적인 역량에 따라 차이가 크게 나타납니다. 흔히 기업에서 제공하는 상품이나 서비스는 직원의 전문성이 밑바탕이 되어야 다른 기업과는 다른 차별화된 서비스가 제공될 수 있다는 의미입니다. 위에서 언급한 조직의 성과관리와 함께 직원의 역량을 향상시키는 데 있어 중요한 것은 자사의 서비스 아이덴티티(Identity)에 맞는 목표 달성과 개선을 위한 코칭 능력 발휘가 병행되어야 한다는 것입니다.

이를 위해 직원 개개인의 업무 스타일이나 강점을 발견하고 개발시키기 위해 코칭이 체계적으로 이루어져야 하며 직원의 내재된 잠재능력을 이끌어 내고 발휘하도록 하는 것이 코칭의 올바른 방향성이라고 할 수 있습니다.

인공지능기술의 여파로 인해 고객 서비스 중 많은 부분이 셀프서비스화된다고 하더라도 결국 서비스를 제공하는 것은 사람이라는 사실을 이해하신다면 서비스 코칭이라는 것도 결국 서비스 조직의 직원 역량을 향상시키는 방향으로 이루어져야 한다는 사실에 동의하시리라 생각됩니다.

비교적 쉽고 단순 반복적인 업무의 경우 인공지능기술을 이용한 시스템이 해결함에 따라 직접적인 접촉을 통한 고객서비스의 비중은 점점 줄어든다고 하더라도 고객의 요구는 갈수록 까다롭고 복잡해져 가고 있습니다. 따라서 이러한 고객의 복잡한 요구를 해결하기 위해서는 결국 직원의 역량을 향상시키는 것이 조직 입장에서는 매우 중요한 일인 것입니다. 예전처럼 정해진 답을 기계처럼 읊어대는 것만으로는 고객을 만족시킬 수 없습니다.

셀프서비스의 비중이 그만큼 늘어난다는 것은 반대로 고객서비스를 제공하는 직원들의 역량이 그만큼 중요하다는 것을 의미하는 것입니다. 따라서 코칭의 방향성은 이러한 직원들의 역량을 향상시키는 것은 물론 조직의 성과를 향상시키고 최종적으로 조직의 비전과 목표를 달성하는 방향으로 이루어져야 하는 것이라고 할 수 있습니다.

## 밀레니얼 코칭을 위해 준비해야 할 것들

서비스 조직에서 제대로 된 코칭이 이루어지기 위해 필요한 조건과 주요 지침은 물론 체계적이고 효과적인 코칭을 위해 준비해야 할 것들에 대해서 알아보도록 하겠습니다. 서비스 조직에서 코칭의 주체적인 역할을 수행하는 관리자들이 기본적으로 알고 있어야 할 내용을 정리한 것이니 반드시 읽어 보시기 바랍니다.

### ⑴ 효과적인 코칭을 위해 갖추어야 할 조건

위에서 설명한 것처럼 다양한 문제점을 가지고 있는 서비스 조직에 있어서 코칭이 제대로 이루어지려면 어떻게 해야 할까요? 적어도 서비스 조직에서 효과적인 코칭이 이루어지기 위해서는 아래와 같은 3가지 조건이 전제되어야 합니다.

먼저 직원과 관리자와의 상호 신뢰가 우선입니다. 서비스 조직은 많은 사람들이 모여서 근무하는 조직이니만큼 다양한 접촉을 통해 직원 간의 커뮤니케이션이 원활히 이루어져야 합니다. 사실 코칭이라는 것이 상대방에 대한 신뢰가 없다면 이루어지기 힘들잖아요? 따라서 효과적인 코칭이 이루어지려면 직원들 간의 관계 개선이 선행되어야 합니다. 특히 서비스 조직의 경우 여초 현상이 두드러지는 조직인 만큼 신뢰가 밑바탕이 되지 않으면 직원들의 자발적인 행동을 이끌어내기 어렵습니다.

그리고 무엇보다 중요한 것은 조직 구성원들과의 커뮤니케이션이 원활하고 조직이 활성화되어 있다면 코칭을 통해서 서비스 조직이 안고 있는 다양한 문제들이 개선될 수 있다는 사실을 제대로 인식하는 것입니다.

두 번째로 공감대 형성을 위한 분위기와 환경이 마련되어야 합니다. 서비스 조직에서 코칭이 실질적인 효과를 거두려면 효과적인 피드백 및 해결책을 제시할 수 있다는 공감대가 형성되어야 합니다. 또한 개인이 가진 능력이나 가능성을 최대한 발휘하게끔 하고 성과 향상을 위한 구체적인 행동 변화를 이끌어 내는 행위라는 공감대 형성이 중요합니다. 이러한 공감대 형성을 통해서 조직 내부의 문제를 개선시킬 수 있다는 확신을 직원들에게 심어줘야 합니다.

뿐만 아니라 코칭을 통한 변화가 자연스럽게 구현될 수 있도록 물리적 · 정서적 환경을 마련해 주어야 합니다. 아시다시피 코칭의 경우 단기간에 효과가 나타나는 것이 아닌 만큼 코칭이 일상화될 수 있도록 해야 하며 코칭을 통해서 바람직한 결과가 도출되었다면 이러한 결과 및 사례를 반드시 직원들과 공유해야 합니다.

세 번째로 커뮤니케이션 및 리더십 역량을 갖춘 리더가 필요합니다. 아시다시피 서비스 조직처럼 많은 사람들이 모여 근무하는 조직에서 코칭이 제대로 효과를 거두려면 관리자의 역할이 무엇보다도 중요합니다. 특히 밀레니얼 세대에 대한 이해가 부족한 상태에서 코칭이 이루어지다 보면 역으로 코칭이나 멘토링의 부작용이 심하게 나타날 수 있습니다.

이러한 이유로 인해 관리자들이 제대로 코칭에 필요한 기본적인 지식과 스킬은 확보되어 있는지 여부와 이들의 행동 변화가 직원들의 행동에 영향을 미친다는 사실을 인식하는 것이 매우 중요합니다. 실제로 업무 역량은 기본이고 커뮤니케이션 능력이 뛰어난 사람이 코칭하는 것만으로도 직원들에게는 힘이 되고 열정을 불러일으킬 수 있기 때문입니다.

따라서 코칭은 직원들에게 있어 역할모델이 되어야 하는 사람이 투입되어야 합니다. 반대의 경우라면 코칭이 제대로 이루어질 리 만무합니다. 또한 직원들에게도 모범이 되고 신뢰를 줄 수 있는 사람이 코치가 되어야 하고 무엇보다 직원들의 감정 관리는 물론 관계를 맺는 능력과 감성역량이 뛰어난 관리자가 투입되어야 합니다.

### ⑵ 코칭과 피드백 역량 향상을 위한 지침 7

목표 달성을 위한 코칭을 위해서는 업무를 진행하는 과정에서 적절한 피드백과 함께 코칭을 병행하는 것이 바람직합니다. 의사결정이 복잡하고 업무를 수행하는 과정에서 해야 할 일들이 갈수록 늘어나는 상황에서 직원들에게 피드백과 코칭은 관리자의 필수역량이라고 할 수 있습니다. 현장에서 코칭과 피드백 향상을 위한 지켜야 할 몇 가지 지침에 대해서 알아보도록 하겠습니다.

먼저 코칭과 피드백을 진행할 때 관리자 자신이 무조건 이끌고 문제의 답을 주어야 한다는 강박에서 벗어나야 합니다. 물론 지식이나 정보와 같은 것은 자신이 아는 범위 내에서 전달하거나 전수하는 것은 바람직하지만 문제해결에 있어서는 충분히 시간을 두고 소통함으로써 스스로 답을 찾을 수 있도록 경청하고 건설적인 피드백이 이루어질 수 있도록 하는 것이 바람직합니다. 현장에 있다 보면 이와 같은 일들이 쉽지 않은 일이지만 코칭의 목적인 역량향상을 위해서 이와 같은 태도는 매우 중요합니다.

직원들을 대상으로 구체적인 피드백을 주는 것도 좋지만 방향성을 제시하는 선에서 이루어지는 피드백이 향후 더 뛰어난 능력을 발휘한다는 연구결과도 있다는 사실을 이해하시고 본인이 무조건 답을 제시해야 한다는 강박에서 벗어나는 것이 좋을 것 같습니다.

다음으로 코칭과 피드백은 정신교육이 아니고 마구잡이식 지적이 아니라는 점을 인식하셨으면 합니다. 현장에서 이루어지는 코칭이라는 것은 수평적인 관계에서보다는 수직적인 관계에서 일방적으로 이루어지는 경우가 많습니다. 중요한 것은 직원의 잠재적인 역량을 이끌어내고 이들이 수동적이 아닌 능동적으로 자신의 역량을 이끌어낼 수 있도록 하는 것이 목표이므로 일방적인 지시나 전달보다는 충분한 소통은 물론 칭찬과 인정을 병행하여 코칭이나 피드백이 이루어져야 합니다.

정신교육이나 지적 중심으로 코칭이나 피드백이 진행되면 직원 입장에서는 반발하거나 아예 마음을 닫고 수동적으로 따르는 경향을 보일 가능성이 높습니다. 아시다시피 피드백과 코칭이 목표가 되어서는 안 되고 오직 '잠재력'을 이끌어내는 데 초점을 맞춰 진행되어야 한다는 사실을 꼭 기억하셔야 합니다.

또한 코칭이나 피드백을 하기 전에 반드시 직원들이 일하는 방식이나 태도를 객관적인 입장에서 관찰하고 이를 기록한 후 개선점을 파악한 후 이들과 커뮤니케이션하는 것이 바람직합니다. 피드백의 경우 돌려서 우회적으로 말하는 것이 아닌 직접적으로 말하거나 구체적으로 어떤 행동을 직접적으로 취할 것을 요청하는 직접적인 커뮤니케이션도 상황에 따라 필요합니다. 이때 일방적인 지시가 아닌 직원의 의견도 충분히 들어보면서 필요한 경우 직접적으로 요청을 하는 형태로 전달을 하면 반발이나 수동적인 반응을 최소화할 수 있습니다.

또한 주관적인 의견이나 주장을 피력하는 자기중심적인 코칭이나 피드백이 되지 않도록 하기 위해 자신을 통제할 수 있어야 합니다. 따라서 피드백을 할 경우 객관적인 사실에 근거해 상대를 비난하거나 비판하지 않는 중립적인 언어를 사용하는 것이 바람직합니다. 이와 관련해서는 코칭 스킬에서 별도로 설명하겠습니다만 관리자의 추측이나 주관적인 생각을 전달하는 것은 가급적 지양해야 한다는 점을 말씀드립니다.

또한 피드백을 진행할 경우 절대 직원들의 인격이나 성격을 대상으로 하는 것이 아니라 '태도와 행동'에 국한하여 시행해야 합니다. 서비스 조직의 관리자들이 흔히 저지르는 실수들 중에 하나는 문제해결을 위해 필요한 '태도와 행동'을 중심으로 피드백이 이루어져야 하는데 직원들의 인격이나 성격을 걸고 넘어지는 경우가 많다는 것입니다. 자신의 의지대로 되지 않거나 태도와 행동에 대한 잘못을 개선하려는 의도를 가지고 이루어지는 피드백이 직원의 인격이나 성격을 결부시켜 진행이 되면 당연히 효과를 거두기 힘이 듭니다.

피드백은 직원의 상황에 초점을 맞춰 구체적이고 시의적절하게 이루어져야 합니다. 여기서 구체적이라는 것은 문제 해결을 하는 데 있어 개선이 필요한 행동을 정확히 이해시키라는 것을 의미합니다. 이때 위에서 언급한 구체적인 사실과 상황을 연결시키고 주변 동료들의 피드백을 병행하면 좋은 효과를 거둘 수 있습니다. 여기서 구체적인 피드백과 일반적인 피드백에 대한 구분이 필요할 것 같은데 구체적인 피드백의 경우 업무 수행능력을 향상시키지만 지침이나 방향성을 제시하는 일반적인 피드백은 직원 스스로 반성 또는 역량을 향상시키기 위한 동기부여를 제공한다는 점을 이해하시고 이 두 가지를 병행하시면 좋을 것 같습니다.

이와 함께 일관되고 지속적이며 즉각적인 피드백을 제공하여야 합니다. 우리가 어떤 문제를 개선하기 위해서 정보나 지침을 제공할 때는 잡다하게 많은 것을 제공하는 것보다는 핵심적인 사항 한두 가지를 선택해서 전달하는 것이 낫다는 점은 아시리라 생각합니다. 코칭과 피드백에서도 마찬가지입니다. 직원들이 안고 있는 문제를 해결하기 위해서는 가장 핵심적이고 중요한 내용 한두 가지를 선택해서 일관되게 코칭과 피드백을 진행하는 것이 바람직합니다.

아시다시피 일관된 메시지가 지속적으로 이루어지면 직원들의 태도나 행동을 변화시킬 수 있습니다. 주의할 것은 그들이 수행하는 업무 방식과 관련한 모든 것을 피드백으로 주거나 너무 과도하게 많은 정보나 지침을 주게 되면 오히려 혼선을 유발할 가능성이 높으며 의욕을 꺾는 요소로 작용할 위험성이 있다는 것입니다.

분명한 것은 피드백을 너무 자주 하게 되면 오히려 역효과가 나타날 수 있지만 지속적으로 개선이 필요한 부분에 대해서는 일관된 메시지나 다양한 방식으로 전달이 되면 효과를 거둘 수 있다는 사실은 변하지 않습니다.

지금까지 코칭 또는 피드백을 진행할 때 중요한 지침 몇 가지를 말씀 드렸습니다. 코칭 및 피드백을 진행한다고 해서 무조건 문제가 해결되지 않습니다. 몇 차례 강조했습니다만 관리자와 직원 사이에 신뢰가 구축되지 않은 상황에서 백날 해봐도 제대로 된 효과를 보기 어렵습니다. 또한 과도하게 객관화되고 계량화된 데이터만을 가지고 피드백을 진행하는 것보다는 해당 직원의 행동에 적절히 개입했을 때 오히려 효과가 높게 나타난다는 사실을 기억하셨으면 합니다.

⑶ 효과적인 코칭을 위해 준비해야 할 체크리스트

이번에는 서비스 조직에서 코칭을 진행하기 위해 준비해야 할 것들에 대해서 알아보도록 하겠습니다. 코칭을 시작하기 전에 먼저 준비해야 할 사항들이 있습니다. 다른 것은 모르지만 적어도 코칭을 진행할 때 반드시 해야 할 질문 또는 코칭의 목적을 분명히 하기 위해 필요한 준비를 해야 합니다. 아래 내용은 코칭을 하기 전 준비해야 할 것은 무엇인지를 정리한 것입니다.

## 코칭 주제는 무엇인가?

예시 성과 향상, 고객 클레임 처리, 의욕저하, 다른 동료와의 갈등 등

## 대상 직원에 대한 정보

↳ 예시 주요 수행 업무, 성격과 역량, 장점이나 구체적인 실적, 코칭 이력관리카드나 기타 인사자료 참고

## 코칭을 진행하는 과정에서 필요한 키워드(질문)

**친밀감 및 신뢰 형성**

↳ 예시 개인 관심사, 업무 자세, 동료와의 관계 등

**현황에 대한 파악 및 확인**

↳ 예시 성과, 클레임, 의욕, 갈등 등 주제와 관련한 대상 직원의 생각

**목표 설정**

↳ 예시 현황을 근거로 향후 도달 방법이나 어떤 것을 중점적으로 목표로 삼을 것인지 여부

**달성 방법에 대한 구체적인 결정 및 확인**

↳ 예시 달성하기에 어떤 방법을 생각하고 있는지, 구체적으로 어떻게 할 것인지

**구체적인 행동 계획 마련 및 작성**

↳ 예시 구체적인 시행 시기, 소요 시간 및 시기, 도움을 요청할 대상, 요청사항 등

코칭 이후 행동을 확실히 하기 위해 확인해야 할 것들

↳ 예시 실행상황에 대한 보고, 주요 체크사항에 대한 보고, 체크한 결과 이후 활동

구체적인 행동 이후 성과 확인 사항

↳ 예시 성과, 클레임, 의욕, 갈등에 대한 변화 정도, 확인 스킬 활용 등 확인 [과거와 현재(AS-IS) 또는 향후 가능성(TO-BE)을 확인]

코칭을 통해 대상 직원이 인식하길 바라는 사항

↳ 예시 기대를 받고 있다는 사실, 자기 자신의 현황이나 개선해야 할 사항이 있다는 사실, 구체적인 달성 목표와 달성 방법, 구체적인 행동 계획

코칭을 통한 개선 및 변화를 효과적으로 이끌어 내려면 반드시 필요한 요소들이 있습니다. 바로 관찰, 기록, 피드백의 절차를 지키는 것입니다. 이는 코칭을 진행하는 과정에서 필수적으로 이행되어야 할 요소이기도 하며 이러한 활동 등을 통해서 목표 달성 및 개선을 위한 활동을 효과적으로 이행할 수 있도록 도와주는 것이죠. 그렇다면 관찰하고 기록하고 피드백을 하기 위해서 효과적인 도구를 활용할 필요가 있습니다. 그 2가지를 소개하려고 합니다.

바로 코칭 이력관리카드와 자가 목표관리카드입니다. 위에서는 언급하지 않았지만 코칭을 진행하는 과정에서 관리자는 코칭 이력관리카드

를 그리고 직원의 경우 자가 목표관리카드를 기록하고 관리하는 것이 효과를 거둘 수 있습니다. 코칭 이력관리카드와 자가 목표관리카드를 예시로 들어 간단히 설명하도록 하겠습니다.

### ✓ 관리자 코칭 이력관리카드

코칭 이력관리카드는 관리자가 코칭을 진행하는 데 있어 필요한 내용과 해당 직원과 소통한 내용을 기록하는 카드라고 할 수 있습니다. 이력관리카드를 작성하는 법은 먼저 해당 직원의 상황에 대한 주요 내용을 기술하고 주관적인 느낌이나 생각이 아닌 통계나 객관적인 사실에 근거하여 기술하거나 설명하는 것이 일반적입니다. 그리고 해당 직원과 합의하에 변화를 통한 구체적인 목표와 달성률을 기록하는 것이죠. 아래 표를 참고하시기 바랍니다.

:: 코칭이력관리 카드 예시 ::

| 일자 | 상황/업무 | 피드백 내용 | 피드백 필요사항 | 피드백 후 합의 결과 | 실적변화 | | 목표 | 달성율 |
| | | | | | 전월 | 코칭 후 | | |
|---|---|---|---|---|---|---|---|---|
| 1회 차 | • 적극적인 클로징 부족 반론이 장황함<br>• 가입권유 의지 미흡 | • 클로징 화법 제시<br>• 우주콜 청취<br>• 유형별 반론극복 제시 | • 이행 여부에 대한 점검 필요(주3회)<br>• 트래킹 시행 필요 | • 호응 부족부분의 경우 우수사원 및 외부 우수사례 수집 후 청취 | 00.0점 | 00.0점 | | |
| 2회 차 | • 클로징 활용의 적극성<br>• 고객에 대한 공감부족<br>• 여전히 가입권유 미흡 | • 상황에 맞는 동감 표현 제시<br>• 유형별 반론 극복 R/P, 분석<br>• 우수자 동석 근무(비교청취) | • 시행 내용에 대한 결과를 근거로 분석 및 트래킹 시행필요<br>• 결과와 관련한 지속적인 커뮤니케이션 | • 유형별 반론극복 R/P 후 반론 멘트 적극 활용해보기로 함 | | | | |

또한 피드백 이후 합의한 내용에 대해서도 구체적으로 기술하며 피드백을 진행한 내용에 대해서 구체적으로 기술하고 이때 향후 피드백을 할 때 필요한 사항들도 함께 적어 놓으면 추가 피드백 시 도움이 될 수 있습니다. 이때 필요사항에 반영해야 할 내용은 주로 해당 직원에 조언해야 할 것이나 개선해야 할 제언 내용을 기술하는 것이 좋습니다.

피드백을 진행한 후 직원에게 초래한 결과 또는 상황에 대한 영향을 기술하며 피드백을 한 이후 행동에 대한 결과로 인해 실적의 변화가 있다면 별도로 기재하는 것이 추후 피드백을 제공할 때 도움이 됩니다. 이력카드에 반영해야 할 내용 이외에 구체적인 통계 데이터나 트래킹을 통한 실적 추이는 첨부형태로 보관하는 것이 바람직합니다.


### ✓ 직원 자가 목표관리카드

관리자가 작성하는 코칭 이력관리카드도 있지만, 개선이나 성과 관련한 목표를 달성하기 위해서는 직원 스스로 자기 목표를 관리하는 도구를 활용하는 것이 필수적이라고 할 수 있습니다. 자가 목표에 대한 관리는 직원 스스로 하는 것이며 코칭이 필요한 점을 명확하게 파악해서 계획적으로 진행하는 것이 중요합니다.

직원의 자가 목표관리에 반영되어야 할 영역은 직원 스스로 하는 것이 원칙이지만 면담을 통해 관리자가 해당 양식을 마련해서 작성하도록 하는 것도 한 가지 방법이라고 할 수 있습니다. 그러나 자가 목표관리카드 작성 시 직원 스스로 우선순위를 정리하도록 하는 것이 바람직하겠죠?

서비스 조직 밀레니얼 이렇게 코칭하라

## :: 직원 자가 목표관리카드 ::

| 영역 | 상황(AS-IS) | 목표(TO-BE) | 달성방법 | 기간 | 주기/횟수 | 결과(Output) | 비고 |
|---|---|---|---|---|---|---|---|
| 자세·태도 | | | | | | | |
| 업무 역량<br>(지식, 기술, 습관) | | | | | | | |
| 역할과 책임 | | | | | | | |
| 업무 실적(KPI) | | | | | | | |
| 조직활동 | | | | | | | |

먼저 자가 목표관리 카드를 작성할 때 업무 실적은 KPI를 근거로 목표 수치와 달성 방법 그리고 기간 등을 구체화할 수 있도록 합니다. 이와 함께 자가 목표관리를 위한 이행점검에는 반드시 구체적인 목표를 정량 화하는 것이 필수입니다.

예시표에서 보시는 바와 같이 개선과제를 실행에 옮기는 날짜와 구체 적인 주기 또는 횟수, 시간 등을 정확히 설정합니다. 그리고 본인 스스 로 개선과제를 이행했는지 여부를 수시로 확인하고 점검해야 합니다. 사실 직원의 자가 목표관리를 위한 카드라고 하지만 커뮤니케이션을 통 해 관리자가 코칭하고자 하는 영역이 무엇인지 파악하기 쉬우며 무엇보 다 중요한 것은 직원 개개인이 생각하는 자신의 장점이나 개선하고자 하 는 점을 파악하기 용이하다는 점이 아닐까 싶습니다.

(4) 코칭 시 주의사항

서비스 조직에서 코칭을 진행할 때 주의하여야 할 사항들에는 무엇이 있을까요? 특히 그룹으로 코칭을 진행할 때 주의하여야 할 사항 5가지는 무엇이 있는지 알아보도록 하겠습니다. 아래 내용을 참고하여 주시기 바랍니다.

| 주의사항 | 발생할 수 있는 문제점 |
|---|---|
| 적정 가능 규모의 산출 | • 참여자 수에 따라 분위기나 행동, 태도가 달라지므로 유의<br>• 너무 적거나 많을 경우 주의가 산만해지고 집중력이 저하되거나 의도와 달리 엄숙한 분위기로 진행될 우려<br>• 적을 경우: 집중력은 높으나 무거운 분위기 / 침묵으로 일관<br>• 많을 경우: 집중력 저하, 주의 산만, 코칭 방향성 상실 등 |
| 코칭의 시기와 시간의 조절 | • 업무시간 및 상황을 고려해 일정과 시간을 조절<br>• 과도한 업무 시간이나 특정 요일을 피해서 진행<br>• 코칭 시간은 휴식 시간을 포함해 2시간을 넘지 않는 것이 효과적<br>• 주기는 상황에 따라 다르나 보통 1주 또는 2주마다 한 번씩 실시<br>• 코칭 결과 및 변화를 점검하면서 다음 코칭을 대비하기 위함 |
| 코칭 진행의 일관성 유지 | • 코칭 전 코칭 목적, 취지 또는 목표를 구체적이고 명확하게 설명<br>• 다양한 의견과 내용이 원래 의도하였던 목표나 취지에 부합할 수 있도록 진행자는 각별히 주의할 것<br>• 코칭 내용이 다른 방향으로 전개되면 분위기를 깨지 않는 범위 내에서 통제하고 자연스럽게 코칭이 이어질 수 있도록 진행 |
| 간결하고 핵심적인 내용구성 | • 사전 리허설을 통해 시간을 효율적으로 배분하는 것이 중요<br>• 핵심사항에 대해 간결하고 쉽게 이해할 수 있도록 진행<br>• 정해진 시간 내에 많은 내용을 전달하려고 하면 역효과 발생<br>• 코칭의 방향과 성격 및 목적을 담아낼 수 있는 내용과 주제를 통해 집중력이나 의욕을 향상시켜야 한다는 점을 항상 인지할 것 |
| 지속적인 피드백 | • 코칭을 받은 해당 직원들이 제대로 실천하고 있는지 관찰할 것<br>• 지속적인 격려와 지지<br>• 다양한 기회를 제공함으로써 실천력을 높일 수 있도록 함<br>• 구체적이고 객관적인 자료를 토대로 피드백 진행 |

서비스 조직 밀레니얼 이렇게 코칭하라

## 모르면 당황할 수 있는 실전 지침

밀레니얼이 압도적인 비중을 차지하고 있는 서비스 조직에서 코칭은 매우 중요한 교육 방법입니다. 가장 큰 이유로 몇 차례 말씀드렸다시피 문제해결능력을 향상시키는 것 외에 자기 주도적인 학습을 촉진시키고 직원으로 하여금 자기 스스로 생각하고 행동할 수 있게끔 하고 자신의 잠재력을 깨우는 등의 다양한 장점이 있기 때문입니다.

다양한 장점을 가졌음에도 불구하고 밀레니얼을 대상으로 체계적이고 효과적인 코칭을 위해 해야 할 것과 하지 말아야 할 것들에 대해서 말씀 드리도록 하겠습니다.

### ⑴ 밀레니얼 코칭 시 지켜야 할 핵심 지침 7(Do's)

코칭을 진행할 때 해야 할 일들이 한 두 가지가 아니죠? 그러나 밀레 니얼들을 대상으로 코칭을 진행할 때 적어도 지켜야 할 자세나 태도 몇 가지를 설명드리도록 하겠습니다.

**서비스 조직에서 밀레니얼 세대를 코칭하기 위해서는 먼저 그들과 친숙한 관계를 맺는 것입니다.** 가까운 관계를 유지하면 좋지만 그렇지 않더라도 코칭을 진행할 수 없을 정도로 적대적인 관계를 유지해서는 안됩니다. 이를 위해 그들의 이름은 물론 개인적인 관심사(결혼이나 연애 같은 사적인 영역은 금물)에 대해 관심을 기울이면서도 적정한 거리를 유지하는 것이 좋습니다. 보통 감정이 없는 카톡이나 메시지를 통한 소통에 부담을 느끼지 않고 그들과 스스럼없이 어울리는 것이 오히려 정신적으로 또는 심리적으로 유대를 구축하는 것이 아닐까 싶습니다. 서로가 다르지만 그들의 삶을 존중하는 것이 코칭을 시작하려는 관리자의 자세라고 생각합니다.

다음으로 목표를 정할 때는 반드시 명확한 명분과 이유가 제시되어야 합니다. 흔히 "밀레니얼은 지극히 개인주의적이고 흥미 위주다"는 말을 많이 합니다. 밀레니얼을 정의하는 데 있어 아주 정확한 말임에 틀림없습니다. 이들은 지극히 개인적인 관심과 흥미를 통해 행동합니다. 어떤 업무를 수행하는 과정에서 일에 대한 가치 또는 일에 대한 명분과 이유가 불명확하면 움직이지 않습니다. 수행하는 업무가 가치가 있고 자신의 흥미를 자극하거나 또는 자신의 성장에 도움이 된다는 판단이 서면 정말 놀랄 정도로 신속하게 목표를 세우고 계획을 수립합니다. 일에 대한 가치 또는 자신이 수행하는 업무에 대한 관심이 없는 상황에서 무조건 목표와 계획을 세우라고 종용하는 것은 무의미합니다. 자기가 좋아하는 일이라면 열정을 가지고 일한다는 것은 누구에게나 적용이 되는 가장 큰 동기부여 방법입니다. 밀레니얼이 설정한 목표나 구체적인 계획은 적절한 동기만 제공이 되면 누가 뭐라고 하지 않더라도 훌륭하게 수립될 수 있습니다.

밀레니얼 세대를 코칭하는 데 있어서 중요한 것은 커뮤니케이션입니다. 그런데 커뮤니케이션이 중요하다고 해서 무조건 그들의 상황을 이해하라는 것은 합리적이지 않습니다. 다만 그들을 좀 더 이해하기 위해서는 인·적성 검사나 MBTI 또는 DISC검사 등 객관적인 데이터나 자료를 활용하는 것이 좋습니다. 그리고 소통을 하는 데 있어 무조건 대면 접촉을 고집할 것이 아니라 디지털 디바이스를 적절히 활용할 것을 권해드립니다.

밀레니얼 특성상 대면보다는 비대면을 선호하는 경향이 있다고 말씀드렸는데 모두가 다 그런 성향을 지니고 있지는 않습니다만 태어날 때부터 디지털 디바이스에 익숙한 세대이기 때문에 모든 일들을 모바일로 처리하는 것이 편한 세대입니다. 따라서 적절하게 SNS나 톡, SMS로 소통하고 피드백을 주는 것이 오히려 효과적일 수 있습니다. 예를 들어 핵심적인 내용을 가지고 코칭을 위한 소통이 필요할 때는 직접적인 대면을 통해 진행하고 간단하게 일정이나 확인이 필요한 코칭을 진행할 때는 카톡이나 단문 메시지를 통해 진행하는 것이죠. 간단한 내용이긴 하지만 코칭에 관한 설명이 필요한 부분은 메일로 보내면 효율적으로 코칭이 이루어질 수 있습니다.

밀레니얼은 배우는 것에 익숙하므로 도전적인 과제를 주는 것이 좋습니다. 밀레니얼의 경우 성장에의 욕구가 아주 강한 사람들이라고 할 수 있습니다. 서비스 조직에서도 나름 성장을 통해 자신의 존재감을 확인하고 싶어하는 밀레니얼들이 의외로 많습니다. 과거에 답이 있던 시기에 살던 기성세대는 회사나 조직에 충성하면 안정적인 삶을 유지할 수 있다고 믿었고 또 그렇게 살아왔습니다. 반면 밀레니얼들의 경우 답이 없는 시대에 살고 있기 때문에 회사나 조직에 충성하기보다는 자신이 스스로 성장하는 데 초점을 두고 있습니다.

앞에서도 말씀드렸다시피 이들은 회사와 자신의 삶을 분리해서 생각하는 경향이 강하다는 것이지요. 따라서 코칭을 진행할 때는 그들의 성장에의 욕구를 활용하여 열정적인 업무 태도를 이끌어내는 것이 바람직합니다. 코칭을 통해 그들이 성장하고자 하는 방향이 무엇이고 그러한 목표를 달성하기 위한 구체적인 방법이나 실천계획 수립을 돕는 가운데 개인적인 성장을 이끌어주는 리더라고 하면 밀레니얼도 충분히 따라오지 않을까요?

그리고 피드백은 빠르고 구체적으로 해주셔야 합니다. 밀레니얼들이 제일 싫어하는 것이 추상적이고 일반적인 피드백을 주는 것입니다. 추상적이라는 것은 말 그대로 실체가 불분명한 것이고 불분명하다는 것은 그만큼 혼란과 불만을 야기시킬 가능성이 높습니다. 말하지 않아도 알아들었으면 좋겠지만 그들은 관리자의 의도를 알아줄 만큼 한가롭지 않습니다. 따라서 피드백은 신속하고 친절하면서도 알기 쉽게 해주되 자연스러운 분위기에서 수시로 해주는 것이 좋습니다. 그리고 피드백을 해줄 때는 구체적인 사실과 객관적인 자료를 토대로 제공을 해주어야 하며 덧붙여 자신의 경험을 예로 들어 설명을 해주면 좋습니다. 덧붙여 피드백을 줄 때는 귀납적인 방식이 아닌 연역적인 방식으로 답을 먼저 얘기를 해주고 그에 대한 부가적인 설명을 해주는 것이 효과적이라는 사실을 명심하시면 좋을 것 같네요.

마지막으로 질책이 필요하다면 일단 경청 후 객관적인 사실에 입각해서 지적합니다. 코칭을 진행할 때 질책할 때가 있습니다. 아시다시피 지적이나 질책하는 것이 쉬울 리가 없습니다. 고역이나 다름없는 것이죠. 여러분은 지적이나 질책을 어떻게 하시나요?

여기서 퀴즈를 하나 내보겠습니다. 만약 팀 회의에서 밀레니얼이 팀장님에게 한마디를 안 지고 꼬치꼬치 따지는 바람에 회의가 늘어진다고 생각해보세요. 그럴 경우 여러분들이라면 어떻게 하시겠습니까?

1. 못 본 체하거나 개입하지 않고 방관한다.
2. 아무 말 안하고 있다가 다른 자리에서 그 직원 뒷담화를 한다.
3. 그 자리에서 바로 따지는 것에 대해서 지적을 한다.
4. 몇 번 지켜본 뒤 반복이 되면 직접 후배에게 잘못을 지적한다.

답은 아니지만 가장 최악은 바로 그 자리에서 지적질을 하는 것이라고 합니다. 가장 현명하다고 생각하는 행위는 몇 번을 지켜본 뒤 반복이 될 경우 잘못을 지적하는 것이라는 반응이 나왔습니다. 서비스 조직에서 근무를 하다 보면 생각이나 행동, 가치관이나 일하는 방식으로 인해서 불만이 생기기 마련입니다.

그러한 불만사항이 생길 때 보통 기성세대는 직접 표현을 하기보다는 속으로 참는 경우가 대부분입니다만 밀레니얼의 경우 본인이 생각하기에 합리적이지도 않고 모순된다고 생각하면 당당하게 그 자리에서 대놓고 물어보는 경우가 많습니다. 이러한 상황에 익숙하지 않은 기성세대들은 가슴이 답답해지면서 울화통이 치밀 것입니다. "라떼는 말이야"라는 말로 설득하려는 것을 단호히 거부하는 밀레니얼에게 과거 얘기를 해보았자 통할 리 만무합니다.

위와 같이 행동하는 밀레니얼에게 불만사항을 이야기하거나 질책을 할 때는 바로 지적하지 않고 일단 경청을 하고 난 뒤 객관적인 사실에 입각해서 잘못을 지적하는 것이 바람직합니다. 관점의 차이를 가지고 속상하다고 열폭해봤자 상황이 개선되지는 않습니다. 무조건 참으라는 것이 아니라 현명하게 불만을 지적하는 잘못을 바로잡는 것이 바람직한 관리자가 아닐까 싶습니다.

### (2) 밀레니얼 코칭을 망치는 지침 5(Don'ts)

위에서 코칭 시 반드시 지켜야 할 태도나 자세에 대해서 알아보았는데 이번에는 반대로 밀레니얼 대상 코칭 시 하지 말아야 할 행동들에 대해서 알아보겠습니다. 성장해 온 배경과 환경이 다르기 때문에 코칭을 진행하는 관리자나 직원 입장에서 서로를 이해하기는 쉽지 않습니다. 그러나 코칭이라는 훌륭한 도구를 활용해 목표를 달성하기 위해서는 적어도 소통이 원활하게 이루어져야 합니다. 코칭은 결국 커뮤니케이션이기 때문인데 현장에서 코칭을 진행할 때 하지 말아야 할 행동들은 아래와 같습니다.

잘못한 행위에 대해서는 가차없이 비난하고 질책한다. 사람들은 누구나 잘못이나 실수를 합니다. 업무에 익숙하지 못한 신입일 경우 정도의 차이는 있지만 실수나 잘못을 저지릅니다. 이때 이들의 잘못에 대해서 너무 가혹하거나 감정적인 비난이나 부정적인 피드백만을 하는 것은 바르지 않습니다. 지적이나 질책은 객관적인 사실을 기반으로 하되 해당 직원이 개선되길 바라는 마음이나 기대가 숨겨져 있습니다. 그러나 객관적인 근거 없이 무조건 질책이나 비난을 하는 것은 발전적인 측면을 보기보다는 감정에 치우쳐 오히려 코칭을 더욱 더 어렵게 만듭니다. 잘못한 일이 있으면 바람직하지 못한 행동을 바로 잡아주는 교정적 피드백을 해주는 것이 오히려 현명합니다. 코칭 스킬에서도 설명을 드리겠습니다만 칭찬과 인정을 병행한 질책이나 지적을 통해 제대로 된 코칭이 이루어질 수 있다는 점을 잊지 않으셨으면 합니다.

권한이나 직위를 앞세우거나 자신의 경험만이 최고라고 생각한다. 우리나라 사람들은 차별받는 것을 좋아하지 않습니다. 공정하지 못한 사회에 대해서 분노를 느끼는 것을 보면 충분히 공감이 가는 대목입니다. 밀레니얼 세대를 코칭할 때도 마찬가지로 권한 또는 직위를 앞세워서 "까라면 까!"라는 식으로 접근하는 것은 올바른 코칭 자세가 아닙니다. 지위를 이용하는 것은 코칭이 아니라 강요나 다름없기 때문입니다.

이와 함께 자신이 과거에 경험을 해서 익숙해진 일들을 무용담처럼 쏟아놓으며 '자신이 하던 방식대로 하면 무조건 성공한다'라는 식의 코칭은 코칭도 아닐뿐더러 오히려 반감을 일으킬 확률이 높습니다. 흔히 꼰대라고 하는 부류들이 저지르는 과오 중에 하나가 바로 권위나 직위를 앞세우는 것입니다. 이러한 관리자들은 새로운 것을 잘 받아들이려고 하지 않는 특성을 가지고 있으며 자신이 경험한 것만이 최고라는 생각을 버리지 못합니다. 과거 한때의 영광에만 사로잡혀 사는 사람들입니다.

하나의 행동이나 모습으로 직원의 전체를 판단한다. 코칭을 진행할 때 그 사람의 인상이나 행동 또는 지엽적인 정보를 근거로 해서 전체를 판단하는 것은 관리자의 바르지 못한 자세입니다.

예전 어느 강사님에게 들었던 얘기가 있습니다. 딸이 사과 2개를 들고 있길래 "사과 하나만 엄마에게 줄래?"라고 했습니다. 그랬더니 딸이 엄마를 빤히 바라보더니 사과 한 개를 한 입 물어서 먹더랍니다. 그리고 잠시 후 또 다른 사과를 한 입 베어 물었답니다. 그리고 한 입 베어 문 사과를 아주 맛있게 먹더랍니다.

① 이럴 때 엄마의 생각은 어땠을까요?

그런데 딸은 잠시 후 사과 한 개를 엄마에게 내밀며 "엄마 이게 더 맛있으니 이걸 드세요"라고 말을 했답니다.

② 이렇게 말을 했을 때 어떤 느낌이 들었을까요?

이 아이는 이기적인 아이일까요? 아니면 남을 배려하고 함께 나누는 아름다운 마음씨를 가진 아이일까요?

서비스 조직에서 코칭을 진행할 때 일어나는 일들이 이와 같지 않을까요? 물론 모든 밀레니얼들이 이 아이와 같지는 않을 것입니다. 흔히 코칭은 기다림이라고 합니다. 코칭을 진행하면서 결과가 더딘 직원들이 있습니다. 관리자가 예상한 만큼의 실적이 뒷받침되지 않는 직원들도 있습니다. 그렇지만 그 직원이 제대로 성장할 수 있도록 도우려면 충분한 인내심을 가지고 지켜봐 주어야 합니다.

물론 그렇다고 모든 직원들을 대상으로 이렇게 기다리고 인내해야 하는 것은 아닙니다. 아래 설명드리겠습니다만 의지와 역량 매트릭스를 통해 개선이나 발전 가능성이 있는 직원들을 대상으로 기다리고 인내하는 것이지 그러할 의지도 역량도 안 되는 직원들을 대상으로 마냥 기다리고 응원하라는 것이 아닙니다.

코칭을 할 때 한 가지 방법만 고집한다. 서비스 조직에서는 다양한 유형의 사람들이 모여 근무한다고 하였습니다. 이제마의 사상의학에 의하면 사람들의 체질은 총 4가지로 나뉘며 각각의 특성에 따라 병을 진단하고 치료한다고 합니다. 서비스 조직에서 일하는 직원의 유형도 매우 다양한데 이렇게 각기 다른 유형의 직원들을 동일한 방법으로 코칭하는 것은 무리가 따릅니다. 유형에 따라 각기 다른 방식으로 접근하고 코칭을 해야 제대로 된 성과나 목표를 이룰 수 있습니다.

이해가 빠른 친구가 있는가 하면 느린 직원도 있고 실행력이 높은데 꼼꼼함이 부족한 직원이 있는가 하면 실행력은 낮지만 꼼꼼하게 일 처리하는 직원도 있습니다. 성격이 적극적인 직원도 있고 소심한 직원도 있고 대인관계가 좋은 직원이 있는가 하면 그 반대인 경우도 있습니다. 따라서 이들을 코칭할 때는 문제해결에 있어 동일한 방법을 고집하기보다는 저마다의 상황과 성격 및 특징을 고려해서 코칭을 진행해야 효과를 거둘 수 있습니다.

**일방적으로 지시와 명령을 한다.** 상명하복이 일상화된 수직적인 조직 문화에 익숙한 기성세대들은 지시와 명령에 익숙합니다. 답이 있던 시대에 발전에 발전을 거듭하고 회사가 지속적으로 성장하는 것을 봐왔기에 이들은 위에서 "까라면 까!"라고 지시를 하면 언제든지 깔 준비가 되어 있습니다. 이러한 문화에 익숙한 사람들이 밀레니얼을 코칭하게 되면 예전 생각도 날 것이고 방법을 모르니 기존의 방식을 고수하는 것이 최고라고 생각할 것입니다.

그러나 밀레니얼들은 "까라면 까!"라고 해서 수긍하지도 않을뿐더러 오히려 갈등을 유발하거나 기성세대를 꼰대 취급할 것이 뻔합니다. 게다가 명령이나 지시는 자신의 기준과 경험을 강요하는 행위라고 할 수 있습니다. 누차 말씀 드렸다시피 기성세대와 밀레니얼은 성장한 과정이나 환경이 모두 다른 세대이기 때문에 일하는 방식 또한 다를 수밖에 없습니다. 그럼에도 불구하고 조직을 이끌어야 하는 관리자 입장에서는 밀레니얼의 성장을 지속적으로 돕는 것이 주요 역할이라고 할 수 있습니다. 그렇다면 힘이 들겠지만 밀레니얼 대상으로 코칭을 할 때는 단순히 지시나 명령보다는 선택과 질문을 통해서 이들의 성장을 돕는 것이 현명합니다.

무조건 다 알려주는 것이 아닌 서비스 조직 내에서 허용이 가능한 선택지를 제시하고 코칭을 하는 과정에서 막히거나 어려워할 때 가능한 대안이나 선택지를 제시하고 충분히 설명을 해주는 것입니다. 이와 같은 방식은 질문을 할 때도 마찬가지입니다. 무미건조하게 단답형 답을 유도하는 폐쇄형 질문이나 답이 정해진 뻔한 질문이 아닌 다양한 지식이나 정보를 공유할 수 있고 직원의 의견이나 생각을 충분히 들어주고 관심을 가져주는 행위는 직원들의 열정을 불러 일으킬 수 있습니다.

---

4

### 효과적인 서비스 코칭 프로세스

서비스 조직에서 제대로 코칭이 이루어지지 않는 이유는 다양하지만, 주된 원인은 제대로 된 절차나 수행과정도 없이 무조건적으로 성과를 올리기 위한 단기적인 코칭에 주력하고 있기 때문이기 때문입니다. 코칭은 분명 문제를 해결하기 위해 현상 뒤에 숨은 원인이나 이유 등을 발견하고 이를 제거함으로써 결과값을 만드는 과정임에도 불구하고, 개인이 갖춘 잠재능력을 이끌어내기보다는 단기적인 성과를 올리기 위해 급급한 것이 현실인 것이죠.

서비스 조직에서의 코칭은 추구하는 목적 및 유형 그리고 대상에 따라 다양한 모델이 존재하고 있으나 서비스 코칭 프로세스는 아래와 같이 코칭 프로세스에 직원들이 실행하고 있는 과정에서 지속적인 팔로우업 (Follow up)을 진행하는 모델이 바람직합니다.

(1) 서비스 코칭 프로세스 및 단계별 주요 지침과 활용 표현

서비스 코칭 프로세스는 아래와 같으며 각 단계별로 핵심적으로 수행해야 할 내용들과 함께 해당 업무를 수행하면서 필요한 주요 표현 등을 정리하였으니 참고하시기 바랍니다.

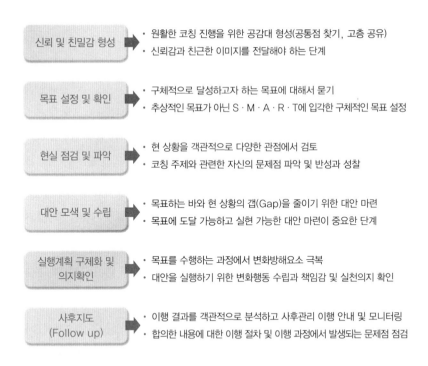

신뢰 및 친밀감 형성
- 원활한 코칭 진행을 위한 공감대 형성(공통점 찾기, 고충 공유)
- 신뢰감과 친근한 이미지를 전달해야 하는 단계

목표 설정 및 확인
- 구체적으로 달성하고자 하는 목표에 대해서 묻기
- 추상적인 목표가 아닌 S · M · A · R · T에 입각한 구체적인 목표 설정

현실 점검 및 파악
- 현 상황을 객관적으로 다양한 관점에서 검토
- 코칭 주제와 관련한 자신의 문제점 파악 및 반성과 성찰

대안 모색 및 수립
- 목표하는 바와 현 상황의 갭(Gap)을 줄이기 위한 대안 마련
- 목표에 도달 가능하고 실현 가능한 대안 마련이 중요한 단계

실행계획 구체화 및 의지확인
- 목표를 수행하는 과정에서 변화방해요소 극복
- 대안을 실행하기 위한 변화행동 수립과 책임감 및 실천의지 확인

사후지도 (Follow up)
- 이행 결과를 객관적으로 분석하고 사후관리 이행 안내 및 모니터링
- 합의한 내용에 대한 이행 절차 및 이행 과정에서 발생되는 문제점 점검

서비스 조직 밀레니얼 이렇게 코칭하라

## ✓ 신뢰 및 친밀감 형성 단계

위 그림에서 보시는 바와 같이 코칭을 위한 신뢰 및 친밀감을 형성하는 단계라고 할 수 있습니다. 이 단계에서는 직원에 대한 관심표명, 배려, 공감, 인정의 자세가 중요합니다. 코칭이라는 것이 상호 간 신뢰가 형성되지 않은 상태에서는 제대로 된 효과를 발휘하기 힘들기 때문에 매우 중요한 단계라고 할 수 있습니다.

이러한 신뢰 또는 친밀감을 형성하기 위해 필요한 것이 바로 코칭 프레즌스(Coaching presence)라고 합니다. 흔히 코칭에서 가장 중요한 코치의 자세나 마음가짐이라고 할 수 있는 것이죠. 예를 들어 코칭 프레즌스는 아래와 같습니다.

- 직원을 반갑게 맞이해 주거나 적절한 관심 가져 주기
- "요즘 잘 지내고 있나요?", "기분이 좋아 보이는데 무슨 일 있나요?"
- "표정이 밝아서 참 좋네요. 무슨 일이 있었는지 말해 줄래요?"

## ✓ 목표 설정 및 확인 단계

구체적으로 달성하고자 하는 목표에 대해서 묻는 단계인데 이 단계에서는 목표가 분명하게 드러나도록 '목표지향적'이어야 합니다. 당연히 두루뭉술하거나 추상적이면 지켜지지 않을 가능성이 높습니다. 따라서 구체적인 목표를 설정하여야 하며 최종 목표와 실행 목표를 구분하여 설정함으로써 단계별로 목표를 직원이 직접 확인하도록 하는 것이 바람직

합니다.

목표 설정 및 확인 단계에서 직원들이 확인하도록 할 때 아래와 같이 표현해보면 어떨까요?

- "코칭을 통해서 얻고 싶은 것이 무엇인지 말씀해 주세요."
- "말한 것 중에 가장 중요한 것은 무엇인가요?"
- "해지 방어율을 높이기 위해서 가장 먼저 해야 할 일은 무엇인가요?"
- "후처리 시간을 줄이기 위해 어떤 부분을 개선하면 좋을까요?"

### ✓ 현실 점검 및 파악 단계

현실 점검 및 파악 단계에서는 직원 스스로 느끼고 있는 자신의 문제점을 파악할 수 있도록 하는 단계라고 할 수 있으며 전 단계에서 설정한 목표와 관련하여 본인에게 발생한 변화를 객관적으로 점검합니다. 이때 직원이 생각하고 있는 문제점과 코칭 이력관리카드 또는 객관적인 수치나 통계를 보여주면서 함께 해당 문제를 리뷰해 보는 것도 좋은 방법이라고 할 수 있습니다.

목표 달성과 관련한 변화를 위해 객관적인 점검을 할 때 이렇게 표현해 보시는 것도 좋을 것 같습니다.

- "이렇게 해당 문제가 지속적으로 반복되는 이유는 무엇일까요?"
- "이러한 문제를 개선시키기 위해 어떤 노력을 해 보셨나요?"

- "상황에 대해서 좀 더 자세히 설명해 주시겠습니까?"

## ✓ 대안 모색 및 수립 단계

해당 단계에서는 전 단계에서 이루어진 현실 점검 및 파악한 내용과 사실에 근거해서 대안을 모색하고 수립하는 단계라고 할 수 있습니다. 이 단계에서 중요한 것은 실제 목표와 현 상황에서 발생하고 있는 차이(Gap)를 줄이기 위한 현실적인 대안을 마련하는 것입니다. 이와 함께 직원 스스로 설정한 실제 목표에 도달 가능하고 실현 가능한 대안 마련이 마련되어야 한다는 것입니다.

중요한 것은 관리자 입장에서는 절대 직접적인 대안을 제시하지 않는 것입니다. 여러 가지 이유가 있지만 무엇보다 직원들의 수동적인 태도 및 자세가 지속될 가능성이 있기 때문입니다. 이렇게 구체적인 대안을 제시하면 다음 코칭에서도 직원은 자신이 스스로 대안을 찾는 것이 아니라 관리자에게 의지할 가능성이 높습니다. 다만 대안을 제시하지 못할 경우 예시 형태로 대안을 제시하는 것은 가능합니다.

- "현 상황을 극복하기 위해서 가장 먼저 무엇을 하면 좋을까요?"
- "개선을 위해서 '하지 말아야 할 것'과 '해야 할 것'은 무엇인가요?"

## ✓ 실행계획 구체화 및 의지확인 단계

직원이 목표를 수행하는 과정에서 변화를 방해하는 요소를 극복하는 단계입니다. 이 단계에서는 대안을 실행하기 위한 변화관리를 수립하고 직원 스스로 책임감은 물론 실천의지를 확인하는 단계라고 할 수 있습니다.

대안을 실행할 때는 구체적으로 내용, 시기, 방법 등을 설정해야 하는데 실행계획을 구체화하는 과정에서 관리자는 개입하지 말고 직원들 스스로 정리하고 해야 할 일들을 설정하게끔 하는 것이 중요합니다. 코칭을 진행할 때 후원환경을 조성하는 것은 정말 중요한 일입니다. 직원이 실행을 한다고 했는데 하지 않고 있으면 어떨까요? 따라서 위에서 설명했다시피 목표달성을 위해 설정했던 구체적인 내용과 시기, 그리고 달성 가능한 구체적인 방법을 찾을 수 있도록 환경을 조성해야 합니다.

방법을 찾아주는 것이 아닌 설정된 목표를 실행하게 해서 직원이 스스로 변화될 수 있도록 하는 것이 코칭이라고 한다면 관리자들은 직원들을 대상으로 그러한 지지 또는 후원하는 환경을 조성할 필요가 있습니다. 아래는 실행계획을 구체화하거나 의지를 확인할 때 사용하는 표현인데 코칭 시 적절하게 활용하시면 좋을 것 같습니다.

- "어떤 도움을 주면 더 잘 실행할 수 있을까요?"
- "어떻게 하기로 했는지 구체적인 계획을 정리해서 말씀해 주세요."
- "실제로 어떤 활동을 할 것인지 구체적으로 설명해 주시겠습니까?"

서비스 조직 밀레니얼 이렇게 코칭하라

### ✓ 사후지도(Follow up) 단계

말 그대로 이행 결과를 분석하고 사후관리 해야 할 것 등에 대한 이행 안내 및 모니터링하는 단계로 협의한 내용에 대한 이행 절차 및 이행 과정에서 발생되는 문제점을 점검하기도 합니다. 이를 통해 합의한 내용을 토대로 수행개선 과정 검토 일정에 대해 동의 또는 확신을 심어주기도 하고 수행하기로 한 것을 잘 실행하고 있는지 확인하고 이에 대한 적절한 반응을 보이는 단계입니다.

사후지도 과정에서 적절한 반응을 보일 때 사용하는 표현은 아래와 같습니다.


- "수립된 목표를 꼼꼼하게 수행하고 있는 점을 높이 평가합니다."
- "수행개선 활동 중 가장 어려웠던 점은 무엇인가요?"
- "저는 ㅇㅇㅇ 씨가 목표를 충분히 이행하실 수 있을 것이라 확신합니다."
- "이행과정 중에 어려운 점이 있다면 언제든지 말씀해 주세요."


위에서 설명하였다시피 코칭은 일정한 프로세스에 입각해서 진행해야 합니다. 그렇지만 코칭을 진행하다 보면 순서에 대한 고민이 생깁니다. 직원을 대상으로 코칭을 진행할 때 직원의 업무 성과나 역량 및 의지나 상황을 모두 파악하고 난 뒤 목표를 설정해야 할지, 아니면 먼저 목표를 설정하고 난 뒤 그 목표와 관련한 직원의 업무 성과나 역량 또는 의지를 인식하는 방법으로 진행할 것인지를 고민할 것입니다.

일반적으로는 먼저 직원의 상황이나 현상을 인식한 후 그에 알맞은 목표를 설정하는 것이 바람직하지만 코칭에 익숙하지 않은 경우에는 차라리 목표를 먼저 제시하고 그 목표와 관련된 직원의 성과나 능력 등의 객관적인 상황을 인식하고 목표에 맞추기 위한 방법으로 코칭을 진행하는 것이 바람직합니다.

### (2) 당장 활용 가능한 목표 설정 구체화 방법 및 예시 표현

목표를 설정할 때 보통 어떻게 하시나요? 위에서 언급한 대로 목표를 제시한다고 했는데 보통은 2~3개의 목표를 제시하고 그 중에서 선택을 하라고 하는 경우가 일반적입니다. 물론 직원들 중 자신이 스스로 목표를 설정하는 경우도 있지만 코칭이 익숙해지기까지는 관리자가 조직의 성과를 달성하기 위해 필요한 성과목표를 제시하는 것이 좋습니다. 다만 달성목표를 강요해서는 안되고 제시된 목표 중 한 가지를 선택하였다면 그 목표를 선택한 이유를 직원에게 질문하는 것이 바람직합니다. 이를 통해 직원이 어떤 근거로 해당 목표를 선택하게 되었는지를 명확하게 이해할 수 있기 때문입니다.

목표를 설정할 때는 구체화하는 것이 가장 핵심이라고 할 수 있습니다. 예를 들면 목표를 측정 가능하도록 하기 위해서 시각화된 문서를 작성하도록 하는 것입니다. 세부적인 내용은 아래서 별도로 설명을 드리도록 하겠습니다.

결정한 목표가 있다면 다음으로 그 목표를 달성할 수 있는 구체적인 방법을 물어봐야 합니다. 폐쇄형 질문보다는 개방형 질문을 통해서 직원이 능동적으로 대답할 수 있도록 하는 것이 바람직합니다. 그리고 추상적이고 일반적인 답변이 나오지 않도록 구체적으로 질문해야 합니다. 예를 들면 아래와 같습니다.

관리자 : ○○○ 씨 해당 목표를 달성하기 위한 방법을 생각해본 적이 있나요?

직　원 : 목표를 달성하기 위한 방법으로는 (방법1, 방법2, 방법3…등)을 생각하고 있습니다.

관리자 : 그래요? 그러면 그 중에서 가장 효과적이고 달성 가능한 방법은 무엇인가요?

직　원 : 제 생각으로는 방법1을 먼저 하는 것이 낫다고 생각합니다. 왜냐하면~

관리자 : 그렇다면 방법1을 했을 경우 구체적으로 나올 수 있는 결과는 무엇인가요?

⑶ 시각화를 통한 구체적인 계획 수립 및 행동 계획서 작성법

서비스 코칭 프로세스를 설명하는 과정에서 '실행계획 구체화 및 의지 확인' 과정이 있습니다. 서비스 현장에서 실행계획을 구체화하고 의지를 확인하는 방법은 무엇이 있을까요? 위에서 언급한 방법으로 코칭을 진행하되 여기에 목표를 달성하기 위한 구체적인 목표 및 행동 계획서

(Action item)를 작성하도록 하는 것입니다. 보통 사람들은 말로만 하면 실행으로 잘 옮기지 않습니다. 그래서 실행하고자 구체적인 행동을 시각화하는 것이 중요합니다.

| 달성하고자 하는 목표는? | |
| --- | --- |
| 달성을 통한 구체적인 결과물 | 달성 기간(언제까지) |
| | |
| 달성 방법 | 달성 기한 |
| 1. | 월 일 ~ 월 일 |
| 2. | 월 일 ~ 월 일 |
| 3. | 월 일 ~ 월 일 |
| 4. | 월 일 ~ 월 일 |
| 평가측정 방법 | 평가주기/횟수 |
| | |
| 부족하다고 느끼는 점 | 부족한 점을 개선하기 위한 방법 |
| 1. | 1. |
| 2. | 2. |
| 3. | 3. |
| 4. | 4. |
| 지원 및 요청사항(사람) | 지원 및 요청사항(자원) |
| - | - |
| - | - |

날짜:　　　년　　월　　일

서명:

시각화가 필요한 이유는 어떤 목표를 시각화하면 우리의 뇌는 마치 그러한 목표를 이미 경험했다고 믿고 그러한 믿음이 작동하도록 돕기 때문입니다. 따라서 시각화를 하면 자신감 향상은 물론 목표를 집중하게 만들고 목표 달성을 하는 데 있어 정신적으로 준비를 하게 만듭니다. 아무래도 시각화가 되면 그렇지 않은 경우 대비해서 달성할 가능성이 높겠죠?

선택한 목표를 달성하기 위한 구체적인 방법이나 방안을 생각하는데 보통은 5W1H를 활용해서 계획을 구체화하는 것이 좋습니다. 그리고 무엇보다 중요한 것은 시각화와 함께 구체적으로 수치화하는 작업이 병행되어야 하며 달성목표 가능성이 너무 낮을 경우 이를 높일 수 있는 방안을 찾도록 지원하고 지지하여야 합니다.

위 목표 및 행동 계획서를 보시면 목표 및 행동 계획서에 포함될 내용은 달성하고자 하는 목표, 달성하기 위한 방법들, 달성시기, 구체적인 일정, 측정 방법, 요청 사항, 구체적인 결과물 등을 반영하였습니다. 이것은 예시이므로 각 서비스 조직의 상황이나 목표에 맞게 구성하면 됩니다.

이렇게 작성된 목표 및 행동 계획서 양식은 별도로 보관을 해서 수시로 읽어보면서 목표를 떠올리고 실행에 옮길 수 있도록 합니다. 관리자는 위 양식을 사본형태로 보관하고 다음 코칭에서 참고하여 진행 사항이나 결과를 확인하는 용도로 활용하면 좋습니다. 직원에게 책임감은 물론 실천의지를 확인하기 위한 용도로 목표 및 행동 계획서에 날짜와 함께 서명을 하는 것도 좋은 방법입니다.

# 5부

# 서비스 조직 코칭 커뮤니케이션 실전 활용법

---

1

---

## 코칭 초보들이 많이 하는 실수와 코칭 핵심요소

서비스 조직에는 다양한 유형의 직원이 모여 근무합니다. 이전에 설명을 드렸다시피 역량과 의지 매트릭스를 근거로 다양한 유형의 직원이 존재하는 것을 이해하셨을 겁니다. 의지가 없는데 역량은 높은 직원과 반대로 의지는 높은데 역량은 그리 높지 않은 직원, 그리고 의지도 역량도 없는 직원과 이 2가지 요소를 두루 갖춘 우수한 직원들도 있었습니다. 이렇게 다양하게 존재하는 직원들과 코칭을 진행할 때 효과적으로 커뮤니케이션하기 위해서 반드시 알고 있어야 할 것과 바람직한 결과를 얻어내기 위해서 갖추어야 할 자세는 무엇인지 알아보도록 하겠습니다.

### ⑴ 지시와 코칭을 명확히 구분하는 방법

서비스 조직에서 코칭의 본질은 우선 직원의 잠재적인 역량을 이끌어내는 것이고 이를 통해 조직의 목표인 성과를 향상시키는 것이라고 할 수 있습니다. 그렇다면 직원들을 대상으로 코칭을 진행할 때 관리자가 반드시 알고 있어야 할 것은 무엇일까요?

먼저 서비스 조직에서 코칭을 진행할 때 중요한 것은 바로 코칭과 지시의 개념을 명확히 하는 것입니다. 특히 밀레니얼들의 비중이 높음은 물론 다른 부서에 비해서 많은 인원들이 모여 근무하는 서비스 조직에서는 코칭과 지시를 명확히 구분해서 활용해야 합니다. 그래야 혼선과 갈등을 줄일 수 있고 부작용을 최소화시킬 수 있습니다.

지시는 의무적으로 해야 할 일들이나 업무의 답이 있는 정형화된 매뉴얼이 있는 경우에 적합합니다. 지시는 트레이닝으로 충분히 수행이 가능합니다. 말 그대로 교육이나 훈련을 통해서 '정해진 대로 따라가는 것'을 트레이닝(Train+ing)이라고 하는데 이런 유형의 업무는 지시가 바람직합니다. 이미 서비스 조직에서 형식지 형태로 존재하는 업무들과 확실한 정답이 있는 경우에는 지시가 효력을 발휘합니다. 그래서 직접적으로 지시한 업무를 그대로만 수행을 하게 되면 별 탈 없이 업무가 완성됩니다.

반면 코칭이라는 것은 정답이 없고 비정형화된 형태로 존재하는 것이어서 직원들에게 답을 주기보다는 질문을 통해서 직원 스스로 문제를 해

설할 수 있도록 지원해주는 등 직원들로 하여금 잠재력을 발휘하도록 하는 데 목적이 있습니다. 코칭은 말 그대로 해당 직원이 '원하는 곳을 가는 것' 또는 '원하는 곳을 가도록 도와주는 것'입니다. 지시와 같이 정해진 대로 따라가는 것이 아니라 내가 원하는 곳으로 가는 것이 코칭인 것이죠.

지시가 일방적인 티칭의 형태라면 코칭은 직원 스스로 문제를 발견하고 해결방안을 찾도록 합니다. 그러니 코칭은 당연히 질문을 많이 하게 되는 것입니다. 코칭을 하는 과정에서 관리자는 명확하게 직원에게 기대하는 수준과 구체적인 요구사항을 분명한 기준과 함께 짧고 간단하게 전달해야 합니다. 그래야 코칭의 의도가 명확해지기 때문입니다.

이렇게 코칭과 지시를 명확히 구분한 상태에서 진행이 되어야 목적이나 원하는 바를 달성할 수 있습니다. 이러한 구분이 명확하지 않을 경우 지시를 코칭으로 대체하거나 반대로 코칭을 한다고 해놓고 일방적인 지시로 끝나는 경우가 많습니다.

이와 함께 코칭 커뮤니케이션은 위에서 설명한 코칭 프로세스에 입각해서 수행을 하면 됩니다. 다만 코칭을 통해서 구체적으로 실행해야 할 것과 목표 시한을 직원으로 하여금 정하게 하는 것이 중요합니다. 아무래도 지시에 익숙한 관리자 입장에서 직원 스스로 목표를 설정하고 게다가 바쁜 와중에 목표 시한까지 정하게 한다는 것 자체에 대해서 많은 부담을 느낄 것이라는 생각이 듭니다. 가장 큰 이유는 당장 눈에 보이는 변화가 없고 결과 또는 성과로 이어지기에 너무 많은 시간이 소요되기 때문입니다.

그러나 코칭이라는 것은 당장의 효과를 기대하고 진행되는 지시와는 달리 직원 스스로 목표를 정하고 원하는 곳으로 가기 위한 방법을 찾는 것이기에 다소 시간이 걸릴지라도 이들에 대한 지원과 지지를 아끼지 말아야 합니다.

위에서 설명드렸다시피 코칭은 당장의 효과를 기대하고 진행하는 것이 아닙니다. 직원 스스로 정한 목표를 달성하기 위한 구체적인 실행방안 그리고 목표 시한에 대해서 관리자로서 무엇을 도와주고 지원해야 하는지가 성공의 관건이라고 할 수 있습니다.

## ⑵ 직원을 움직이는 3가지 코칭 핵심요소

서비스 조직에서 관리자가 코칭 진행 시 반드시 갖추어야 할 것이 있습니다. 추상적인 개념이 아닌 실제로 현장에서 코칭을 진행할 때 가장 중요한 3가지는 바로 경청과 공감 그리고 수용이라고 할 수 있습니다. 이 3가지 없이 코칭이 이루어지기는 힘든 것이죠. 코칭이라는 것은 상호 신뢰가 전제되어야 한다고 말씀을 드렸는데 관리자 입장에서 부하 직원들에게 신뢰를 받거나 진중하고 사려 깊은 대화와 소통을 하기 위해서는 바로 위 3가지가 필요한 것입니다.

그 중에서도 경청이 선행되어야 하는데 경청 없이 코칭이 이루어지기는 힘들죠. 경청이라는 것 자체가 선입견을 갖지 않고 직원의 있는 그대로의 이야기를 진지하게 듣는 자세 또는 태도를 의미합니다. 흔히 경청이 '마음을 여는 열쇠'라고 하는 것처럼 관리자는 물론 직원 상호 간의 경청을 통해서 올바른 코칭이 이루어질 수 있습니다. 다만 경청은 무조건 직원이 이야기하는 것을 다 들어줘야 한다는 것을 의미하지 않습니다. 주제와 벗어난 얘기를 하면 다시 중심으로 돌아와야 합니다. 그때는 간단하게 "지금 하고 있는 이야기가 금일 이야기하려는 주제와 어떤 연관이 있을까요?"라고 물어보면 됩니다.

다음으로 공감이 중요한데요, 공감이라는 것은 직원의 마음을 충분히 이해하는 것이라고 이해하시면 될 것 같습니다. 앞에서 이미 경청에서도 설명을 드렸습니다만 직원의 기분이나 감정을 제대로 이해하기 위해서는 함부로 추측하거나 평가 또는 판단하지 않는 것이 가장 중요합니다. 그냥 말하는 그대로 편견을 갖지 않고 사실 그대로를 듣는 것이죠. 특히 밀레니얼과 여성이 많이 근무하는 서비스 조직에서는 공감을 제대로 하지 않으면 코칭이 효과적으로 이루지기 힘듭니다.

마지막으로 수용하는 자세를 유지하는 것입니다. 수용이라는 것은 사전적 의미로 의견이나 조건 등을 거두어들여 사용한다는 의미입니다. 따라서 어떤 조건이나 단서 또는 비난이나 비판, 분석이나 평가가 아닌 그냥 코칭을 진행하고자 하는 직원의 입장에서 그 직원의 말이나 행동을 그대로 온전하게 받아들이는 것입니다. 관리자 입장에서는 코칭을 진행하다 보면 머리로는 충분히 이해하는데 마음으로는 쉽게 수용되지 못하는 말이나 행동들이 있을 것입니다. 특히 밀레니얼은 살아온 과정이나 환경이 다르므로 이와 같은 갭이 발생하는데 그럼에도 불구하고 코칭의 본질과 바라는 목표 달성을 위해서는 그들을 온전히 수용하고 받아들이는 자세가 필요합니다.

이렇게 관리자가 코칭을 진행할 때 갖추어야 할 3가지의 중요성은 아무리 강조해도 지나치지 않습니다.

---

## 2
### 코칭 커뮤니케이션 전문가로 만들어주는 매트릭스 활용법

코칭을 진행하는 데 있어 가장 핵심이 되는 것은 직원과의 커뮤니케이션이라고 할 수 있습니다. 위에서도 언급한 것처럼 코칭을 할 때는 직원의 마음을 열게 하는 것이 중요할 것이고 믿음과 신뢰를 확보하는 것이 중요할 수 있습니다. 또한 관리자의 생각이나 마음을 온전하게 전달하는 것도 중요하고 그러려면 직원을 인정하는 것도 매우 중요한 것이죠. 그렇다면 어떻게 직원들과 커뮤니케이션해야 할 것인가를 고민해야 합니다.

(1) 의지와 역량 매트릭스를 활용해 직원 유형 파악하는 법

코칭을 진행하기 위해서는 직원들의 유형을 파악하는 것이 선행되어야 합니다. 서비스 조직의 경우 다양한 유형의 직원들이 모여서 근무하는 곳이니만큼 이들이 업무를 수행하는 데 있어 중요한 2가지 판단기준을 가지고 유형을 파악하는 것이 중요합니다.

어떤 코칭방식을 취할 것인가도 중요하지만 먼저 이들에 대한 파악이 급선무입니다. 보통 서비스 조직의 직원이 업무를 수행하는 데 있어 가장 중요한 것은 '역량'과 '의지'라고 할 수 있습니다. 따라서 수행하고자 하는 업무에 대해 해당 직원의 역량과 의지를 진단하는 것이지요. 서비스 조직 뿐만 아니라 일반 조직에서도 이 두 가지는 매우 중요한 요소입니다.

흔히 역량이라는 것은 해당 업무를 수행하는 데 필요한 능력 또는 어떤 업무를 해낼 수 있는 능력이나 힘을 의미합니다. 역량은 단순히 스킬을 의미하지는 않습니다. 전문가들마다 다양한 의미로 역량이라는 말을 쓰지만 눈에 보이는 기술과 스킬 또는 지식 외에도 눈으로 직접 확인하기 어려운 직원의 태도나 성격을 포함한 개념입니다. 단기간에 습득할 수 있는 지식이나 스킬과 함께 이러한 지식과 스킬을 어떻게 업무에 활용할 수 있고 발전시켜 나갈 수 있는지를 포함하는 개념이라고 생각하시면 될 것 같습니다.

또 다른 요소인 의지의 경우 말 그대로 일하고자 하는 마음 또는 마음가짐이라고 할 수 있습니다. 의지라는 것은 자신감과 동기부여를 합친 개념이라고 생각하시면 좋을 것 같습니다. 의지라는 것은 해당 업무를 수행하는 데 자신감이 있어야 하고 누가 뭐라고 해서 하는 것이 아닌 본인 스스로 동기를 부여해야 하기 때문입니다. 이와 같은 이유로 인해 의지는 업무에 대한 열정으로 해석되기도 합니다.

이렇게 역량과 의지라는 두 가지를 가지고 직원의 유형을 파악할 수 있는데 이때 활용하는 방법이 바로 역량과 의지 매트릭스입니다. 이 두

가지 요소를 가지고 상호 연관성이 있는 대상(속성)을 분석하는 기법을 매트릭스 기법이라고 합니다. 매트릭스 분석은 흔히 '포트폴리오 분석'이라고도 하며 분석 결과를 근거로 하여 어느 영역에서 자원이나 노력을 쏟아부어야 할지를 한눈에 볼 수 있도록 하는 분석기법입니다.

:: **역량과 의지 매트릭스** ::

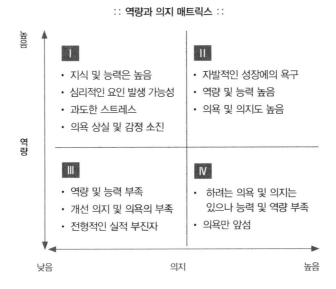

위에 나오는 역량과 의지 매트릭스를 보시면 이해하시기 쉬울 것입니다. 매트릭스에 따라 직원의 유형을 파악하기 쉽고 이후 각 영역에 따라 코칭을 진행할 수 있기 때문입니다. 즉 역량과 의지에 따라 4가지 직원 유형을 구분할 수 있고 각 영역에 알맞은 코칭 기술을 적용할 수 있습니다.

서비스 조직 밀레니얼 이렇게 코칭하라

(2) 매트릭스를 통해 각 영역별 코칭 유형 선택하는 방법

위 매트릭스에서 보시는 바와 같이 'I' 영역처럼 의지나 의욕은 없지만 역량은 뛰어난 직원의 경우에는 격려와 지지는 물론 도전과 목표를 제시하는 것이 바람직합니다. 이와 함께 'I' 영역의 직원에게는 지원을 요청할 시기가 언제인지 파악하여야 하고 사전에 신뢰 관계를 구축하여야 합니다. 이러한 유형의 직원은 매사 의욕이나 의지 부족으로 인해 스스로 스트레스를 많이 받는 경우이므로 이들이 이러한 상황을 극복하고 역량을 제대로 발휘할 수 있도록 격려와 지지에 기반한 코칭을 진행하는 것이 좋습니다.

'II' 영역의 직원은 의지나 의욕도 넘치며 역량도 뛰어난 직원으로 이들에게는 자율성은 물론 위임권을 제공하거나 도전 및 직업적인 성장을 할 수 있도록 기회를 제공하는 것이 바람직합니다. 이러한 유형의 직원들의 경우 스스로 자발적인 성장에의 욕구가 강해 제대로 된 목표와 함께 자율성을 제공하는 방향으로 코칭을 진행하고 실행해야 할 것을 사후관리해 주면 좋은 결과를 기대할 수 있습니다.

'III' 영역에 해당하는 직원의 경우 말 그대로 의지나 의욕도 없고 역량도 부족한 직원으로 서비스 조직에서 전형적인 부진자 그룹(C-Player)에 속하는 직원이라고 할 수 있습니다. 이러한 유형의 직원들에게는 직접적인 지시나 권고 또는 목표를 부여하고 달성할 수 있도록 하는 것이 바람직합니다. 즉 목표 달성이나 개선을 위한 시간과 지원을 적절하게 제공하고 지속적인 후속관리(Follow up)를 해줘야 하는 것이지요.

마지막으로 'Ⅳ' 영역에 해당하는 직원의 경우 의지나 의욕은 넘치지만 실제 역량은 부족하거나 미흡한 직원 유형이라고 할 수 있습니다. 여기에 해당하는 직원의 경우 의욕만 앞서고 역량은 부족해서 자칫 치명적인 실수나 부주의함 또는 잘못을 저지르는 경우가 종종 있습니다. 따라서 이들에게는 교육이나 훈련 또는 지도, 멘토링이나 OJT를 통해 직원 스스로 해결할 수 있도록 코칭을 진행하는 것이 바람직합니다. 초기에는 모니터링이나 지속적인 관리가 필요하지만 시간이 경과하면서 적절하게 긴장감을 완화시켜 해당 영역에 속한 직원이 스스로 방법을 찾을 수 있도록 독려해야 합니다.

:: 역량과 의지 매트릭스에 따른 코칭 유형 ::

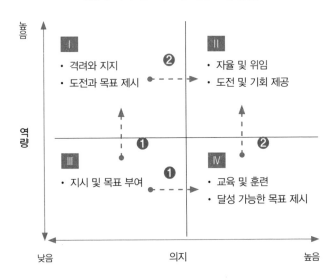

위 그림은 역량과 의지 2요소를 중심으로 어떤 방식의 코칭을 진행해야 하는지를 보여주는 매트릭스입니다. 매트릭스에서 보시는 바와 같이 직원 유형에 대한 파악을 통해 객관적으로 어떤 코칭 방식이 바람직한지를 선택할 수 있습니다. 근속년수에 따라 또는 직원의 역량과 의지가 변하는 것에 따른 코칭 방식의 전개 방향은 위 매트릭스에서 제시하는 방향으로 진행하는 것이 바람직합니다.

### (3) 매트릭스 영역별 해당 직원 코칭 방법

위에서 우리는 역량과 의지 매트릭스를 통해서 직원의 유형을 4가지로 구분하였으며 각 영역에 해당하는 직원에게 알맞은 코칭 유형에 대해서 알아보았습니다. 이렇게 매트릭스를 통한 직원 유형을 파악 후 진행되는 코칭 방법은 크게 직접적인 방법과 간접적인 방법으로 구분합니다. 코칭 방법이 다르기는 하지만 두 가지 방법은 모두 코칭에서 사용되고 있으며 어느 한 가지를 고집하는 것이 아닌 두 방법을 상황에 맞게 병행하여 사용하는 하는 것이 바람직합니다.

먼저 직접적인 방식의 경우 말 그대로 직접적으로 방법을 제시하는 코칭으로 관리자가 교육 및 훈련 또는 지시를 하는 방법입니다. 따라서 직접적인 방법은 관리자가 주로 말을 하고 가르치는 경우가 많습니다. 즉 관리자가 문제해결의 답을 주거나 스킬을 전달하는 것이지요. 이러한 코칭 방법은 직원이 초기에 확신이나 능력이 부족할 경우 사용하는 경우가 많습니다.

반면 간접적인 방법은 관리자가 간접적으로 방법이나 방향을 제시하는 것으로 지지와 격려, 위임, 장점 탐색 같은 것이 대표적인 방식이라고 할 수 있습니다. 직접적인 방법과 달리 관리자는 주로 듣고 직원들이 말을 하는 등의 분위기를 주도하는 방법입니다. 2가지 코칭 방법에 대한 주요 내용 및 특징은 아래 표를 참고하여 주시기 바랍니다

| 코칭 방법 | 주요 내용 및 특징 |
|---|---|
| 직접적인 방법<br>(Push) | • 직접적으로 방법을 제시<br>• 교육 및 훈련, 지시가 대표적인 방법<br>• 답을 직접 제시하기에 시간이 절약됨<br>• 주도권은 코칭을 하는 관리자가 가지고 있음<br>• 코치(관리자)에 의존할 가능성이 높음(관리자 의존도가 높음)<br>• 코치(관리자)가 말을 하고 직원들이 듣는 등 코치가 분위기 주도 |
| 간접적인 방법<br>(Pull) | • 간접적으로 방법이나 방향성을 제시<br>• 지지와 격려, 위임, 장점 탐색 같은 것이 대표적인 방법<br>• 답을 직접 제시하지 않기 때문에 시간이 소요됨<br>• 직원들이 스스로 해결책을 찾을 수 있도록 지원<br>• 주도권은 직원이 가지고 있음(대상군에 속한 직원 의존도 높음)<br>• 코치(관리자)는 듣고 주로 직원들이 말을 하는 등 분위기 주도 |

---

3

의지 및 역량 매트릭스에 따른 직원 유형별 코칭 방법

우리는 위에서 의지와 역량 매트릭스를 통한 코칭의 유형에 대해서 알

서비스 조직 밀레니얼 이렇게 코칭하라

아보았습니다. 크게 보면 매트릭스에 따라 직원의 유형을 구분하고 직원 유형에 따라 격려와 지지, 자율과 위임, 지시와 목표부여, 교육 및 훈련 등의 방법을 통해 직원들을 코칭한다고 설명을 드렸습니다.

그렇다면 의지와 역량 매트릭스 분석에 따라 직원 유형을 구분했을 때 필요한 코칭을 좀 더 자세히 설명을 하도록 하겠습니다. 설명하는 유형은 매트릭스 분석 결과 4가지 유형을 가지고 설명을 하도록 하겠습니다.

### (1) 지시에 반발하지 않도록 하는 방법

의지와 역량 매트릭스를 통해 하위에 있는 사람들에게 할 수 있는 코칭 방법 중에는 명령과 지시가 있다고 말씀을 드렸습니다. 코칭은 그 사람의 무한한 가능성을 끄집어내는 것이라고 했는데 서두에서 서비스 코칭은 단순히 코칭의 형태를 차용했지만 직접적인 티칭 및 멘토링을 병행한다고 한 말을 기억하실 겁니다.

이렇게 지시 또는 명령하는 것도 일종의 코칭의 범주에 포함을 시킵니다. 이것도 일종의 코칭인 것이죠. 매트릭스로 분석을 해보면 여러 가지 유형의 직원들이 나오는데 지시나 직접적인 답을 가르쳐줘야 할 경우가 생기기도 합니다. 즉 직접적인 지시와 목표를 부여해서 업무를 하도록 하는 것인데 업무의 성패를 가르는 중요한 지식이나 정보 또는 처리방법 또는 요령을 자세히 가르치는 것입니다. 하나를 가르치면 두 가지를 까먹거나 자주 실수 또는 업무를 누락시키는 직원들이 있다면 이러한 방식이 효과를 거둘 수 있습니다.

신입 때 업무에 필요한 교육이나 현장실습을 했음에도 불구하고 잦은 실수를 하거나 실적이 안 좋은 직원들에게는 업무의 목적이나 주요 내용 및 수행 또는 처리 방법 등을 간단하고 쉽게 이해할 수 있도록 가르치는 겁니다. 예를 들어 해당 업무를 수행하는 데 있어 실수를 적게 하는 법이나 순서 또는 업무를 명확하게 이해시킬 수 있는 매뉴얼이나 사내 자료 또는 영상을 활용할 수도 있고 과거에 유사한 경험을 한 선배들의 사례를 들려주는 것도 방법이라고 할 수 있습니다. 이렇게 일을 처리하는 데 있어서 구체적으로 어떻게 해야 하는지를 이해시키고 그에 따른 지식, 태도, 스킬은 무엇인지를 가르쳐 줍니다.

이렇게 가르치는 과정에서 직접적으로 일을 해보라고 지시 또는 명령을 하게 되는데 이럴 때는 지속적으로 지시와 명령을 할 것이 아니라 궁금한 사항이나 어려운 점에 대해서 언제든지 질문을 하도록 하거나 직접적으로 모니터링을 통해서 추가 개선 및 보완해야 할 점을 가르치는 것이 바람직합니다.

이렇게 직접적으로 지시하고 명령을 한다고 하더라도 여기서 간과해서는 안 될 한 가지 중요한 것이 있습니다. 서비스 조직에서 대부분을 차지하고 있는 밀레니얼들에게 지시와 명령을 하더라도 충분한 소통과 일의 의미는 물론 왜 그렇게 해야 하는지를 설명해줘야 합니다.

과거처럼 '까라면 까'라는 식으로 접근하면 밀레니얼 입장에서는 지시와 명령이 부당하다고 느낄 것이 분명하고 관리자 입장에서는 건방지고 다루기 힘들다고 투덜댈 것이 뻔하기 때문이죠. 이렇게 되면 제대로 업무가 이루어질 수 없습니다.

기성 세대와는 달리 업무를 할 때 그 일을 해야 하는 이유와 목적이 명확해야 하고 이와 함께 해당 업무를 수행하면서 잘못된 안내나 실수가 발생하지 말아야 할 이유를 객관적인 사실에 근거해서 설명해주어야 합니다. 단순히 지시와 명령을 선호하는 밀레니얼들도 있을 테지만 문제는 이렇게 이유와 목적이 부재한 가운데 지시와 명령만이 존재하게 되면 일을 잘 할 수 있는 기회를 박탈하는 것이고 이에 불만을 느끼는 직원들 입장에서는 불만만 쌓이고 조직에 제대로 적응할 리 만무합니다.

따라서 업무 지시를 내릴 때에는 왜 이 업무를 수행해야 하는지 그리고 일에 대한 가치와 의미와 함께 어떻게 조직에 기여할 수 있는지에 대해서 설명해주고 해당 업무를 잘 수행했을 경우 서비스 조직에 어떤 영향을 줄 수 있는지에 대해서도 구체적으로 설명하는 것이 바람직합니다.

관리자 입장에서는 바빠 죽겠는데 이렇게 일일이 다 설명을 하면 언제 일을 하느냐는 불평과 불만도 분명 있을 것입니다. 하지만 잘 생각해보면 시간이 걸릴 수는 있지만 이러한 노력이 뒷받침이 되면 오히려 오해의 소지도 없고 해당 직원들 입장에서는 더욱 해당 업무를 수행하려고 노력할 것입니다.

강압적이고 일방적인 지시와 명령이 아닌 소통과 일을 해야 하는 이유와 무엇을 어떻게 수행해야 하는지를 구체적으로 설명하면서 지시가 내려진다면 오히려 일을 잘 할 수 있는 동기부여가 된다는 사실을 간과하지 않으셨으면 좋겠네요.

(2) 칭찬 및 격려를 통해 업무 의욕 이끌어내는 방법

　의지와 역량 매트릭스 분석 결과 역량은 높은데 의지가 낮은 직원들을 대상으로 진행되는 코칭의 유형은 바로 칭찬과 지지 또는 격려라고 설명을 드렸습니다. 이러한 칭찬과 지지 그리고 격려를 통해 목표를 제시하고 도전할 수 있도록 용기를 북돋는 것이 핵심이라고 할 수 있습니다. 이번에는 서비스 조직에서 칭찬과 격려는 어떻게 해야 하는지에 대해서 말씀드리도록 하겠습니다.

　우리나라는 참으로 칭찬에 인색한 것 같습니다. '칭찬은 고래도 춤추게 한다'는데 참으로 칭찬에 인색합니다. 칭찬은 사랑과 격려의 표현이며 남을 존중하고 인정하는 의사표시입니다. 칭찬이라는 것이 자극제가 되어 상대방을 더욱 힘이 나게 하고 성장을 도우며 자신감을 갖게 합니다.

　칭찬은 마음에도 없는 빈말과는 다릅니다. 객관적인 증거는 물론 영혼도 없고 입으로만 하는 것을 우리는 흔히 '빈말'이라고 하지요. 칭찬은 빈말이 아니라 직원이 가지고 있는 장점이나 노력 또는 기간의 성과를 있는 그대로 인정하는 것입니다.

　아시다시피 서비스 조직처럼 많은 사람들이 모여서 근무하는 곳일수록 이러한 칭찬은 조직 전체를 활성화시키는 데 큰 역할을 합니다. 특히 밀레니얼 세대가 다수를 차지하는 서비스 조직에서 관리자는 칭찬하는 법을 잘 알고 있어야 합니다. 왜냐하면 칭찬을 통해서 코칭의 효과를 높일 수 있기 때문입니다. 실제로 국내 한 연구소가 조사한 결과에 의하면

밀레니얼도 '자신이 한 일에 대해서 크건 작건 간에 칭찬과 격려를 받고 싶다'는 비중이 전체 응답자 수의 78%라고 하니 칭찬은 서비스 조직을 움직이는 큰 힘이라는 것은 사실이네요.

그렇다면 밀레니얼이 많은 서비스 조직에서 칭찬은 어떻게 하는 것이 좋을까요?

먼저 직원을 칭찬해야 할 사유를 구체적으로 기록하는 것부터 시작을 합니다. 머리 속에 기억해놓는 것은 그리 오래가지 않으므로 반드시 노트나 어플을 활용해서 수시로 기록하는 것이 좋습니다.

다음으로 칭찬은 구체적으로 하는 것이 좋습니다. 추상적으로 하는 칭찬은 직원이 금방 눈치를 챕니다. 따라서 칭찬은 구체적이고 객관적인 사실을 들어 하는 것이 좋습니다. 예를 들어 "이번 달 성과가 엄청 늘었더라고. 이 점 매우 칭찬해!"라고 하는 것보다는 "3월 1째 주에만 벌써 700만 원의 매출을 올렸네요. 아침 일찍 와서 고객의 DB정리는 물론 일일이 문자 보내고 전화를 하는 등의 고객관리를 그렇게 열심히 하더니만… 정말 훌륭합니다."라고 하는 것이 바람직합니다.

또한 칭찬은 시기가 중요합니다. 칭찬은 말 그대로 타이밍인거죠. 한참 지나고 하는 칭찬은 상대방에게 어떠한 효과도 주지 않고 진심을 의심하게 하는 등의 역효과를 낼 수도 있습니다. 뜬금없이 하는 칭찬이나 한참 지나고 난 뒤 하는 칭찬은 요즘 말로 "갑자기?"라는 말을 듣기 쉽습니다.

따라서 칭찬거리가 있다면 즉시, 그 자리에서 칭찬하면 좋습니다. 관리자 본인이 직접 가든지 아니면 우연을 가장해서 만나서라도 직접적으로 칭찬하는 것입니다. 직원 입장에서는 바쁜 와중에 직접 자신을 찾아서 칭찬을 해줬다는 사실만으로도 뿌듯하고 '좀 더 잘해야겠다'는 생각이 들 수 있게 합니다. 물론 그 자리에서 즉시 하는 것이 좋습니다만 가까운 시일 내에 칭찬을 한다면 직원 입장에서는 더욱 힘을 낼 것입니다.

이와 함께 칭찬은 공개적으로 하는 것이 좋습니다. 밀레니얼처럼 자신을 드러내기 좋아하는 사람들을 대상으로 조회 또는 월례회의와 같은 공개적이고 공식적인 자리에서 칭찬을 해주면 분위기도 살리고 의욕을 드높일 수 있습니다.

다음으로 결과를 칭찬하는 것도 좋습니다만 과정을 칭찬하는 것이 오히려 성장 측면에서 좋은 결과를 나타냅니다. 과정을 칭찬하는 것은 해당 직원이 가진 역량을 칭찬하는 것이 아니라 그간의 노력을 칭찬하는 것이기에 과도한 결과에 집착하지 않고 과정상의 실수를 적게 하고 업무에 집중하거나 몰입할 수 있게 하기 때문입니다. 이렇게 과정을 칭찬하는 것은 근속기간이 상대적으로 짧은 신입사원에게 효과적입니다.

또한 칭찬을 할 때는 성과에 따른 칭찬 방법도 다르게 하는 것이 좋습니다. 무슨 말이냐 하면 성과라는 것도 나름 등급이 있잖아요? 예를 들어 조직 성과에 큰 영향을 미칠 정도로 아주 엄청난 성과를 낸 경우가 있을 것이고 그렇게 큰 성과는 아니더라도 다른 직원들에게 귀감이 될 정도의 성과가 있을 것입니다. 또한 조직으로 보면 작지만 개인의 성과가 괄목할 정도로 개선되거나 노력의 정도가 뛰어난 경우도 있을 것입니다. 이렇게 성과의 정도에 따라 칭찬을 달리하는 것이 좋다라는 말씀을 드리는 겁니다. 예를 들어 조직에 영향을 주는 성과를 냈을 경우에는 "정말 대단하군요. 거의 역대급 수준이군요. 앞으로도 정말 잘 부탁합니다"라고 할 수 있을 겁니다. 칭찬 중에서도 최상급의 표현을 하면서 격려 또는 기대를 담아서 칭찬을 하게 되면 의욕도 향상되고 상호간에 신뢰도 쌓이기 마련입니다.

또한 다른 직원들에게 귀감이 될 정도의 성과를 낸 직원에 대해서는 "훌륭합니다. 그간의 노력이 눈에 보일 정도로 노력을 했군요. 앞으로도 잘 부탁합니다."라고 표현하면 좋습니다. 여기서도 앞으로의 기대와 격려를 잊지 않고 사용하는 것이 중요 포인트입니다.

마지막으로 개별적인 성과가 향상되었을 경우에는 "정말 잘했고 수고 많았습니다. 앞으로 그렇게만 해주면 좋겠네요. 잘 부탁합니다."라는 정도로 표현을 하는 것입니다.

그리고 칭찬을 할 때는 말뿐이 아닌 비언어적인 표현도 함께 병행해야만 그 효과가 배가됩니다. 말로 하는 칭찬도 좋지만 표정이나 몸짓, 행동을 통한 칭찬을 병행하는 것입니다. 예를 들어 미소를 짓거나 악수 또는 등을 두드리는 행동도 포함이 되며 윙크나 'V' 사인, 'OK' 사인 등이 여기에 포함됩니다.

마지막으로 칭찬하는 방법에 대해서도 알아볼까요? 보통 칭찬은 말과 행동이나 제스처로 하지만 방법에 있어서도 매우 다양한 형태가 존재합니다. 예를 들어 간단한 메모나 메시지, 간단한 선물과 함께 톡으로 칭찬을 전달하는 것도 좋고 이메일을 보내는 것도 좋은 방법입니다. 밀레니얼의 경우 즉각적인 것을 좋아하니 톡이나 SMS를 이용해서 보내는 것도 좋고 간단한 메모지에 부담스럽지 않은 선물과 함께 전달해주면 좋습니다.

이외에 직접적으로 전달할 수 있는 상황이 아니라면 팀 동료나 친한 사람에게 간접적으로 해당 직원의 잘한 일이나 장점에 대해서 칭찬하는 것도 좋은 방법입니다. 관리자와 해당 직원이 아닌 다른 직원이 개입되기 때문에 칭찬으로 인해 오히려 더 좋은 효과를 낳을 수 있습니다.

### ⑶ 자율과 권한위임을 통해 도전 및 기회를 제공하는 방법

의지와 역량 매트릭스에서 의지는 물론 역량이 뛰어난 직원들을 대상으로 하는 코칭은 자율과 권한위임을 통해 도전과 기회를 제공하는 방향으로 이루어져야 한다고 말씀을 드렸습니다. 서비스 조직에서 어떻게 권한위임이 이루어져야 하는지에 대해서 알아보도록 하겠습니다.

아시다시피 4차 산업혁명 시대에 서비스는 갈수록 복잡해지고 고객이 요구하는 서비스 수준은 높아져만 갑니다. 고객의 이러한 요구와 시대 상황에 맞는 서비스를 제공하려면 조직은 좀 더 체계적이고 효율적인 운영이 필요합니다. 이러한 이유로 인해서 서비스 조직에서는 관리자가 모든 권한을 가지고 업무를 처리하는 것에는 한계가 있습니다.

따라서 업무를 수행하는 직원들에게 적절한 권한위임을 통해 경영환경의 변화나 고객이 요구하는 서비스 수준에 효과적으로 대응할 수 있습니다. 특히 서비스 조직처럼 많은 인원이 모여서 근무를 하고 다양한 업무를 처리하면서도 조직의 성과를 내야 하는 조직에서 부하직원들에게 권한을 위임하는 것은 매우 중요한 일입니다만 직원들에게 권한을 위임하는 것이 말처럼 쉽지 않습니다.

권한위임은 부하직원에게 업무를 위임하고 위임을 받은 직원은 책임을 지고 해당 업무를 수행할 수 있도록 권한을 주는 것이라고 정의할 수 있습니다. 보통 권한위임이라고 하면 권한을 나눠준다고 생각하는 경향이 있는데 '배분'이 아닌 '확장'이라는 개념에서 출발을 해야 합니다. 권한을 준다고 해서 관리자의 권한이 없어지는 것이 아니라는 것이죠. 따라서 권한위임은 서비스 조직 전체의 성과나 목표달성을 위해서 직원의 영향력을 높이는 과정이며 조직관리는 물론 코칭에 있어서도 매우 중요한 기술이라고 할 수 있습니다. 그런데 서비스 조직에서는 이러한 권한위임을 잘 활용하고 있지도 않고 직원에게 위임을 하려고 하지도 않습니다.

그렇다면 왜 권한위임이 잘 이루어지지 않을까요? 먼저 해당 업무를 부하 직원에게 위임해놓고 문제가 발생하면 어떻게 하느냐는 불안감도 있을 것이고 해당 업무를 자신만큼 잘 할 수 있는 직원들은 없을 것이라는 착각이나 우려도 있을 것입니다.

이외에도 해당 업무를 아래 직원에게 위임하고 나면 자신이 가지고 있는 통제력을 잃지 않을까 하는 두려움도 있을 것이고 위임된 업무에 대해서 직원에게 일일이 설명하느니 차라리 자신이 하는 것이 속 편하다고 생각하는 관리자들도 있을 것입니다. 이외에도 다양한 이유가 있겠지만 보통은 위와 같은 이유로 인해서 권한위임이 잘 이루어지지 않고 있습니다.

그러나 위에서 설명하였다시피 다양한 업무가 산재해 있는 서비스 조직에서 자신만이 모든 일을 수행해야 한다고 하는 태도 자체가 오히려 효율적인 조직 운영에 피해를 줄 수도 있다는 사실을 알아야 합니다. 리스크가 큰 업무에 대한 권한위임이 아닌 업무를 수행하는 과정에서 충분히 주어질 수 있는 것들을 정의하고 분류하며 명확한 체계를 만들어서 권한을 위임하면 오히려 더 나은 조직을 만들 수 있습니다.

따라서 명확한 권한위임 계획과 준비 그리고 실행을 통해서 과중한 업무를 배분하고 조직을 효율적으로 운영하며 무엇보다 직원에게 권한을 위임함으로써 동기부여는 물론 도전과 기회를 제공할 수 있도록 하는 것이 바람직합니다.

### 권한위임을 하기 전에 관리자가 해야 할 일

관리자가 직원에게 권한위임을 하기 전에 먼저 권한위임에 대한 현황 및 평가를 해봐야 합니다. 예를 들어 권한위임을 하지 않는다면 무슨 이유인지를 먼저 따져보는 것이죠. 단순히 관리자만이 가지고 있는 인식의 문제인지 아니면 실제로 조직에서 발생할 수 있는 리스크가 큰 이유로 안 하는 것인지, 조직의 운영전략이나 프로세스의 문제인지에 대해서 심도 있게 고민을 해야 합니다. 그리고 고민과 함께 이러한 문제들을 극복할 수 있는 방법들은 무엇이 있는지도 함께 고민하는 것이죠.

이러한 고민이 있을 때 관리자 스스로 자신을 평가해보는 것이 바람직합니다. 내가 맡은 핵심 업무, 조직 내에서의 역할, 조직 목표, 내가 가지고 있는 역량 등을 객관적인 사실을 가지고 스스로 평가를 해보는 것입니다. 이와 함께 자신에게 한 달간 주어진 160시간(8시간×20일) 동안 투입되는 업무의 양을 분석해보는 것입니다. 월 단위 160시간 동안 본인의 업무 중 정말 비효율적이고 시간을 낭비하는 업무들은 무엇이고 비중이 얼마나 되는지를 생각해보는 것입니다.

이를 보통 FTE(Full-Time Equivalent)분석이라고 하며 1달 혹은 1년 등 정해진 기간 내에 풀타임 노동자가 수행하는 근무 시간의 총량을 의미합니다. 객관적인 데이터가 있으면 좋고 아니더라도 160시간이 어떤 비중으로 쓰이고 있고 이 중 핵심적인 업무를 수행하는 비중과 하위업무에 쓰이는 비중은 어떤지를 보는 것이지요. 그리고 나서 아래와 같은 질문에 스스로 답을 해보는 것입니다.

- 🧑‍💼 항상 시간에 쫓기고 업무를 수행하는 데 잠시 생각할 여유조차 허락되지 않는가?
- 🧑‍💼 처리해야 할 업무가 너무 많아서 집까지 업무를 가져가서 일을 하고 있는가?

👤❓ 다른 직원들이 퇴근을 해도 혼자 남아서 일하는 경우가 많은가?

👤❓ 처리하지 못한 일들이 있어 주말에도 출근하는 경우가 있는가?

👤❓ 항상 일이 산적해있고 일 처리를 제때 하지 못해서 과부하가 걸릴 때가 있는가?

👤❓ 직원보다 더 바쁘고 여유가 없어 직원 관리는 엄두도 못 내는가?

👤❓ 스스로 핵심적인 업무만을 수행하고 있다고 생각하는가?

👤❓ 자신이 수행하고 있는 업무 중 하위업무(단순반복 또는 자신이 아니어도 수행할 수 있는 업무)는 얼마나 되는지 알고 있는가? 있다면 하위업무 비중이나 개수는?

위에서 나열한 몇 가지 질문 중 관리자에게 2개 이상이 포함된다면 권한위임이 이루어져야 합니다. 그렇지 않으면 분명 조직에 여러 가지 문제들이 발생하기 때문입니다. 위의 질문에 답한 후에 다시 한번 본인이 수행하는 업무와 권한위임에 대해서 생각을 해보셔야 합니다. 위에서 언급한 핵심적인 업무와 하위업무를 구분한 상태에서 가령 아래와 같은 질문에 대해서 말이죠.

👤❓ 해당 업무는 내가 반드시 수행해야 하는 업무인가?

👤❓ 하위업무라고 생각되는 업무를 수행할 경우 지연 또는 포기해야 하는 업무는 무엇인가?

👤❓ 해당 업무를 내가 아닌 다른 직원이 수행했을 경우 발생할 수 있는 일

서비스 조직 밀레니얼 이렇게 코칭하라

들은 무엇인가?

👤 해당 업무를 수행하지 않았을 경우 서비스 조직에서 발생할 수 있는 일들은 무엇인가?

👤 우리 조직에서 나 자신을 제외하고 해당 업무를 수행할 사람은 없는가?

👤 해당 업무를 수행하는 데 있어 직원들이 필요로 하는 것은?

👤 위임할 경우 내가 얻을 수 있는 혜택이나 장점은 무엇인가?

위와 같은 질문을 바탕으로 권한위임이 필요하겠다고 생각이 든다면 본격적으로 권한위임 계획을 수립하는 것입니다. 권한위임계획을 수립하는 데 있어 해당 직원에게 권한을 위임했을 때 '정말 잘 할 수 있을까?' 라는 의심이 든다면 의지는 물론 해당 업무를 수행할 수 있는 역량 수준을 파악하는 것이 좋습니다. 그래야만 업무처리의 난이도는 물론 업무를 처리하는 속도 및 성과 결과를 고려하여 업무 처리에 필요한 권한을 위임할 수 있기 때문입니다. 이와 함께 해당 업무를 수행하게 하면서 동시에 교육이나 훈련의 기회를 제공하거나 코칭을 통해 꾸준하게 역량을 향상시킬 수 있도록 해야 합니다.

의지와 역량이 모두 뛰어나다고 무조건 권한을 위임하는 것이 아니라 조직의 의사결정도 필요하고 또한 누구에게 권한위임을 할 것인지 권한을 위임한다면 해당 직원에게 어떤 코칭과 교육·훈련이 필요한지도 함께 생각해야 합니다.

권한을 위임할 때 고려해야 할 사항들을 정리하면 아래와 같습니다.

- 👤 어떤 업무에 권한을 위임할 것인가?
- 👤 해당 업무가 서비스 조직에서 중요한 이유는 무엇인가?
- 👤 권한위임할 내용과 기간 그리고 권한위임의 범위는?
- 👤 누구에게 권한을 위임할 것인가?
- 👤 그리고 잘못되었을 경우 서비스 조직에 미칠 수 있는 영향은 무엇인가?
- 👤 권한을 위임했을 경우 관리자 자신에게 미치는 영향은?
- 👤 권한을 위임받은 직원이 해당 업무를 수행하는 데 있어 주의해야 할 사항은?
- 👤 권한을 위임할 직원에게 필요한 교육이나 훈련은 무엇인가?
- 👤 해당업무를 수행하는 과정에서 권한위임에 문제가 발생했을 경우 대처방법은?
- 👤 권한위임을 통해 얻을 수 있는 것은 무엇이고 업무진행상황 보고는 어떻게 받을 것인가?

이와 같은 과정을 거쳐서 권한위임이 이루어져야 발생할 수 있는 리스크를 최소화시킬 수 있습니다. 다시 한번 말씀드립니다만 권한위임은 직원에게 도전과 기회를 제공하는 동기부여의 일환이며 효율적이고 무엇보다 자원을 효과적으로 활용할 수 있는 조직관리 기법이라는 사실을 잊지 않으셔야 합니다.

### ⑷ 역량 향상을 위한 지식이나 정보 또는 스킬 전달 방법

의지와 역량 매트릭스를 통해 시행할 수 있는 코칭 유형 중 교육·훈련이 있습니다. 정확히는 의지는 높은데 역량이 부족한 직원들을 대상으로 시행하는 것이 바로 교육·훈련인 것이죠. 교육·훈련은 보통 2가지 형식으로 이루어집니다. 지식이나 정보를 전달하는 경우와 스킬을 전수하는 경우가 대표적입니다.

코칭 관점에서 보자면 코칭의 전제는 모든 코칭 대상자가 무한한 가능성을 가진 존재이고 그 사람에게 필요한 해답은 모두 그 사람 내부에 있는 것이라고 하지만 서비스 조직에서 코칭을 진행하다 보면 시간상의 제약으로 인해 직접 정보나 지식은 물론 관련 스킬을 전달해야 하는 경우도 있습니다. 이렇게 직접적으로 스킬이나 정보 또는 지식을 전달할 때 쓰는 방법을 소개해드리도록 하겠습니다.

### ① 서비스 조직 내 지식이나 정보 전달

서비스 조직의 경우 다른 조직과 달리 고객 응대에 있어서 필요한 지식이나 정보가 많은 편입니다. 업무를 제대로 수행하기 위해서는 업무 수행에 필요한 지식이나 정보를 습득해야 하지요. 당연하지만 업무 수행에 필요한 지식이나 정보를 습득하지 못하면 본인뿐만 아니라 서비스 조직 전체의 수준도 낮아지는 원인을 제공하게 되므로 이에 대한 중요성은 아무리 강조해도 지나치지 않습니다.

그런데 문제는 간단한 고객 응대의 경우 매뉴얼이나 스크립트를 통해 정형화된 정보를 제공하면 되지만 문제가 복잡하거나 직원의 역량을 향상시키기 위한 지식이나 정보는 단순히 매뉴얼이나 스크립트를 통해 전달하기에는 한계가 있습니다. 따라서 고객응대에 필요한 지식이나 정보를 전달할 때는 몇 가지 주의하여야 할 사항이 있습니다.

먼저 지식이나 정보를 전달하기 위해서는 필요한 정보나 지식을 직원이 전달받고 싶은 의지나 생각이 들도록 하는 것이 선행되어야 합니다. 이를 위해 지식이나 정보를 습득했을 때 얻을 수 있는 기대효과를 인지시키거나 습득해야 할 스킬의 당위성이나 필요성을 설명하는 것도 병행해야 하며 해당 직원의 장점 격려 등을 통해 스킬 습득의 의지를 이끌어낼 수 있습니다.

이러한 과정을 통해 해당 직원을 대상으로 지식이나 정보를 습득하려는 의지를 이끌어냈다면 본격적으로 해당 직원의 지식이나 정보에 대해 수준을 파악하여야 합니다. 수준을 파악할 때는 질문을 통한 방법을 많이 활용하는데 해당 직원에게 중간 정도 수준의 업무를 설명하고 이에 필요한 지식과 정보는 무엇인지를 직접 설명해보도록 하는 것입니다. 사전에 체크리스트를 만들어 놓고 설명하는 부분에서 핵심적인 내용을 잘 설명하고 있는지 아니면 피상적이고 추상적으로 설명하는지를 파악하고 평가를 하는 것이 가장 일반적입니다.

또는 직접적으로 해당 지식과 정보에 관련된 문제를 출제하고 이를 평가하는 것도 한 가지 방법입니다. 이러한 지식과 정보를 전달하는 것은 대부분 신입직원들을 대상으로 이루어지기 때문에 위와 같은 방법이 효과적일 수 있습니다. 이외에도 근속년수나 이미 지식이나 정보를 전달받았던 직원들의 수준을 파악하는 것도 한 가지 방법입니다.

직원의 업무에 대한 지식이나 정보 수준을 파악하였다면 지식이나 정보를 전달할 때 먼저 전체 부분을 설명하고 세부 사항을 설명하는 순으로 진행하여야 합니다. 이때 중요한 것은 직원이 제대로 이해하고 있는지 여부를 확인해가면서 진행해야 한다는 것을 잊지 마시기 바랍니다.

정보를 전달할 때는 개괄적으로 설명하는 것이 바람직한데 중요한 내용이나 핵심적인 사항을 먼저 설명하고 이에 대한 예시나 구체적인 경험이나 사례를 설명하는 순으로 진행해야 이해도 빠르고 쉽게 받아들일 수 있기 때문입니다. 지식이나 정보를 전달할 때는 반드시 말이나 단순한 텍스트 형태의 교재만 사용할 것이 아니라 영상이나 그림 또는 도표들을 활용하여 설명하면 더 좋은 효과를 기대할 수 있습니다. 이렇게 이해하기 쉽게 설명하면서 주의할 점이나 기타 명확하게 이해하지 못한 부분이 있는지 확인하거나 수시로 질문하게끔 유도하는 것이 필요합니다.

위에서 잠시 언급하였습니다만 지식이나 정보를 제공하는 과정에서 중간중간에 시행착오를 겪은 자신의 경험을 공유하여 업무를 수행하는데 똑같은 시행착오를 겪지 않도록 합니다. 자신의 경험을 공유하는 것도 좋고 다른 동료나 선배들이 겪었던 다양한 사례를 공유하는 것도 좋은 방법입니다.

이렇게 지식이나 정보를 전달한 후에 반드시 제공했던 것들을 리뷰 및 테스트하는 과정을 거쳐야 합니다. 중요한 해당 지식이나 정보를 제대로 이해하고 있는지 여부를 확인하기 위해서입니다. 이외에도 지식이나 정보를 공유하고 활용할 수 있는 시스템이나 프로그램을 현장에 적용함은 물론 습득된 지식이나 정보를 제대로 활용하고 있는지 모니터링을 진행하여야 합니다.

### ② 스킬 전달 방법

서비스 조직에서는 지식 및 정보만큼이나 업무에 필요한 스킬을 전달하는 것도 매우 중요합니다. 위에서 설명한 지식이나 정보와 달리 스킬의 경우 오감을 이용하는 방법이 좋은데 가장 기본이 되는 것은 상대 직원에 대한 칭찬이 밑바탕이 되어야 한다는 점입니다.

스킬을 효과적으로 전달하기 위해서는 지식이나 정보 전달에서 한 것처럼 먼저 대상 직원의 상황이나 해당 업무 수행능력에 대해서 파악 및 확인해야 합니다. 이와 함께 지식과 정보를 전달하는 방법과 동일하게 전달받고 싶은 의지나 생각이 들도록 하는 것이 선행되어야 합니다.

스킬을 전달할 때는 주요 절차나 순서를 설명하면서 왜 그렇게 해야 하는지를 설명해야 하는데 이때 매뉴얼이나 기타 업무수행 시 사용하는 시스템 및 도구를 활용하는 것이 효과적입니다. 이와 함께 스킬을 전달하는 관리자나 선임이 실제 수행했던 업무자료를 가지고 설명하거나 직접 시범을 보이는 것이 가장 좋은 방법입니다.

물론 해당 스킬을 직원에게 설명하는 과정은 지루하고 길 수 있으나 인내심을 가지고 이해하기 쉽게 설명해야 합니다. 설명 후에는 반드시 전수한 스킬을 직접 실습하게 하고 확인하는 과정을 거쳐야 하며 수행 결과에 대해서 스스로 고칠 점은 없는지 리뷰를 진행해야 합니다. 확인 하는 과정에서 잘한 점에 대해서는 구체적인 사실에 근거해서 칭찬과 격려를 해주는 것이 좋습니다.

스킬을 전달하는 과정이나 또는 직원이 직접 실습을 수행하는 과정에서 생기는 궁금증에 대해서는 즉각적으로 피드백을 주는 것이 바람직합니다. 이와 함께 리뷰를 하는 과정에서 반드시 직원으로 하여금 본인이 직접적으로 수행한 업무를 요약 · 설명할 수 있도록 하는 것이 정확하게 이해했는지를 확인하는 가장 최상의 방법이라고 할 수 있습니다.

중요한 것은 스킬을 전달하고 확인하는 것으로 끝나는 것이 아니라는 사실입니다. 지식이나 정보는 일회성으로 끝나는 경우가 있으나 스킬의 경우 한 번으로 끝나는 것이 아니기 때문에 지속적으로 관찰하고 개선시키기 위해서는 트래킹을 통해 개선 및 습득의 추이를 충분히 관찰하여야 합니다. 그래야만 스킬이 향상되고 실제적으로 현업에서 능력을 발휘할 수 있습니다.

스킬을 전달하는 입장에서 해당 직원이 향상된 모습이 보이면 서서히 관찰이나 스킬 관련 지도 및 훈련을 줄여 나가는 것이 좋습니다.

문제해결 능력 향상을 위한 실전 지침 5

인적자원관리에서도 충분히 설명은 드렸습니다만 인공지능으로 대표되는 4차 산업혁명 시대 서비스 조직의 핵심역량은 문제해결 역량이라고 할 수 있습니다. 서비스 조직뿐만 아니라 모든 조직이 마찬가지겠지만 단순반복적인 업무는 경쟁력이 사라질 것이고 사람들과의 교감 또는 소통이 많지 않은 직업들은 천천히 사라질 것이라는 한국고용정보원의 분석과 예측은 아직까지도 유효합니다.

단순히 지식이나 정보를 제공하는 것은 서비스 조직의 직원들이 해야 할 일이 아닙니다. 지식이나 정보는 인간의 영역이 아닌 인공지능의 영역이기 때문입니다. 향후 서비스 조직의 직원들이 초점을 두어야 할 것은 바로 문제해결 능력을 키우는 것입니다. 고객에게 상품 또는 서비스와 관련하여 문제가 발생하였다면 이를 효과적으로 해결해주는 것이 바로 직원들의 역량이라는 얘기입니다. 고객의 까다로운 요구를 제대로 이해하지 못하고 복잡한 상품이나 서비스를 정확히 이해하지 않은 상태에서는 제대로 문제를 해결할 수 없습니다.

코칭을 통해 문제해결능력을 어떻게 향상시켜야 하는지 알아보도록 하겠습니다. 상품이나 서비스를 제공하는 과정에서 다양한 이슈들이 발생할 수 있습니다. 이러한 프로세스를 거치는 과정에서 고객이 불편함을 느낄 수도 있고 불편함을 토로하기 위해 서비스 조직에 연락을 취할 수도 있습니다. 이렇게 제기된 문제가 한 번이 아니라 지속적으로 고객의 불편 또는 불만을 야기하는 일이라면 좀 더 체계적인 문제해결 방식이 필요합니다. 필자는 단순히 고객문제로만 국한을 했지만 문제해결이라는 것은 고객문제만이 아닌 조직 내부의 다양한 문제를 해결하는 데있어서도 동일한 방법을 취합니다. 그렇다면 어떻게 문제를 해결할 수있을까요?

먼저 문제점과 이슈를 명확히 정의하는 것입니다. 문제해결을 위해서는 직원들에게 직원들이 안고 있는 문제를 명확히 정의하라고 해야 합니다. 이는 간단해 보이지만 가장 핵심이 되기도 합니다. 그도 그럴 것이 문제가 무엇인지도 정확히 모르는데 문제를 해결한다는 것이 말이안 되기 때문입니다. 문제를 해결하기 위해서는 다양한 질문이 필요합니다.

- 정확히 문제가 무엇인가? (시스템, 프로세스, 사람, 커뮤니케이션 등)
- 가장 핵심적인 문제는 무엇인가?
- 문제해결을 위해 필요한 정량적인 진술이나 객관적인 자료는 무엇이 있는가?
- 발생한 문제의 원인은 무엇인가?
- 단일한 문제인가 아니면 복합적인 문제인가?

고객이 불만을 제기했는데 이것이 시스템 문제인지, 아니면 프로세스 문제인지 그것도 아니면 직원의 태도나 자세의 문제인지를 명확히 정의하는 것입니다. 이때 문제를 정의하는 데 있어 중요한 것은 핵심적인 문제가 무엇인지를 파악하는 것이 우선시되어야 하고 문제 정의는 정성적인 것이 아닌 정량적이고 객관적인 사실과 수치 및 통계를 근거로 해서 정의가 되어야 향후 문제에 대한 정의도 명확해지고 오해의 소지가 발생하지 않습니다.

또는 발생한 문제가 단일한 문제인지 아니면 이것저것 복합적인 문제가 섞여 있는 것인지를 파악하고 문제를 명확하게 정의하는 것입니다. 이렇게 문제를 명확하게 정의해야만 문제해결을 위한 방향을 잡을 수 있기 때문입니다.

이때 발생한 문제에 직간접적으로 영향을 주는 요인들은 무엇인지를 하나씩 정리해보는 것이 중요합니다. 위에서 언급한 바와 같이 시스템, 프로세스, 사람, 커뮤니케이션 문제인지를 구분하고 각 영역에 해당하는 세부적인 요인들을 하나씩 정리해보는 것이죠.

관리자 입장에서는 직원이 해당 문제를 정확히 정의하고 있는지를 질문합니다. 자신만의 언어로 어떤 문제인지를 설명하게 하는 것도 좋습니다. 어떤 문제를 정확하게 정의 내렸다면 그만큼 해당 문제를 해결할 가능성도 높습니다.

다음으로 해야 할 일은 어떻게 문제를 해결할 것인지 고민하고 정보를 수집하는 것입니다. 해당 문제가 자원을 투입하면 해결되는 문제인지 그렇다면 어떤 자원을 투입했을 때 문제가 해결되는지를 고민합니다.

서비스 조직 밀레니얼 이렇게 코칭하라

또한 해당 문제가 단기간에 해결될 수 있는 문제인지 장기간에 걸쳐서 해결되어야 하는 문제인지를 고민하는 것이죠. 단기간에 해결하기 위해서는 어떤 방법을 활용하는 것이 좋은지 장기간에 걸쳐 문제를 해결해야 한다면 어떻게 접근해야 하는지를 고민하는 것입니다.

또한 문제를 해결하는 데 있어서 과거에는 어떻게 해결했으며 유사한 경험, 문제 해결에 있어 장애가 되는 요인들은 무엇이고 가장 효과적으로 해결했던 방법은 무엇인지를 알아보는 것입니다. 즉 문제를 해결하기 위해서 사내에 있는 다양한 정보들(형식지와 암묵지 형태 모두 포함)을 모두 취합하고 정리하는 것입니다.

정보를 수집하는 방법은 회사 내부의 자원을 활용하는 것도 좋고 해당 분야의 전문가들이나 선배들의 조언을 활용하는 것도 좋습니다. 이 외에 해당 문제 해결에 도움을 줄 수 있는 지식이나 정보를 수집해야 합니다. 이렇게 수집된 정보를 깔끔하게 정리하고 자신이 언어로 압축 및 요약하는 과정을 거칩니다. 이렇게 정리된 내용은 앞에서도 설명한 시각화를 통해서 문제와 해결방법 등을 한 눈에 파악할 수 있도록 하는 것이죠. 이러한 시각화를 통해 새로운 아이디어를 도출할 수도 있고 문제에 대한 직관은 물론 의사결정을 쉽게 하도록 도와주는 효과를 누릴 수 있습니다.

코칭을 하는 관리자 입장에서는 직접적으로 답을 주는 것도 방법이기는 하지만 위와 같이 직원이 해결할 수 있는 접근법을 스스로 고민하게 해야 유사한 문제들이 발생했을 때 해결할 수 있는 역량이 생긴다는 점을 기억하셔야 합니다.

다음으로 수집된 정보를 바탕으로 문제해결에 있어 가장 핵심적인 요소와 성격을 규정합니다. 문제해결에 대한 다양한 고민과 함께 해당 문제를 해결하기 위해 수집했던 다양한 정보와 지식을 분석해보고 그 중 문제를 해결하는 데 있어 가장 핵심이 되는 요소는 무엇인지 그리고 발생한 문제의 성격을 규정합니다. 그리고 문제해결에 있어서 가장 현실적으로 고려해야 할 요소 2가지를 가지고 매트릭스 형태로 구조화하는 것입니다.

이미 우리는 코칭 유형을 구분하는 데 있어서 의지와 역량 매트릭스를 활용해 본 경험이 있습니다. 이렇게 구조화된 매트릭스를 통해 직원 유형에 따라 어떤 코칭을 적용시켜야 하는지를 결정했는데 문제 해결에 대한 것도 이와 같이 구조화된 매트릭스를 통해 문제해결 방향성을 잡을 수 있는 것입니다.

핵심 요소로 선정이 된 2개의 요소를 각각 X축과 Y축에 각각 위치시킵니다. 각각의 축에 해당 내용의 정도를 나타낼 수 있는 단어를 양쪽 끝에 적어 놓습니다. 예를 들어 문제해결에 있어서 중요한 요소가 고객 요구 수준과 업무처리 난이도라고 한다면 아래와 같이 매트릭스를 단순화하여 작성할 수 있는 것입니다. 매트릭스 분석을 통해서 아래와 같이 고객 요구 수준과 업무처리 난이도를 핵심요소로 선정할 수도 있고 문제의 중요도나 연관성은 무엇인지를 핵심요소로 선정할 수도 있습니다.

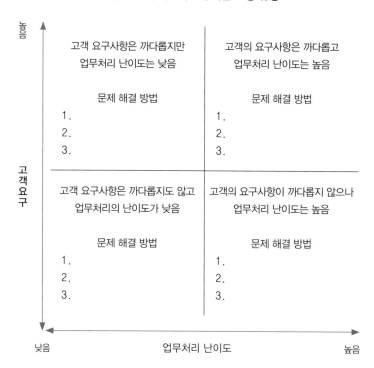

:: **역량과 의지 매트릭스에 따른 코칭 유형** ::

높음

고객요구

고객 요구사항은 까다롭지만
업무처리 난이도는 낮음

문제 해결 방법
1.
2.
3.

고객의 요구사항은 까다롭고
업무처리 난이도는 높음

문제 해결 방법
1.
2.
3.

고객 요구사항은 까다롭지도 않고
업무처리의 난이도가 낮음

문제 해결 방법
1.
2.
3.

고객의 요구사항이 까다롭지 않으나
업무처리 난이도는 높음

문제 해결 방법
1.
2.
3.

낮음      업무처리 난이도      높음

다음으로 분석 결과를 토대로 우선 순위를 정하고 실행에 옮깁니다. 매트릭스를 통해 구조화를 시키면 문제의 성격을 규정할 수 있다고 하였는데 이렇게 문제의 성격을 규정하면 해결을 어떻게 해야 하는지에 대한 방향성이 명확해집니다. 위 그림과 같이 문제해결에 있어 핵심이 되는 요소를 정하고 매트릭스로 구조화하면 해당 문제가 어느 영역에 위치해 있는지 파악하기 쉽고 문제해결에 우선 순위를 정하는 데 있어 의사결정하기가 쉽습니다.

이렇게 매트릭스를 만들어 놓고 다시 수집했던 정보를 보고 각 영역에 해당되는 문제해결 방법은 무엇인지를 검토합니다. 즉 각각의 영역의 문제해결과 관련된 세부적인 방법들을 고객요구나 업무처리 난이도에 따라 순위를 매기는 것이죠. 이렇게 순위를 매기면 문제해결을 위해 무슨 일을 먼저 해야 할지가 정해집니다.

업무처리의 난이도가 쉽지가 않다면 문제를 하나가 아닌 잘게 나눠서 각각 하나의 문제로 인식하고 해결 방법을 찾아보는 것도 좋습니다. 예를 들어 업무처리의 난이도가 높다면 예전에는 어떤 방식으로 처리했는지 그리고 이미 해결했거나 동일한 문제가 있다면 이를 놓고 유사점을 찾아내는 것입니다. 여러분이 유사한 부분을 찾아냈다면 아마 문제를 해결하는 방식도 동일한 방향성을 가지고 해결될 가능성이 높습니다.

마지막으로 문제해결에 있어 우선순위를 정하고 시행한 결과를 평가하는 것입니다. 위에서 설명한 내용을 바탕으로 직접 실행에 옮기고 난 후 결과나 과정에 대해서 리뷰 또는 평가를 해야 합니다. 예를 들어 실제 과거의 유사한 경험을 토대로 문제해결을 동일한 방법으로 시행했을 경우 발생했던 문제점이나 예상치 못한 변수들은 무엇이었는지 실제 시행을 하는 과정에서의 문제점이나 개선해야 할 부분 또는 문제해결에 있어서 추가적으로 도움이나 지원이 필요한 사항은 무엇인지에 대해서 평가를 해보는 것입니다.

이를 통해서 향후 동일한 문제가 발생했을 경우 해결이 수월해지기도 하고 시행착오를 줄여 자신만의 노하우를 확보할 수 있는 기회가 되기 때문입니다. 평가를 할 때는 시행한 결과에 따른 효과성이나 효율성에 대해서 분석을 하는 것이 좋은데 원래 기대했던 것과 실제 시행했을 때의 결과를 정량적으로 나타내거나 정량적으로 표현하기 어렵다면 정성적인 효과나 효율성에 대해서 나름 정리를 해놓는 것도 좋습니다.

코칭을 하는 관리자 입장에서는 위에서 설명한 문제해결 프로세스를 정확히 이해하고 이를 직원에게 질문하고 그들이 스스로 문제를 해결할 수 있도록 돕는 것입니다. 답을 주기보다는 문제를 해결하는 접근 방법을 알려주고 이를 직접 실행할 수 있도록 유도하는 것이 바람직합니다.

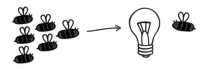

# 6부

# 커뮤니케이션 스킬 제대로 알고 활용하기

---
1
---

### 코칭 스킬 제대로 이해하기

이미 여러분들은 코칭에 대해서 많이 들어 보셨을 것이라고 생각됩니다. 코칭은 단순히 개개인의 성장 및 발전을 뛰어넘어 팀과 조직의 경쟁력을 높이고 조직에 활력을 불어넣는 데 큰 역할을 합니다. 코칭의 효과를 더욱 극대화하기 위해서는 체계적인 코칭 스킬이 있어야 가능한데, 이러한 이유 때문에 요즘 모든 기업이나 조직의 화두는 코칭 스킬에 있다고 해도 과언이 아닙니다.

### ⑴ 코칭 스킬의 정의

코칭 스킬은 말 그대로 코칭을 진행하는 데 있어 효과를 극대화하기 위해서 필요한 기술이나 기법들이라고 정의할 수 있습니다. 이외에도 코칭 스킬은 다양하게 정의될 수 있는데 가장 핵심적인 것은 '의사소통 기술'이라고 할 수 있습니다. 왜냐하면 코칭이라는 것이 효과적으로 진행이 되기 위해서는 직원들과의 커뮤니케이션이 바탕이 되어야 하기 때문입니다.

생각해보면 코칭을 진행하는 데 있어서 커뮤니케이션이 밑받침되지 않는 코칭 스킬은 통제와 지도를 통한 관리만이 존재하게 될 것입니다. 따라서 코칭 스킬이라는 것은 서비스 조직에서 구성원 간 의사소통을 원활하게 하기 위해 필요한 핵심기술이라고 정의하고 이해하시면 될 것 같습니다.

### ⑵ 코칭 스킬 유형 3가지

앞에서 필자는 직원을 코칭할 때 가장 중요한 3가지 태도에 대해서 설명을 드렸습니다. 경청과 공감하는 태도 그리고 수용하는 태도라고 설명을 드렸는데 코칭 스킬도 마찬가지로 3가지의 핵심 스킬이 있습니다. 서비스 조직에서 코칭을 하는 데 핵심 스킬이라고 하면 바로 경청, 질문, 피드백입니다. 서비스 조직에서 어떤 목적으로 누구를 대상으로 하든지 간에 이 3가지는 가장 핵심적인 스킬이라고 할 수 있습니다.

## 직원을 내 편으로 만드는 마법의 경청 스킬

직원들을 대상으로 코칭을 할 때 중요한 것은 주의집중과 함께 경청하는 것입니다. 이를 통해 대상 직원 스스로 내면의 사고 과정을 성찰할수 있기 때문입니다. 참으로 쉽지는 않겠지만 경청을 하게 되면 해당 직원으로부터 신뢰를 얻을 수 있습니다. 모든 커뮤니케이션의 기본은 바로 상호 간의 신뢰인데 바로 경청이라는 것이 직원들의 마음을 열게 만드는 스킬이기에 그만큼 중요하다고 할 수 있습니다.

따라서 경청은 직원들이 하는 말들을 단순히 한 귀로 듣고 한 귀로 흘려버리는 게 아니라 적극적으로 경청하는 자세가 필요합니다. 흔히 서비스 조직에서는 당장 성과를 내야 하는 상황이다 보니 경청보다는 답을 제시해주거나 경청하기보다는 말이 앞서는 경우가 많습니다. 지금부터 현장에서 경청 스킬은 어떻게 이루어져야 하는지에 대해서 알아보도록 하겠습니다.

### ⑴ 현장에서 당장 활용할 수 있는 경청 행위

경청이라는 것은 상호신뢰가 쌓이게 하는 행위라고 했듯이 가장 중요한 것은 직원의 이야기에 최대한 집중하는 것입니다. 여기서 행위적으로 주목한다는 것은 직원과의 커뮤니케이션을 의미하는데 행위적으로 주목하는 행위는 아래와 같습니다.

① 호응 및 공감하는 자세

② 눈 마주침(Eye contact)

③ 고개를 끄덕이는 행위

④ 음성이나 얼굴 표정 또는 제스처

⑤ 다양한 미소 및 웃음

⑥ 몸 전체를 상대방에게 돌리기 (몸의 방향) 등

⑵ 경청의 유형과 예시 표현

보통 조직에서 이루어지는 경청은 여러 가지 이유로 인해 제대로 된 경청이 이루어지기 힘들죠. 아래는 경청의 4가지 유형과 각각의 특징을 설명하고 있습니다. 여러분들께서는 현재 여러분들이 몸담고 있는 조직에서 어떤 경청을 하고 계신가요?

✓ **배우자 경청**

배우자 경청은 말 그대로 배우자(아내 또는 남편)에게 하는 경청입니다. 모든 부부가 그렇지는 않겠지만 오래 살다 보면 서로에게 익숙해져서 대화를 할 때도 대충대충, 건성건성 듣는 경청, 단순한 듣기(Hearing)를 하는 경우가 많습니다. 이러한 이유로 인해 배우자 경청은 경청 중가장 낮은 단계의 경청이라고 할 수 있습니다. 즉 상대인 직원의 말이나 메시지에 집중하지 않을 때 자주 발생하게 됩니다. 당연히 집중을 하지 않으니 직원의 의도는 물론 상황이나 생각을 파악하기 어렵습니다. 아래 예시를 한번 볼까요?

> ↳ 예시 직원 : "팀장님, 요새 너무 힘들어 죽겠어요."
>
> 팀장 : "야! 너만 힘드냐? 난 죽을 것 같다야!"
>
> or "그 정도로 뭘 힘들어해. 여기 안 힘든 사람이 어디 있어?"

### ✓ 수동적 경청

경청에 수동이라는 단어가 들어갔으니 충분히 이해하시리라 생각됩니다. 수동적 경청은 말 그대로 경청을 할 때 직원에게 주의를 기울이거나 공감해주지 않는 경청이라고 할 수 있어요. 단순히 상대방이 말하도록 놓아두는 경청 방법인데 직원의 말을 가로막지 않아서 어떤 면에서는 자유롭게 말할 수 있는 분위기는 좋은데 문제는 직원의 말에 집중하지 못하고 산만한 분위기가 조성될 우려가 높습니다. 감정이 없고 공감도 없이 단순히 기계적인 경청인데 이렇게 경청을 해주면 직원 입장에서는 어떤 생각이 들까요?

> ↳ 예시 직원 : "팀장님, 요새 너무 힘들어 죽겠어요."
>
> 팀장 : "어! 그래. 그러면 휴가를 좀 쓰지 그래?"

### ✓ 적극적 경청

말 그대로 적극적으로 하는 경청으로 코칭 내용과 방향을 일관되게 유지함은 물론 직원의 언어적인 반응이나 비언어적 반응을 적극 활용하는 경청입니다. 앞에서 설명한 간결한 요약, 반영, 바꾸어 말하기 등과 같은 NLP기법들을 적극 활용해서 경청을 하기 때문에 직원 입장에서는 코칭을 하는 관리자가 온전히 자신에게 집중하고 있다는 것을 느끼고 존중받는 느낌을 줄 수 있습니다.

적극적 경청의 핵심은 직원에게 주의를 집중하고 공감을 해주는 것입니다. 적극적 경청을 하려면 직원의 말이나 행동, 기분, 의도 등을 이해해야 하므로 몰입은 필수입니다. 뿐만 아니라 직원의 입장에서 직원을 이해하려는 노력이 절대적으로 필요한 것이지요.

↳ 예시 직원 : "팀장님, 요새 너무 힘들어 죽겠어요."

팀장 : "아! 그래? 요새 정말 힘들었나 보구나. 하기야 요새 많이
힘들었지?"

## ✓ 맥락적 경청

마지막으로 맥락적 경청이라는 것은 직원이 직접적으로 말하지 않은 내용까지 듣는 경청입니다. 단순히 직원의 말이 아닌 어떤 맥락을 가지고 그러한 행동이나 말이 나온 것인지를 생각하는 것입니다. 직원의 숨겨진 의도 욕구까지 파악하는 것이어서 여간 힘든 것이 아닙니다. 그러나 서비스 조직에서 오랫동안 근무를 하신 분들이라면 자신의 경험을 근거로 또는 직원들과의 잦은 소통을 통해 직원들의 마음이나 생각을 헤아린다면 충분히 현장에서 활용할 수 있는 경청이라고 할 수 있습니다. 맥락적 경청은 직원의 의도 · 감정 · 배경까지 헤아리면서 듣는 경청법이라고 이해하시면 될 것 같습니다.

↳ 예시  직원 : "팀장님, 요새 너무 힘들어 죽겠어요."

팀장 : "정말 많이 힘들었지? 요새 일이 많아서 야근을 밥 먹듯이 하는 걸 보니 안됐더라고…. 오늘은 일찍 들어가서 쉬어. 그리고 ㅇㅇㅇ 씨가 맡은 민원 업무와 관련해서 팀에서 함께 고민해 보자고."

### (3) 5가지 잘못된 경청 태도와 부작용

이미 경청은 무엇인지와 유형에 대해서 알아봤습니다. 직원을 내 편으로 만들기 위한 스킬인 만큼 너무도 중요한 경청인데 흔히 현장에서 발생하는 잘못된 경청 태도는 무엇이고 어떠한 결과를 초래하는지에 대해서 알아보겠습니다. 아시다시피 부적절하게 경청하는 태도에 따라 직원의 입장에서는 부정적인 반응을 내보일 가능성이 높으며 이러한 반응은 최악의 경우 대화를 차단하고 코칭이 제대로 이루어지지 않는 결과를 초래할 수 있으니 조심스럽게 접근을 하셔야 할 것 같습니다.

### ✓ 꼬치꼬치 캐묻는 경우

취조하듯이 꼬치꼬치 캐묻는 것은 경청을 방해하는 최악의 태도입니다. 경청을 해도 모자랄 판에 이렇게 꼬치꼬치 따지고 캐물으면 직원 입장에서는 답변하기에 바쁘고 당연히 자신의 속마음을 터놓지 못하게 됩니다. 관리자 입장에서는 궁금한 사항들이 많을 테니 이러한 행동을 하겠지만 이러한 태도는 추궁 또는 비판으로 받아들여져서 제대로 된 코칭이 이루어지기 힘듭니다. 뿐만 아니라 자신의 호기심에 대한 거부감이나 적대감은 물론 짜증 및 분노를 유발하게 됩니다.

### ✓ 문제해결 · 정답을 제공하려는 경우

경청을 진행하는 과정에서 답답함을 느낀 관리자가 흔히 저지르기 쉬운 실수이기도 합니다. 서비스 조직의 특성을 모르는 것은 아니지만 해결방안이나 답을 알려주게 되면 향후에 무슨 일이 발생하게 되면 스스로 하기보다는 문제해결을 관리자에게 넘길 가능성이 있습니다. 많은 인원이 근무하는 서비스 조직에서 직원들에게 이런 식으로 문제해결 방법을 제공하는 경우는 문제의 소지가 있어 보입니다. 정형화된 문제는 지식이나 정보를 제공하는 선에서 해결이 될지는 모르지만 복합적인 문제를 해결해야 할 경우에는 직원 스스로 문제를 해결해나가는 것이 아니라 관리자에게 의존하고 자신은 한 걸음 뒤로 물러서는 수동성을 보이기 때문입니다.

### ✓ 감정적/지지적 태도를 보이는 경우

경청을 하는 과정에서 직원에게 감정적인 태도나 지지적인 태도를 보이는 것은 자칫 경청을 본래 목적에서 벗어나게 할 수 있습니다. 경청은 중립적인 상태에서 이루어지는 것이 바람직한데 너무 감정적이거나 지지적인 태도를 보일 경우 직원들은 의존적인 태도를 보이기 때문에 주의하여야 합니다. 반대로 동정받는 것을 극도로 싫어하는 직원들의 입장에서는 거부감이나 혐오를 일으킬 수도 있습니다.

### ✓ 해석 및 관찰하려는 경우

경청 도중 직원의 말을 듣고 해석이나 관찰을 하려는 경우도 흔히 저지르는 실수입니다. 이러한 행위는 자칫 관리자 관점이 더 중요하다는 인식을 직원에게 고정시킬 우려가 있습니다. 공감이 중요하다고 했는데 오히려 자신의 말이나 행동에 대해서 관리자가 해석하려 든다거나 관찰하려고 한다면 기분이 좋을 리 없겠죠? 이러한 태도가 지속될 경우 코칭을 받으려는 의욕을 상실하거나 공감이나 이해를 받지 못한 것으로 인식을 하게 되어 분노나 저항을 유발할 수 있으니 조심하셔야겠습니다.

### ✓ 가치 판단 및 평가하려는 경우

경청하는 과정에서 직원의 말이나 행동에 대해서 가치를 판단하거나 평가하려는 행위나 태도는 지양되어야 합니다. 경청의 핵심은 공감과 이해라고 몇 번을 말씀드렸습니다만 자신의 이야기를 듣고 도덕적 판단을 한다거나 흔히 규범적인 충고를 한다면 그 말을 듣고 있는 직원 입장에서는 어떨까요? "팀장님의 말을 듣고 나니 앞으로는 조심해야겠군. 너무도 훌륭한 조언이었어."라고 할까요? 이러한 도덕적 판단이나 충고는 자칫 직원으로 하여금 스스로 잘못했다고 생각하는 고민을 유발할 수 있고 강한 반감으로 이어져 코칭을 망치는 원인으로 작용하기도 합니다.

### ⑷ 공감을 방해하는 최악의 장애 요소

공감의 의미는 타인이 경험하고 있는 것을 존중하는 마음으로 이해하는 것이라고 정의할 수 있으며 이와 같은 이유로 인해 코칭을 진행하는 과정에서 중요한 것은 상대방에 대한 공감과 호응이라고 할 수 있습니다. 서비스 조직에서 코칭을 진행할 때 머리로 상대방을 이해하려고 한다면 결국 공감을 방해하고 있는 것이며 공감이 없는 경청이라는 것은 진정한 경청이라고 할 수 없습니다.

대표적으로 공감을 방해하는 요소들은 아래와 같으며 가급적 지양해야 합니다. 사실 아래와 같은 행위나 표현은 공감이라고 생각하기 쉽지만 공감이라고 할 수 없습니다.

### ✓ 충고 및 조언하기

대화 중 어떤 상황이나 문제를 겪고 있는 상대방에게 도움을 주기 위해 충고나 조언을 하는 경우가 있습니다. 단순히 자신의 상황에 대한 위로를 받고 싶은 상대방에게 건네는 충고나 조언이 과연 효과적일까요? 이러한 태도는 직원이 당장에라도 코칭을 중단하고 싶다는 마음이 들게 만들 겁니다. 이처럼 직원에 대한 충고나 조언은 공감을 가로막고, 직원이 마음을 닫는 계기가 됩니다.

↳ 예시 "내 생각에 ○○ 씨는 ~게 말하고 행동하는 것이 좋을 것 같아요."

## ✓ 분석 / 설명 / 진단하기

간혹 직원의 이야기를 들으며 왜 그러한 상황이 발생했는지 원인을 분석하고, 결론을 내리는 경우가 있습니다. 직원의 성격, 환경 등이 어떠한 결과를 낳았다고 짐작하고 판단하는 것이지요. 그러나 이러한 섣부른 판단은 온전히 직원의 이야기에 집중하고, 상대방을 있는 그대로 보는 것을 방해합니다. 직원 또한 코치가 본인의 관점을 우선시하고, 본인을 이해하지 못한다고 생각하겠지요. 이렇듯 분석하거나 해석하는 태도는 직원의 분노나 저항을 유발하며, 직원이 코칭을 받으려는 의욕을 상실할 수 있습니다.

↳ 예시 "그건 ○○ 씨가 예민한 성격이라 그런 것 같네요."

## ✓ 한술 더 뜨기

'내가 잡은 물고기가 네가 잡은 물고기보다 더 크다'는 식의 태도 또한 직원에 대한 공감을 가로막습니다. '내가 겪은 일에 비하면 별 일도 아닌데 뭐 대단한 일이라고'와 같은 생각으로 인해 은연중에 직원의 경험을 무시하게 되고, 직원보다 우위에 있다는 느낌을 전달하기 때문입니다.

↳ 예시 "그 정도는 아무것도 아니에요. 나는 ○○ 씨보다 심한 일도 있었어요."

## ✓ 위로 / 동정하기

어떤 일을 겪은 사람에게 위로를 건네는 것은 큰 힘이 됩니다. 그러나 위로를 건네는 것이 무조건적으로 도움이 되지는 않는 경우도 있습니다. 예를 들어, 별다른 감흥이 없는 사람에게 무작정 위로를 건넨다면 '나는 괜찮은데 왜 위로를 하지?' 혹은 '본인이 경험해보지도 않았으면서 뭘 안다고 위로야'라는 생각이 들 수 있겠지요. 또한 코치가 직원에게 연민을 느낀다는 자체를 기분 나빠 하는 직원도 있을 수 있습니다.

↳ 예시 "최선을 다했으니 그건 ○○ 씨가 잘못한 것이 아니에요."

↳     "딱하기도 해라. 정말 안됐네요."

## ✓ 바로잡기

진정한 공감을 위해서는 '사람과 상황을 있는 그대로 보는 자세'가 필요합니다. 그러나 직원과 코치의 생각이나 가치관이 다른 경우, 직원의 생각을 바로잡으려고 하는 경우가 발생하기도 합니다. 이렇게 '당신이 틀렸다'는 식의 태도는 직원의 반발을 일으킬 수밖에 없겠지요. 이는 코치 또한 진정으로 직원에게 공감하지 못하는 것이라고 볼 수 있습니다.

↳ 예시 "그건 ○○ 씨가 잘못 생각하고 있는 겁니다."

## ✓ 다른 얘기 꺼내기

누군가와 대화 중 나의 이야기를 들은 상대방이 아무런 피드백 없이 '그 얘기 들으니까 뭔가 생각나는데'라고 말한다고 가정해 보겠습니다. 상대가 나의 이야기를 들어주었다고는 하지만, 불현듯 '내 말을 집중해서 듣기는 한 건가?'라는 생각이 들 텐데요. 이처럼 코칭 중 직원과의 대화가 완전히 마무리되기 전 화제를 전환하는 태도는 공감을 방해하며, 올바른 공감이라 할 수 없습니다.

↳ 예시 "○○ 씨 말을 들으니 갑자기 생각나는 일이 있는데요."

### ✓ 조사 및 취조하기

누군가와 대화를 나눌 때 자연스럽고 편한 분위기와 삭막하고 딱딱한 분위기 중에서 어떤 경우에 이야기를 꺼내놓는 것이 편할까요? 당연히 전자의 상황에서 다양한 이야기들을 꺼내게 되겠지요. 이처럼 코칭을 할 때에도 직원이 편하고 자유롭게 본인 이야기를 할 수 있는 환경을 조성해야 합니다. 그러나 코치의 조사와 취조하는 듯한 태도는 직원을 불편하게 만들고, 직원에 대한 공감을 가로막습니다.

↳ 예시 "언제부터 그랬나요? 그전에는 무슨 일이 있었던 거죠?"

### ✓ 평가 및 교육하기

앞에서 언급했듯, 공감에서 중요한 것은 상대방과 그가 처한 상황과 문제를 있는 그대로 받아들이는 것입니다. 그러나 코치의 개인적인 견해를 넣어 상대방을 평가하고, 가르치려 한다면 결코 상대방을 이해하고, 공감한다고 할 수 없겠지요.

↳ 예시 "좋은 경험했다고 생각해요. 그렇게 약해서 앞으로 어떻게 살아가려고 그래요."

## 직원을 움직이게 하는 공감적 경청

### (1) 경청의 지존, 공감적 경청의 이해

위에서 소개한 4가지 유형의 경청 중 적극적 경청과 맥락적 경청은 경청 중에서 가장 어려운 경청이라고 말씀을 드렸는데 위 2가지 경청은 공통적으로 상대방에 대한 공감을 근간으로 이루어지는 코칭이라고 할 수 있습니다.

공감적 경청은 상대방의 상황이나 말을 이해하려는 의도를 가지고 경청하는 것이며 '나' 자신이 아닌 상대방인 '직원'의 입장에서 경청하는 것이라고 정리할 수 있습니다. 보통 공감적 경청 시 경청하고 있음을 확인시켜주는 반응으로 보통 언어적 반응과 비언어적 반응이 있습니다.

언어적 반응은 표현하는 경청에 대한 반응이고 비언어적인 반응은 언어를 제외한 표정이나 제스처, 눈맞춤, 시선, 몸짓, 태도 등을 통한 경청에 대한 반응으로 이러한 언어적 또는 비언어적 반응을 통해 경청이 효과적으로 이루어질 수 있습니다.

### (2) 공감적 경청 3단계

#### ✓ 준비 단계

직원의 말을 경청하기 전 준비하는 단계로, 시간과 장소를 고려하고 직원과 관련된 사례와 현황을 파악하는 단계입니다. 이는 효과적으로 직원의 말을 경청하고 코칭하기 위함이며, 이때 직원의 코칭 이력 관리 카드나 관련된 자료를 활용한다면 큰 도움이 됩니다. 중요한 것은 경청을 가로막는 직원에 대한 편견 및 선입관을 제거하고, 서로에 대한 기본적인 이해를 갖는 것이겠지요.

### ✓ 경청 및 반응 단계

본격적으로 코칭이 진행되는 단계로 직원 관점의 경청이 필요한 단계입니다. 호응어나 맞장구를 사용해 언어적으로, 혹은 고개를 끄덕이는 등의 비언어적 반응을 활용해 공감을 표현하고, 직원을 이해하고 있다는 것을 전달할 수 있습니다. 이 밖에도 경청 중 중요한 내용은 메모하고, 직원이 말하는 것 이면에도 주의를 기울이는 것이 중요합니다.

### ✓ 마무리 단계

코칭을 마무리하며 직원의 생각이나 이견 등을 요약한 뒤, 직원의 감정을 이해한 것을 반영하는 단계입니다. 즉, 코치가 이해한 내용을 명료화하는 과정이라고 할 수 있습니다. 이때 단순히 코칭 내용을 정리하고 요약하는 것보다는 직원에 대한 격려나 칭찬, 인정이 곁들여진다면 보다 효과적인 공감적 경청이 됩니다.

#### (3) 공감적 경청을 방해하는 잘못된 경청 태도 4

코칭 중 대화가 중단되고 코칭이 제대로 이루어지지 않는 경우가 있습니다. 바로 코치의 부적절한 경청 태도 때문입니다. 잘못된 경청 태도는 직원의 말문을 닫고, 불쾌감을 느끼게 합니다. 이로 인해 직원은 다양한 부정적인 반응을 보이게 되고, 결국 제대로 된 코칭이 진행될 수 없겠지요. 이러한 상황을 방지하기 위해 다음의 사항들을 주의해야 합니다.

### ✓ 추가적인 정보를 얻기 위해 꼬치꼬치 캐묻는 경우

코칭을 진행하다 보면 직원이 말한 내용에 대해 구체적인 정보를 얻고자 질문을 하는 경우가 있습니다. 이때, 직원과 충분히 거리가 좁혀지지 않은 상황에서 질문을 이어가는 경우 혹은 민감한 부분에 대한 질문을 하는 경우 주의가 필요합니다. 코치의 의도와는 다르게 직원이 이를 추궁이나 비판으로 받아들여 감정 표현을 중단할 수 있기 때문입니다. 또한 직원은 상대방의 호기심에 대한 거부감 및 적대감을 분노나 짜증으로 표출할 수 있습니다.

### ✓ 정답을 제공하려는 경우

평소 누군가와 대화를 나눌 때, 자꾸만 답을 제시하려는 사람을 만나면 '내 이야기는 그게 아닌데' 혹은 '이 사람은 내 이야기를 제대로 이해하지 못하고 있구나'라는 생각을 하게 됩니다. 코칭 과정에서 자꾸만 정답을 강요하는 코치를 마주하고 있는 직원들 또한 이같은 생각을 하게 되겠지요. 코칭은 직원 스스로 문제에 대한 답을 찾을 수 있도록 돕는 과정이라 할 수 있습니다. 그러나 직원의 상황이나 문제를 있는 그대로

서비스 조직 밀레니얼 이렇게 코칭하라

보지 않고, 정답을 제공하려는 행위는 직원으로 하여금 거부감을 느끼게 합니다. 더불어 이로 인해 직원이 코치에게 문제해결을 넘기려 하는 의존적인 태도를 보이거나, 감정적으로 거부당했다는 느낌을 받을 수 있습니다.

### ✓ 직원을 해석하거나 관찰하려고 하는 경우

누군가가 나의 말과 행동을 하나하나 관찰하고 분석한다면 얼마나 부담스러울까요? 직원 또한 마찬가지입니다. 코치가 직원을 해석하거나 관찰하려고 하는 경우 직원은 본인이 이해받지 못한다는 느낌을 받게 됩니다. 이는 직원의 분노나 저항을 유발할 수 있으며, 코칭을 받으려는 의욕을 상실할 수 있습니다.

### ✓ 도덕적 판단 혹은 규범적 충고를 통해 직원에 대한 가치를 판단하거나 평가하는 경우

타인의 이야기를 들으며 도덕적 판단이나 규범을 통해 말이나 행동을 판단하고, '이 사람은 도덕적이구나', '도덕적이지 않구나' 등의 가치를 판단하게 되는 경우가 있습니다. 그러나 이는 공감을 방해하는 요소이자 코칭 시 반드시 배제해야 하는 태도입니다. 이와 같은 직원의 잘못을 지적하고, 직원을 형편없는 사람으로 만드는 태도는 직원의 열등감이나 죄책감을 유발하기 때문입니다. 이러한 과정 속 직원으로부터 강한 반감이 표출될 수 있으므로 주의가 필요합니다.

⑷ 맞장구 유형 5가지

직원과 코칭을 진행할 때 맞장구는 중요한 역할을 합니다. 직원의 말을 잘 듣고 있다는 공감이기도 하지만 적절히 호응함으로써 배려한다는 느낌을 전달해서 코칭에 집중할 수 있도록 하기 때문입니다. 맞장구는 말 그대로 직원과 코칭을 진행할 때 호감을 얻을 수 있는 가장 기본적이면서 중요한 커뮤니케이션 기법입니다. 맞장구의 핵심은 상대방의 이야기에 귀 기울이는 것이라고 할 수 있으며 맞장구의 유형은 아래와 같습니다

✓ 상대의 말에 대한 단순한 맞장구

- "그래요?"
- "그렇군요"
- "그렇습니까?"
- "맞아요?"

✓ 공감 및 동의하는 맞장구

- "역시!"
- "정말 그렇겠네요."
- "아! 충분히 그럴 수 있다고 생각해요."
- "맞아요, 저라도 그랬을 겁니다."
- "그러게요… 많이 속상했겠네요."

- "맞아요, 바로 그거예요."

## ✓ 상대의 말을 요약하거나 동의하는 맞장구

- "그러니까[상대의 말이나 의도]라는 말씀이시죠?"
- "○○○ 씨가 말한 것은 ~라는 것이지요?"

## ✓ 재촉 또는 적극적인 맞장구

- "그래요! 그래서 어떻게 되었나요?"
- "와! 정말입니까?"
- "와우! 그래요? 정말 대단하네요."

## ✓ 비언어적 커뮤니케이션을 통한 맞장구

- 고개를 끄덕이거나 눈 마주침, 기타 제스처나 얼굴 표정, 동작, 태도 등

---

4

### 스스로 생각하고 행동하게 하는 질문 스킬

『자조론』의 저자 사무엘 스마일스는 "생각이 행동을 낳고, 행동이 습관을 낳고, 습관이 인격을 낳고, 인격이 운명을 결정한다"고 말합니다. 그리고 이러한 생각은 질문과 답으로 구성되었다고 볼 수 있습니다. 아

침에 일어나서 '무엇을 먹을까?', '어떤 옷을 입을까?'를 질문하고, 누군 가와 대화를 나눌 때 '어떻게 말하는 것이 효과적일까?' 고민하는 모든 과정이 생각에 해당되겠지요. 결과적으로 어떤 질문을 하는가에 따라 행동이 달라지고, 인생이 달라질 수 있습니다.

이렇듯 '스스로 생각하고 알아서 행동하게 하는' 기술인 질문은 코칭에 서도 매우 중요한 역할을 합니다. 질문을 통해 직원 스스로 자신의 문제 에 대해 생각하고, 스스로 해결책을 찾을 수 있도록 도움으로써 행동의 변화를 이끌 수 있기 때문입니다. 또한 질문 스킬 활용 시에는 직원 스 스로 문제에 대한 해결책을 발견하도록 지원하고 격려하는 것이 중요합 니다.

### (1) 직원에게 질문하기 전 꼭 확인해야 할 체크리스트

같은 질문이라고 하더라도 어떻게 하느냐에 따라 결과는 확연히 달라 집니다. 질문하는 데 있어서 핵심은 어떠한 주제로 적절한 상황에 던지 는 질문이냐는 것과 적극적인 답변을 이끌어 내는 데 있어 실질적인 도 움이 되느냐를 반드시 확인해야 합니다. 따라서 아래 내용을 반드시 확 인하신 후에 질문을 하시기 바랍니다.

현재 자신의 상황이나 컨디션 상태는 어떤지 확인하세요. 코칭을 받는 직원 입장에서 볼 때 관리자의 상태나 느낌이 어떤지는 매우 중요한 요 소입니다. 관리자의 인상이나 미소 또는 태도나 몸의 컨디션 상태에 따 라 직원이 직간접적으로 영향을 받기 때문입니다. 따라서 관리자 자신이 정신적인 여유가 있는지 그리고 최적의 컨디션을 유지하고 있는지 여부를 반드시 확인하고 난 후 질문이 이루어져야 합니다.

다음으로 질문하는 시기가 적절한지 확인하세요. 가장 기본적인 것이겠지만 직원의 상황을 고려한 뒤 질문이 이루어져야 합니다. 직원이 질문에 답변할 상황이나 시간적 여유가 없을 때 하는 질문은 정말 아무런 의미가 없습니다. 심적으로 부담을 느끼거나 수행해야 할 업무로 인해서 질문에 집중을 하지 못하면 제대로 된 생각을 파악할 수도 없고 스스로 생각하게 할 수도 없기 때문입니다. 따라서 사전에 질문하는 시기가 적절한지 여부를 파악한 후 질문을 하시기 바랍니다.

이와 함께 바람직한 결과를 얻어낼 수 있는 질문인지 확인하세요. 의도가 무엇인지 그리고 질문을 통해서 얻을 수 있는 것이 무엇인지를 확인해야 하며 두서 없는 질문이 되지 않기 위해서는 사전에 해야 할 질문이 무엇인지 꼼꼼히 살펴야 합니다. 미리 질문을 할 것들을 준비하면 시간을 절약하는 것도 있지만 편안한 상태에서 질문이 이루어지고 의도가 명확하게 전달되고 직원 또한 즐거운 마음으로 해당 질문에 답을 할 것이고 더 많은 이야기와 적극성을 드러낼 것입니다. 질문하기 전 의도는 무엇이고 어떤 결과를 얻어낼 수 있는 질문인지를 점검해보시기 바랍니다.

마지막으로 진정 직원에게 도움이 되는 질문인지 확인하세요. 추궁이나 취조가 아닌 실제로 코칭 목적에 맞으면서도 해당 직원에게 실질적인 도움을 줄 수 있는 유익한 질문인지 여부를 확인하여야 합니다. 바쁜 직원을 데려다가 쓰잘데기 없는 질문으로 시간을 낭비해서도 안되고 코칭의 목적과는 다른 의도로 단순히 궁금하거나 수행하고 있는 업무에 대한 추궁이나 취조를 위해서 질문하는 것은 최악입니다. 추궁이나 취조는 사실 상대방을 함정에 빠뜨리는 행위이며 마치 범죄를 저지른 사람을 대하는 듯한 느낌을 줄 수 있습니다. 따라서 질문에 있어 가장 중요한 것은 어떻게 하면 해당 직원이 안고 있는 고민이나 문제점 등을 해결할 수 있을 것인지에 대해서만 집중해야 합니다. 그러면 당연히 직원에게 도움이 되는 질문이 무엇인지 고민을 하게 되겠죠?

### (2) 직원을 뻘쭘하게 만드는 관리자의 질문 태도 7

질문을 어떻게 하느냐, 어떤 식으로 하느냐에 따라 그 효과는 크게 달라집니다. 왜냐하면 질문 자체가 생각을 여는 스킬이기 때문입니다. 질문에 따라 직원은 적극적으로 반응하거나 소극적으로 반응하거나 아니면 아무런 반응을 하지도 않을 가능성이 있습니다. 다행히 적극적으로 반응하면 다행인데 소극적이거나 무반응으로 일관하면 관리자 입장에서 당황스러울 수밖에 없습니다.

따라서 질문을 하기 전 아래 내용은 꼭 주의를 하시고 질문을 하시는 것이 좋습니다.

먼저 부정적인 말이나 그러한 뉘앙스를 주는 표현은 삼가야 합니다. 아시다시피 질문이라는 것은 상대방의 생각을 여는 스킬인데 관리자가 부정적으로 질문을 하게 되면 부정적인 프레임에 갇혀 부정적인 답변을 내놓을 수밖에 없습니다. 또한 문제해결보다는 문제를 비난하고 원인을 추궁하는 식의 질문은 문제해결에 도움이 되지 않을 뿐더러 해당 직원을 더욱 소극적으로 만들고 위축시킵니다.

따라서 부정적인 말이나 뉘앙스가 담긴 질문이 아닌 긍정적이고 건설적인 질문을 통해 보다 건설적이고 발전적인 생각이나 아이디어를 도출할 수 있습니다. 긍정적이고 해결지향적인 질문은 그 자체만으로도 해당 직원의 생각은 물론 반응도 관리자가 의도하는 방식으로 이끌 수 있습니다.

> 예시  왜 못한다는 것입니까? **X**
>       어떻게 하면 그 일을 할 수 있을까요? **O**

다음으로는 확정하거나 단정짓는 식의 질문은 지양해야 합니다. 해당 직원의 가능성을 여는 스킬이라고 할 수 있는 질문은 커뮤니케이션하는 과정에서 신뢰 형성은 물론 상대방의 다양한 생각을 알 수 있게 해줍니다. 그런데 이와 같은 효과는 무시하고 효과 및 효율성만을 따져 아예 대놓고 자신이 원하는 답변이나 의도를 밝히는 질문을 하는 경우가 있습니다.

대표적인 예가 "해당 문제는 꼭 이렇게 해결해야 한다" 또는 "이와 같은 방식으로 접근해야 한다"는 식으로 접근하는 것입니다 이렇게 질문을 하게 되면 해당 직원은 답변할 수 있는 것이 아무 것도 없게 되는 것이죠. 이와 같은 행위나 자세는 질문을 가장한 지시 또는 명령에 다를 바

없습니다.

이러한 실수를 하지 않기 위해서 먼저 과도한 기대나 판단을 하지 않는 것입니다. 너무 과도한 기대를 했다가 기대한 대로 되지 않으면 분명 실망하거나 화가 날 것이기 때문입니다. 또한 상대방의 생각이나 주장이 나와는 다르다고 해서 무조건 틀렸다고 판단하는 것은 결코 바람직하지 않습니다.

따라서 관리자의 개인적인 주관이나 판단기준이 반영된 질문은 하지 않고 대신 중립적인 언어를 사용해서 질문하는 것이 바람직합니다.

↳ 예시 "나는 내 생각이 맞다고 생각하는데 그렇지 않나요?" **X**

　　"그렇게 생각할 수도 있겠네요. 그렇다면 해당 부분을 조금 더 자세히 설명해줄래요?" **O**

↳ 　"이번 주 화요일까지는 해당 보고서 꼭 완성해야 합니다. 가능하죠?" **X**

　　"다음 주 화요일이 기한인 보고서는 언제까지 가능할까요?" **O**

　　"다음 주 화요일까지 보고를 하기 위해서는 어떻게 하면 좋을까요?" **O**

그리고 길게 말하거나 동일한 질문을 반복하지 않는 것이 좋습니다. 코칭을 진행하는 과정에서 가장 쓸데없는 것이 말을 많이 하는 것입니다. 코칭이라는 것은 온전하게 직원에게 맞추어야 하는데 질문을 하기 위한 부연설명이 많으면 직원은 질문의 의도가 무엇인지 명확하게 이해하기 어렵습니다. 질문은 대안이나 해결을 찾도록 도와주는 것이니 짧고 간단하게 하는 것이 바람직하면 전문 용어는 사용하지 않도록 주의하시기 바랍니다. 질문을 하는 데 있어서 가장 일반적이면서도 중요한 질문은 아래와 같습니다. 코칭 시 질문하실 때 적절하게 사용하시면 효과가 좋습니다.

↳ 예시 "좀 더 자세히 말씀해주시겠어요?"

↳　　"그렇게 한 이유는 무엇인가요?"

↳　　"○○○ 씨, 당신의 생각은 무엇인가요? or "당신이 생각하는 대안은 무엇인가요?"

　또한 직원에게 질문 시 너무 고압적인 자세나 태도를 유지하고 있지는 않은지 확인해야 합니다. 코칭을 하면서 고압적인 자세를 유지한다면 제대로 된 코칭이 이루어지기 힘들겠죠? 특히 밀레니얼에게 이러한 태도를 보이면 꼰대 되기 십상입니다. 직원의 가능성을 끌어내기 위해서 코칭한다면서 고압적인 자세를 유지한다면 제대로 코칭이 이루어지기 힘듭니다.

　이와 함께 질문을 통해 능력 및 가능성을 끄집어내는 것이 목적이므로 미리 예단해 결론을 유도하는 식의 질문은 피하는 것이 좋습니다. 현장에서 지켜지기 힘든 것이 바로 이러한 관리자의 태도입니다. 밀레니얼이 가장 싫어하는 것이 바로 코칭한다고 해놓고 '답정너'식의 예단을 통한 일방적인 지시나 명령입니다. 가능성을 끄집어내는 것과 직원의 의도가 무엇인지를 파악하기 위해서는 선입견을 갖는다거나 예단 또는 결론을 내놓고 하는 질문은 바람직하지 않습니다. 이와 함께 머릿속에 잡념이나 선입견 및 고정관념이 들어차 있으면 제대로 된 질문이 이루어질 수 없으니 이 점도 주의하시기 바랍니다.

또한 코칭 시 질문을 하다 보면 질문에 답할 시간을 주어야 하는데 시간이 촉박하다고 '요점만 말하세요. 시간이 많지 않아요.'라고 하거나 질문하면서 시간을 핑계로 답변을 제시하는 등의 태도는 옳지 않습니다. 이러한 관리자의 태도도 직원들의 입장에서는 최악이라고 생각할 수 있습니다. 따라서 답변할 수 있는 시간을 충분히 주고 해당 직원의 의도나 열정을 이끌어낼 수 있어야 합니다.

해답을 주려면 아예 처음서부터 지식이나 정보를 제공하듯이 해당 직원에게 전달하면 되는 것이지 시간 내어서 코칭이라는 핑계로 이런 식의 자세나 태도를 보이는 것은 바람직하지 않습니다. 정보전달은 정보전달이며 지시는 지시일 뿐 코칭이 아닙니다. 따라서 정보전달이나 답변을 제공하는 것을 코칭으로 대체하면 안됩니다.

코칭을 할 때 관리자들은 반드시 해결책을 제시해 주어야 한다는 강박관념에서 벗어나 여유를 가지고 직원의 무의식 속에 있는 능력이나 가능성을 끄집어내기 위해 노력해야 합니다. 코칭에서 질문의 목적은 해당 직원이 달성하려는 목표나 문제를 해결하려는 데 장애가 되는 것이 무엇인지를 스스로 발견하도록 하는 데 있습니다.

따라서 관리자가 해결책을 제시해주는 것이 아니라 직원 스스로 해당 문제나 목표를 인식 및 자각하도록 유도하는 선에서 질문을 던지는 것이 바람직합니다. 예를 들어 "그 목표에 도달하려면 어떻게 해야 할까요?" 아니면 "그 목표를 달성하기 무엇을 먼저 시작하는 것이 좋을까요?"와 같은 정도의 질문과 자세를 유지하는 것만으로도 충분합니다.

### (3) 코칭 시 반드시 활용해야 할 필수 질문 유형 5

#### ✔ 열린 질문

열린 질문이란 '예' 또는 '아니오'로 답변할 수 없는 질문으로, '~했을 때 어떤 생각이 들었나요?', '어떤 기분이었나요?'와 같이 직원의 의견이나 느낌, 감정을 묻기 위해 사용됩니다. 또한 코칭에서 가장 많이 사용되는 질문이기도 하지요. 이러한 열린 질문은 직원의 사고를 확대시키며, 직원의 적극적인 참여를 유도합니다. '왜'가 아닌 '어떻게'에 대한 질문을 통해 직원과의 깊은 대화가 가능하며, 직원이 방어적인 태도를 취하지 않도록 돕습니다. 더불어 열린 질문은 부가적인 질문을 동반하기도 합니다.

↳ 예시 "어떤 주제를 가지고 얘기를 하고 싶은가요?"

↳     "그 일은 어떻게 진행되고 있나요?"

#### ✔ 미래지향적 질문

미래지향적 질문이란 '미래'라는 시간과 시기를 중심으로 던지는 질문입니다. 미래에 직원이 어떤 모습일지, 직원의 잠재 능력과 가능성에 초점을 맞춘 질문이 해당됩니다. "어쩌다가 그런 일이 발생했나요?"와 같은 과거 질문은 대체로 비난이나 질책일 가능성이 높기 때문에 직원의 반발을 불러일으킬 가능성이 있습니다. 반면 같은 상황에서 "앞으로 어떻게 하면 그런 일이 발생하지 않을까요?"와 같은 질문을 하는 것은 직원과 함께 방법을 찾아보자는 위로와 격려로 받아들여질 가능성이 높겠지요. 이처럼 미래형 단어 표현을 주로 사용해 직원의 가능성에 맞춰 질문하는 것이 미래 지향적 질문의 특징입니다.

> ↳ 예시 "안내데스크에서 근무한 지 2개월이 지났을 때, ㅇㅇ 씨 모습은 어떻게 되었으면 좋겠나요?"
>
> ↳ "같은 상황이 발생하지 않게 하려면 어떤 노력을 할 수 있을까요?"

### ✓ 긍정적인 질문

긍정적인 의미의 언어 및 단어를 사용하는 질문이자, 직원의 의식과 생각에 실제로 영향을 미치는 정도가 큽니다. 또한 긍정 질문은 긍정적인 관점을 중시하는 코칭 철학과 부합함과 동시에 밝은 에너지를 만들어 냅니다. 예를 들어 "ㅇㅇ 씨는 고객 응대 업무에서 어떤 부분을 가장 잘할 수 있다고 생각하나요?"라는 질문을 할 경우 대답하는 사람은 대답하면서 뭔가 기분이 좋아지고, 자신감이 생기겠지요. 더불어 자연스럽게 다른 부분들도 잘하고 싶다는 생각을 하게 됩니다. 이처럼 긍정적인 질문은 직원의 생각을 존중해주는 느낌을 주어 신뢰감 형성에 도움을 주며, 새로운 가능성 및 대안 모색에 효과적입니다.

↳ 예시 "○○ 씨는 적극적으로 고객 응대를 하는 것 같아요. 그만큼 보람을 느낄 때도 많죠?"

↳ "본인이 어떤 점을 잘하고 있다고 생각하나요? 반대로 어떤 부분을 보완하면 좋을까요?"

### ✓ 구체적인 질문

상황에 대한 객관적이고 구체적인 정보를 얻기 위해 'What – Why – How – Where – When'에 입각한 다양한 질문을 하는 스킬입니다. 직원의 현실 인식에 대한 계량적 사고를 유도해 좀 더 문제를 정확하게 규명하는 데 도움을 주고, 기존 질문에 대한 반응을 근거로 더욱 심도 있게 질문을 할 수 있습니다. 질문을 통해 직원의 생각이나 태도를 좀 더 구체적으로 들어보거나 스스로 문제를 인식하게 할 수 있으며 대화를 통해 신뢰감을 구축할 수 있습니다.

↳ 예시 "○○씨가 ~한 이유를 구체적으로 설명해 보세요."

↳ "언제 그런 생각(감정)이 들었나요? 그리고 어떤 느낌이었나요?"

### ✓ 방향 전환 질문 (or 가정 질문)

생각이나 사고의 전환을 통해 직원 스스로 폭넓게 생각하게 만들며, 직원에게 선택권을 주는 질문입니다. 이는 직원의 생각이나 행동에 대한 아이디어를 유도하는 직원 중심의 코칭에 부합한다고 할 수 있습니다. 코칭이 진전 없이 답보상태를 유지할 때 새로운 화제를 통해 생각의 전환을 유도할 수 있으며, 직원 스스로 생각을 많이 할 수 있는 기회를 제공합니다. 또한 선택권을 제시하기 때문에 직원은 보다 열린 사고를 할 수 있으며, 이러한 과정을 통해 서로 간의 신뢰가 형성됨과 동시에 갈등 요소를 덜어낼 수 있습니다.

↳ 예시 "만약 ○○ 씨 말대로 지원과 시간을 보장해 준다면 어떻게 하고 싶어요?"

↳ "만약 입장 바꿔서 ○○ 씨가 고객 입장이었다면 어떤 응대를 바랐을까요?"

코칭에서의 질문이란 직원 스스로 자신의 문제에 대해 생각하고 스스로 해결책을 찾을 수 있도록 도와주는 과정으로, '생각을 여는' 기술이라할 수 있습니다. 이때 단편적인 지식이나 정보 제공 또는 일방적인 코칭은 직원에게 궁극적인 해결책을 제시해주지 못하며, 직원 스스로 문제에 대한 해결책을 발견하도록 지원하고 격려하는 것이 중요합니다.

(4) 질문으로 생각과 행동을 바꾸는 질문법

질문은 서비스 조직 내에 있는 다양한 고민이나 문제점을 개선하고 해결하는 데 유용한 도구입니다. 지시나 명령이 일반화된 조직에서 가장 큰 문제라고 할 수 있는 것은 사람들이 너무 수동적이고 소극적이라는 것입니다. 그런데 지시가 아닌 질문을 하게 되면 사람들이 능동적인 모습을 보이거나 스스로 움직인다는 사실입니다. 예를 들어 "○○ 씨가 당장 해야 할 일은 무엇일까요?"라거나 "그때 회의에서 하기로 한 업무는 어떻게 진행되고 있나요?"와 같이 질문을 하게 되면 스스로 생각하고 행동하게 되는 것이죠.

이러한 점을 이해한다면 질문은 직원들을 움직일 수 있는 도구라는 사실은 확실합니다. 그래서 이번에는 질문을 통해서 직원의 성장을 돕는 방법을 생각해보고 직원의 의지나 의욕을 갖도록 하거나 마음을 움직이거나 또는 사고를 전환하게 하는 질문들에 대해서 알아보도록 하겠습니다.

### ✓ 의지 또는 의욕을 갖도록 하는 질문

앞에서 우리는 의지와 역량을 통한 매트릭스로 직원의 유형은 물론 직원 유형에 따른 코칭 방법에 대해서 알아보았습니다. 코칭에서는 그만큼 직원의 의욕과 의지는 매우 중요한 요소임에는 틀림없습니다. 질문 스킬을 소개하면서 '스스로 생각하게 하고 알아서 행동하게 하는'이라고 소개드린 이유는 바로 사람의 의지가 그만큼 중요하다는 점을 강조하기 위해서입니다.

코칭을 하는 데 있어서 직원이 어떤 문제점 개선하거나 목표를 달성하기 위해서는 해당 업무를 남의 일이 아니라 자신의 일로 여기게 하는 것이 매우 중요합니다. 사람은 자신의 일이 아닌 것에 대해서는 관심을 가지지 않습니다. 따라서 나와 연관이 있고 자신이 직접 해야 하는 일로 인식을 하게 되면 비로소 행동으로 옮기는 것이죠. 이럴 때 자연스럽게 의욕도 생기고 본인이 원하는 방향으로 움직이고 행동하므로 질문을 통해 의지나 의욕을 갖도록 하는 것이 중요합니다.

필자의 경험으로는 서비스 조직에서는 의외로 소극적이고 수동적인 직원들이 많은 편인데 조직의 특성상 업무의 효율성이나 성과를 향상시키기 위해서는 질문을 할 때 자신의 일이라는 점을 명확하게 인지할 수 있도록 해야 합니다. 자신이 해야 할 일이라고 생각하거나 해당 업무를 수행하기 위해서 무엇을 할 것인지를 알게 되면 본인 스스로 업무를 수행할 것이기 때문입니다.

의욕을 가지고 일하게 하려면 먼저 해당 업무의 목적과 의미를 이해하고 있는지 그리고 해당 업무가 해당 시점에 왜 중요한지를 질문하게 되면 해당 직원은 자신의 일이라고 생각하고 우선순위를 정해서 일할 것입니다. 이때 주의하여야 할 것은 지시나 명령이 아닌 스스로 생각할 수 있게끔 질문을 던지는 것입니다.

↳ 예시 "ㅇㅇㅇ 씨, VOC 금일까지 정리해서 보고해주세요." **X**

　　 "이번 주 VOC 보고가 왜 중요한 것인지 알고 있나요?" **O**

　　 "보고서는 어떻게 구성하는 것이 좋을지 생각은 해봤나요?" **O**

↳ 　 "ㅇㅇㅇ 씨, 해지방어 전략 기획안이 중요한 것은 알고 있는 거죠?" **X**

　　 "ㅇㅇㅇ 씨의 해지방어 전략 기획안이 전사 매출에 어떤 영향을

미칠 것 같습니까? **O**

"지금 하고 있는 기획안으로 인해 해지방어가 얼마나 개선이 될 것이라 생각하세요?" **O**

### ✓ 마음을 움직이게 하는 질문

코칭을 진행할 때 질문의 중요성은 아무리 강조해도 지나치지 않습니다. 어떻게 보면 코칭은 질문으로 시작해서 질문으로 마무리한다고 해도 과언이 아닙니다. 위에서 우리는 의지와 의욕을 환기시키는 질문에 대해서 알아보았는데 이번에는 마음의 문을 여는 질문에 대해서 알아보려고 합니다. 사실 코칭을 진행하는 과정에서 해당 직원이 마음을 열지 않으면 제대로 된 코칭이 이루어질 수 없습니다.

우리는 이미 코칭은 신뢰형성과 함께 상대방이 마음의 문을 열어야 비로소 제대로 된 코칭이 이루어진다고 하는 사실을 배웠습니다. 그리고 직원이 마음을 열게 되면 아무래도 안정적으로 코칭을 할 수 있고 이를 통해 해당 직원의 의욕은 물론 사기를 진작시킬 수 있겠죠?

해당 직원의 마음을 열게 하기 위해서는 2가지 유의할 것이 있습니다. 하나는 사전에 미리 해당 직원과의 신뢰가 형성이 되어 있어야 한다는 것이고 또 다른 하나는 직원마다 느끼는 감정이나 생각이 다르고 현재 처해 있는 상황이 모두 다르기 때문에 해당 직원의 성격이나 특징은 물론 상황을 충분히 고려하여 질문하거나 표현하여야 한다는 것입니다.

서비스 조직에서 업무를 하다가 실수를 저질러 불안해하는 직원의 경우 먼저 원인이 무엇인지를 파악하고 적절한 지원을 해주는 것이 바람직하고 새로운 업무 수행 또는 막연한 두려움에 시달리는 직원에 대해서는 구체적으로 두려워하는 이유가 무엇이고 두려워하는 요인에 대해서 어떻게 대응해야 하는지를 생각하도록 질문을 하면 도움이 됩니다. 따지듯이 질문하거나 질책을 하면 마음을 열지 않고 오히려 감추려고 할 것이니 주의하셔야 합니다.

반면에 내외부적인 요인에 의해서 불만이 발생한 직원들에 대해서는 무조건 질책하기보다는 먼저 원인이 무엇인지를 파악하고 어떻게 하면 불만이 제거될 수 있는지 구체적인 대안이나 아이디어를 제시하도록 질문을 하도록 합니다.

↳ 예시 "도대체 뭐가 문제입니까? or "또 무슨 일이 터진 겁니까?" **X**

"지금 상황에서 제가 무엇을 도와주면 문제가 해결될까요?" **O**

"지금 상황이 어느 정도 심한 것인가요?" or "지금 어느 정도 심각한 단계인가요?" **O**


↳ "재고파악 건은 더 이상 문제없는 거죠?" **X**

"혹시 재고파악과 관련하여 문제될 만한 부분이 있다면 무엇이 있을까요?" **O**

"재고파악과 관련해 재고가 정확히 맞지 않는다면 어떤 이유 때문일까요?" **O**

"재고가 불일치하는 원인을 미리 제거하기 위해서 어떻게 하면

좋을까요?" **O**

↳   "○○○ 씨! 도대체 불만이 뭡니까?" **X**

"○○○ 씨, 어떻게 하면 불만이 해결될 수 있을까요?" **O**

"○○○ 씨, 불만을 해결하기 위해 ○○씨가 가진 구체적인 대안은 무엇인가요?" **O**


✓ **사고를 전환하게 하는 질문**

사람의 사고나 관점이라는 것은 세상을 바라보는 '창' 또는 '틀'이라고 할 수 있는데 이를 보통 '프레임(Frame)'이라고 합니다. 그런데 이러한 프레임은 어지간해서 바뀌지 않습니다. 사고나 생각하는 틀이 바뀌지 않으면 새로운 업무를 수행할 수 없고 저항할 가능성이 높으며 시도조차 하지 않을 가능성이 높습니다.

이러한 문제는 나이나 성별의 문제가 아닌 그 직원이 살아온 삶의 누적에 대한 결과이며 성향으로 좀처럼 바뀌기 어렵습니다. 성향이나 성격에 대한 분석이 선행되어야겠지만 일반적으로 질문을 통해서 관점을 바꾸거나 아이디어를 도출할 수도 있으며 업무의 효율도 높일 수 있습니다.

보통 관점을 바꾸는 것은 우수한 직원이나 전문가 또는 멘토들의 관점에서 보도록 질문을 던져 생각해보도록 하는 것이 효과를 발휘할 수 있으며 반대로 자신이 전문가 또는 멘토의 입장이라면 어떤 식으로 문제를 해결할 것인지 질문하는 것입니다.

아이디어와 관련해서는 업무와 관련한 최신 동향이나 소식 및 정보를 물어보거나 과거 자신의 경험이나 타인의 사례를 물어보는 것만으로도 아이디어를 도출하거나 심지어는 업무의 효율성을 향상시킬 수도 있습니다.

↳ 예시 "○○○ 씨, 정말 그 따위로 계속 일처리 할 겁니까?" **X**

"만약 (전문가, 멘토, 우수직원 등)라면 어떻게 일을 처리했을까요?" **O**

"만약 이와 같은 일을 ○○ 씨가 다시 맡게 된다면 어떻게 하시겠어요?" **O**

"후임인 ○○ 씨에게 해당 일을 위임한다면 어떻게 지시하고 전달하시겠어요?" **O**

↳ "○○○ 씨, 지난번 아이디어와 다른 게 도대체 뭐야? 쌈빡한 거 좀 없어요?" **X**

"최근 해당 건과 관련한 새로운 정보나 동향 파악한 것 공유 좀 해줄래요?" **O**

"우리 자유롭게 브레인 스토밍을 한번 해볼까요?" **O**

"예전에 수행했던 업무 중 이번 일과 관련해서 조합해 볼 만한 것이 있을까요?" **O**

서비스 조직 밀레니얼 이렇게 코칭하라

↳   "○○○ 씨, 지난번에 지시한 업무 왜 이렇게 오래 걸려! 그것 때문에 팀장님에게 깨졌잖아!" **X**

"어떻게 일처리를 하면 지난번 지시한 업무가 시간 맞춰서 끝날 수 있을까요?" **O**

"지시한 업무 완전히 끝나려면 어느 정도 시간이 필요할까요? **O**

"○○○ 씨가 지시한 업무 중에 가장 긴급한 업무는 무엇일까요? **O**

"그래요, 그러면 지시한 업무 어떻게 할 것인지 계획 좀 들어볼 수 있을까요?"

---

5

### 직원을 성장시키는 피드백 스킬

코칭에서의 피드백은 직원들의 실천을 유도하며, 행동과 변화를 이끄는 과정이라고 할 수 있습니다. 또한 피드백 스킬의 궁극적인 목표는 직원이 바람직한 결과와 성과를 만들어내도록 돕는 것입니다. 이러한 피드백 스킬의 효과를 극대화하기 위해 '관찰'과 '기록'이 필요합니다. 이를 위해서는 먼저 직원의 상황 및 객관적인 행동, 행동 동기와 과정에 대한 관찰이 행해져야 합니다. 이후 객관적이고 사실에 근거해 상황을 기록한다면, 보다 효과적으로 업무의 진행속도와 직원의 역량, 효율성을 향상시킬 수 있습니다.

피드백 스킬은 있는 사실(Fact)을 근거로 하기 때문에 구체적이고 명확한 커뮤니케이션이라고 할 수 있으며, 상호 간의 대화 내용을 확인시키는 도구로 활용될 수 있습니다. 더불어 업무수행 결과나 진행 상황에 따라 발생할 수 있는 잘못된 오류나 상태를 발견해 보완 및 교정해주기 때문에 빠르게 진행하는 것이 좋습니다.

(1) 피드백 못 하는 관리자를 위한 실전 지침 10

✔ **피드백은 시의적절하게 이루어져야 합니다.**

밀레니얼에 대한 피드백은 수시로 그리고 즉각적으로 이루어져야 한다고 설명을 드렸습니다. 코칭에서 피드백을 진행할 때 가장 중요한 것은 한꺼번에 몰아서 하는 것이 아니라 즉각적이고 시의적절하게 제공함으로써 직원이 어떤 것이 옳고 그른지 곧바로 파악할 수 있도록 해야 합니다. 할 말이 있으면 즉각적으로 해야 하고 업무와 직접적으로 연관된 일에 대해서 객관적인 사실에 근거하여 피드백을 주는 것이 바람직합니다.

✔ **구체적인 사실에 입각하여 피드백해야 합니다.**

피드백은 직원이 안고 있는 문제를 해결하기 위한 스킬이므로 직원의 업무나 업무를 수행하는 과정에서 발생한 사실이나 구체적인 행동에 집중하여야 합니다. 해당 직원의 성격이나 평상시 가지고 있는 성향 또는 선입견이 아닌 실제로 해당 직원이 행동한 일에 대해서 피드백을 하는 것입니다. 당연히 감정이나 개인에 대한 선입견이 개입되면 제대로 된 피드백이 이루어지기 힘듭니다. 또한 밀레니얼을 대상으로 하는 피드백은 추상적으로 하지 말고 아주 구체적이고 명확하게 제공을 해야 합니다.

### ✓ 시각화해서 피드백해야 합니다.

몇 차례 설명을 드렸습니다만 텍스트에 익숙한 기성세대와는 달리 밀레니얼은 영상이나 시각화된 자료에 익숙합니다. 따라서 밀레니얼을 대상으로 피드백을 제공할 때는 반드시 시각화된 자료를 활용하시기 바랍니다. 특히 그래프를 이용해서 피드백을 제공하면 관리자가 전달하고자 하는 내용을 직관적으로 이해하는 데 도움을 줍니다. 뿐만 아니라 피드백이 제공하는 정보 외에도 조직 전체 또는 동료와의 데이터 비교를 통해 자신이 개선해야 하거나 좀 더 노력해야 하는 부분을 명확히 인식할 수 있습니다. 시각적인 자료를 제공하는 피드백을 통해 스스로 자극을 받거나 수행하는 업무에 대한 만족감, 성취감을 느낄 수 있습니다.

### ✓ 향상과 개선에 초점을 맞추어야 합니다.

피드백의 본질과 바람직한 기준이 되는 것은 바로 피드백 자체가 직원들에게 도움이 되어야 한다는 것에서부터 시작이 됩니다. 따라서 피드백은 직원이 수행하는 업무에 대한 개선이나 설정된 목표를 달성하기 위해 필요한 부분을 찾는데 초점을 맞추어야 합니다. 물론 부정적인 피드백도 있습니다만 그것은 바람직하지 않은 행동이나 태도를 개선하거나 줄이기 위한 것이 주목적이고 결과적으로 처벌이나 징계로 이어집니다. 그렇지만 피드백이라는 것은 문제점을 끄집어내거나 잘못을 지적하는 것이 아니라 개선해야 할 문제를 찾아서 해결책을 찾는 것에 중심을 둔다는 사실을 기억하시기 바랍니다.

### ✓ 직원의 역량에 알맞은 피드백을 제시해야 합니다.

서비스 조직에는 다양한 사람들이 모여 근무하는 곳이니만큼 천편일률적인 피드백이 아닌 앞에서 설명한 대로 의지와 역량 매트릭스를 통해 나오는 직원의 유형에 따라 알맞은 피드백을 제공할 수 있습니다. 예를 들어 의자와 역량이 모두 뛰어난 직원의 경우 간섭보다는 인정과 함께 일정 부분 자율이나 권한위임을 제공하여야 합니다. 반면 의지나 역량이 모두 부족한 직원의 경우 지시나 명령, 목표 부여와 함께 정기적으로 꼼꼼한 점검이나 모니터링이 바람직합니다. 만약 의지는 강한데 역량이 부족한 직원이라면 교육이나 훈련과 함께 달성 가능한 목표를 제시하고 직원에게 필요한 지식, 스킬, 태도가 무엇인지 관찰하고 피드백하는 것이 바람직합니다. 끝으로 의지는 약하지만 역량은 충분한 직원의 경우 격려 또는 지지와 함께 도전과 목표를 제시하는 것입니다.

### ✓ 일관성 있는 피드백을 제공합니다.

피드백을 제공할 때 관리자의 중요한 태도나 자세 중 하나는 바로 일관성을 갖는 것입니다. 같은 실수를 했음에도 불구하고 어떤 경우는 질책을 하고 어떤 경우에는 그냥 넘어가거나 꾸짖는 방식이 다른 경우가 발생하지 않도록 해야 합니다. 주변에서 흔히 피드백을 한다면서 명확한 기준도 없이 직원에게 화풀이를 하는 경우가 있는데 이러면 직원 입장에서 차별을 받았다거나 공정하지 못하다는 생각이 들게 할 수도 있고 법리적으로 따져 봐야겠습니다만 직장 내 괴롭힘으로 인식될 수도 있습니다.

**✓ 질책하려면 확실하게 합니다.**

질책의 본질은 개선에 목적이 있으며 잘못에 대한 지적은 관리자의 고유한 권한이자 몫입니다. 그러나 질책을 할 때는 감정이 섞이면 안되고 혼낸다는 느낌보다는 즉각적이고 합리적인 방법으로 질책하는 것이 바람직합니다. 밀레니얼을 질책할 때 가장 중요한 것은 바로 질책하는 맥락입니다. 밑도 끝도 없이 질책을 하는 것은 화풀이에 불과하지만 어떤 것이 잘못이고 그러한 잘못으로 인해 어떤 결과나 문제가 발생하는지 그리고 잘못이 발생했을 때 어떤 식으로 개선이나 보완을 해야 하는지를 명확하게 알려주어야 합니다. 따끔하게 질책하지 않으면 수용이나 용인하는 것으로 착각해 동일한 잘못이나 실수가 발생할 가능성이 높습니다.

**✓ 조언과 잔소리를 명확히 구분해서 피드백합니다.**

조언과 잔소리에 대한 정의는 다양하고 상황에 따라 다르게 해석될 수 있습니다만 밀레니얼 입장에서 보면 도와달라고 도움을 요청하면 조언이지만 그러한 요청이 없는데 끼어들어 피드백이랍시고 하는 것은 잔소리입니다. 또한 모르고 있는 것을 가르쳐주거나 존중과 함께 선택권을 주고 참고하라는 식의 피드백은 조언인 반면 일방적인 지시와 명령에 입각해 강제성을 띠거나 별일도 아닌 것 같은데 일장 연설이면 100% 잔소리라고 할 수 있습니다. 피드백을 줄 때 명확하고 이해하기 쉽게 설명하는데 그 내용이 구체적이면 조언, 반대로 추상적이면서도 핵심이 없고 감정이 앞서면 잔소리라고 생각할 수 있습니다. 따라서 피드백을 줄 때는 조언과 잔소리는 명확하게 구분해서 시행하는 것이 바람직합니다.

**√ 관찰하고 객관적인 사실과 함께 명확하게 개선해야 할 점을 피드백합니다.**

피드백은 개선이 이루어질 때 비로소 빛을 발합니다. 중요한 것은 추측이나 주관적인 느낌이 아닌 객관적인 사실에 근거해서 이루어지는 피드백이라면 더할 나위 없이 좋습니다. 추측이나 주관적인 느낌이나 생각이 되지 않으려면 직원이 근무하는 태도나 과정을 모니터링하고 점검 및 관찰해야 합니다. 이렇게 모니터링하고 관찰을 통해서 해당 직원에게 개선할 점은 무엇인지 그리고 개선을 할 때 해야 할 것과 하지 말아야 할 것들을 명확하게 알려주는 것이 바로 피드백의 본질이라고 할 수 있습니다.

✓ **기대 또는 개선이 필요한 행동에 대해서는 구체적으로 요청합니다.**

피드백은 개선될 때 의미가 있습니다. 피드백을 잘 해놓고 이후에 사후관리(Follow up)가 되지 않으면 말짱 도루묵입니다. 따라서 피드백 후 관리자로서 해당 직원에게 개선해야 할 태도나 행동에 대해서 구체적으로 요청해야 합니다. 단순히 개선되어야 할 태도나 행동만을 요구하는 것이 아닌 5W1H에 입각해서 설명해주어야 합니다. 특히 밀레니얼의 경우 이 부분에 있어서는 아주 철저하게 접근해야 합니다. 나중에 "못 들었다", "제대로 이해를 못 했다"라는 말이 나오지 않을 정도로 구체적이어야 하며 이렇게 구체적으로 설명해줘야 나중에 이행이 되지 않았을 경우 질책을 할 수 있습니다. 여러 가지 이유로 대충 설명해주고 나중에 이행을 하지 않았을 경우 질책을 하게 되면 직원 입장에서는 "갑자기?"라는 반응이 나오고 관리자 입장에서는 폭발할 가능성이 거의 100%입니다. 이러한 사태를 예방하기 위해서 가장 좋은 방법은 구체적인 설명 후 요청한 사항들에 대해서 해당 직원에게 다시 설명을 요구하는 것입니다. 이를 통해 명확하게 전달되었는지 여부를 확인할 수 있고 설명한 직원이 정확하게 이해하고 설명했다면 일종의 공표가 되어서 구속력은 물론 책임감이 생길 것입니다. 이렇게까지 관리자가 피드백하고 직원에게 설명을 통해 확인까지 하게 하였다면 분명 실천할 가능성이 높습니다.

(2) 현장에서 활용해야 할 핵심 피드백 3

✓ **긍정적 피드백**

직원의 바람직한 행동에 의해 긍정적인 결과와 성과가 나왔다는 전제하에, 어떤 행동이 반복되도록 돕는 피드백입니다. 이는 직원의 장점과 잘한 점에 대해 칭찬과 격려 및 인정을 해주는 피드백으로, 직원의 행동을 유발하거나 강화(Reinforcement)시킵니다. 직원의 자신감을 높여주고 성취감을 느낄 수 있게 하여 역량을 향상시키며, 더 높은 목표 부여를 통한 도전의식을 자극합니다.

↳ 예시  팀장 : "고객 컴플레인을 이렇게 잘 처리하다니, 비결이 무엇일까요?"

직원 : "전에 팀장님께 배운 대로 공감적 경청과 화법을 사용한 것이 큰 도움이 되었어요."

팀장 : "그랬군요. 이번 일을 해결한 것이 ○○ 씨에게 어떤 영향을 줄까요?"

직원 : "어렵게만 느껴졌던 불만 고객응대에 자신감이 생겨서, 컴플레인을 더욱 잘 처리할 수 있을 것 같아요."


✓ **부정적 피드백**

부정적인 결과(잘못과 실수)나 성과에 대한 피드백으로, 직원의 바람직하지 않은 행동이 부정적인 결과를 초래했다는 전제하에 직원의 행동 변화를 이끕니다. 부정적인 피드백의 유형으로는 구체적인 설명과 반응이 없는 피드백(무반응) 및 행동 및 결과에 대한 징계 및 처벌(Punishment)이 해당됩니다. 이러한 부정적 피드백이 반드시 필요한 경우가 있으나, 부정적인 내용을 담고 있기 때문에 직원의 자신감과 역량 저하 요인이 될 수 있습니다. 더불어 직원은 갈등이나 증오 등의 감정을 느낄 수 있습니다. 이에 직원에게 부정적인 피드백을 줄 때는 감정은 최대한 배제한 뒤 객관적인 상황 및 '어떻게 하면 상황을 개선할 수 있는지'에 대해 대화를 나누는 것이 좋습니다.

> 예시 "〇〇 씨의 지각이 너무 잦아서, 저의 입장이 난처합니다. 이렇게 자꾸 지각하는 것이 다른 근무자들에게는 어떤 영향을 미칠까요?"

> "개선되지 않으면, 사전 공지대로 〇〇 씨에게 벌점과 경고장을 줄 수밖에 없습니다."

## 잠깐, 부정적 피드백이 적합한 직원들이 따로 있다?

컬럼비아 대학의 스테이시 핑켈스타인(Stacey Finkelstein)과 시카고 대학의 아예렛 피쉬바흐(Ayelet Fishbach) 교수는 프랑스어 수업에 등록한 학생들에게 다음 중 어떤 강사에게 수업을 받고 싶은지 물었습니다. 우선 첫 번째 강사는 학생들의 발음이 좋고 적절한 프랑스어를 잘 쓸 때마다 '잘했다'는 칭찬을 아끼지 않았고, 두 번째 강사는 학생들의 발음과 단어 사용이 잘못될 때마다 무엇을 실수했는지 지적해주는 사람이었죠. 그 결과, 초급 레벨의 프랑스어 구사 능력을 지닌 학생들은 긍정적 피드백을 해주는 강사를 선호한 반면, 고급 레벨의 학생들은 부정적 피드백을 해주는 강사를 선호했다고 합니다. 실험 결과에서 알 수 있듯, 부정적인 피드백은 전문가가 일을 더 잘 하는 데 도움이 됩니다. 이처럼 부정적 피드백은 경력이나 근속기간이 오래된, 숙련된 직원을 대상으로 활용하는 것이 바람직합니다.

또한 부정적 피드백은 '인격'을 공격하는 것이 아닌, '행동' 위주로 행해짐과 동시에 개선 사항에 있어서는 최대한 구체적이고 자세한 설명이 필요합니다. 또한 코치는 직원들의 비판적인 직언이나 의견을 수용하려는 자세를 지니고, 직원들을 독려하는 분위기를 조성해야 합니다. 더불어 최악의 상황을 가정한 뒤 이를 극복하기 위한 실천 의지를 제고하는 피드백이 올바른 부정적 피드백이라 할 수 있습니다.

### ✓ 발전적 피드백

발전적 피드백이란 구체적으로 직원의 행위 또는 행동을 지적하고 개선 방향을 제시하는 피드백으로, 실패 원인을 분석해 개선(Improvement) 시킵니다. 가장 중요한 목적은 직원의 '발전'이며, 비난과는 구분되어야 합니다. 예를 들어 "ㅇㅇ 씨, 이번에 또 고객 컴플레인이 접수됐어요. 저번에도 그랬으면 개선되어야 하는 것 아닌가요?"라는 태도는 일방적인 비난에 불과하겠지요. 이렇게 문제점만 지적하고 끝나지 않도록 구체적인 행동에 대한 지적과 개선방향이 제시될 때 비로소 발전적 피드백이라고 할 수 있습니다. 또한 발전적 피드백은 직원과의 합의를 이끌어내야 하며, 상호 간의 믿음과 신뢰가 있을 때 직원이 피드백을 온전히 받아들일 수 있습니다.

↳ 예시 "ㅇㅇ 씨에 대한 고객 컴플레인이 접수되었어요. 그런데, ㅇㅇ 씨가 혼자 일하는 것이 아니기 때문에 이런 일이 반복해서 발생하면 ㅇㅇ 씨뿐만 아니라 함께 일하는 팀원들의 이미지 또한 나빠질 수밖에 없습니다. 우선 고객들이 어떤 부분에서 ㅇㅇ 씨에게 컴플레인을 제기하는지 다시 한번 체크해 보고, 앞으로 좀 더 개선된 모습을 보여주길 바랄게요."

### (3) 싫은 소리 못하는 관리자가 스마트하게 질책하는 방법 7

바르지 않은 용모 복장, 무표정한 얼굴의 고객 응대와 같이 직원의 잘못 혹은 개선이 필요한 부분에 대한 피드백이 필요한 경우가 있습니다. 이때 "ㅇㅇ 씨, 출근 전 용모 복장 점검은 기본 아닌가요? 지금 몇 번째 이야기하는 건데 고칠 생각이 없나봐요?"와 같은 피드백이 과연 효과적이라고 할 수 있을까요? 이처럼 감정이 실린 피드백은 직원의 감정을 자극해 오히려 효과를 떨어뜨립니다. 이에 코치는 '비난'이 아닌 '질책'을 통해 직원의 문제점을 지적하고 개선해야 하며, 이를 위해 다음의 사항들을 기억해야 합니다.

**1. 상대방의 인격을 낮추고 상처를 주는 추상적인 단어나 표현은 지양하고 객관적인 사실에 기인해 지적해야 합니다.**

↳ 예시 "근무한 지 몇 개월이 지났는데, 아직까지 이런 기본적인 것도 모

른다는 게 말이 됩니까?"

2. '항상', '늘', '언제나', '자주'와 같은 빈도 부사의 사용은 상황을 전체로
확대해 상대방을 자극하게 만들므로 사용을 자제합니다.
　↳ 예시 "가만 보니 ○○ 씨는 항상 말만 알겠다고 하고, 잘못을 고칠 생
　　　　각은 없나 보네요."

3. 비폭력대화는 우리 누구나 가지고 있는 연민의 마음을 바탕으로, 말
하는 사람과 듣는 사람 모두가 상처받지 않고 원하는 바를 전달하는 것을
목표로 합니다. 질책이 필요한 경우 이러한 비폭력대화를 활용해 말하고자
하는 바를 관찰, 느낌, 욕구, 요청의 네 단계를 거쳐 전달하며, 감정이나 인
격을 비하하는 것을 삼가야 합니다.

4. 질책 시 화자 중심으로 감정을 표현할 수 있는 'I-Message' 또는 '나-
표현법'과 같은 중립적인 단어나 표현을 활용해 감정을 표출합니다.
　↳ 예시 "용모 복장 관련해서 몇 번 얘기를 한 것 같은데, 개선이 되지 않
　　　　아 내 입장이 곤란하네요."

5. 먼저 강점이나 좋은 점 등 긍정적인 내용(칭찬)으로 직원에 대한 신뢰
감과 피드백 분위기를 조성한 뒤, 개선 및 보완했으면 하는 내용을 구체적
인 사실이나 객관적인 근거를 토대로 전달(질책)하는 샌드위치 방식의 피드

백을 활용합니다.

↳ 예시 "ㅇㅇ 씨가 고객 문의에 적극적으로 응대하려는 모습이 정말 보기 좋아요. 다만, 정확하지 않은 내용을 고객에게 전달할 경우 고객이 혼란을 겪을 수 있고, 불편을 겪은 고객이 컴플레인을 제기하는 상황이 발생할 수 있습니다. ㅇㅇ 씨가 알고 있는 내용이 정확하지 않은 경우 고객에게 양해를 구하고, 확인 뒤에 안내를 한다면 더욱 좋을 것 같아요."

6. 그러나 모든 상황에서 샌드위치 방식의 피드백을 활용하기보다는 등 직원의 성격이나 의욕, 역량을 판단해서 방법을 달리하는 것이 바람직합니다. 개선하려는 노력을 하지 않거나 반성하지 않는 직원은 단호하게 질책하고, 역량이 부족한 직원은 조언하듯 질책하는 것이 해당되겠지요.

7. 질책 이후에는 상황이나 어려움에 대한 공감과 함께 향후 기대하는 점을 전달해야 합니다.

↳ 예시 "용모 복장 관련해서 몇 번 얘기를 한 것 같은데, 개선이 되지 않아 내 입장이 곤란하네요. 일찍부터 준비하고 나오는 것이 힘들겠지만, 용모 복장만으로도 ㅇㅇ 씨가 고객에게 어떤 사람인지 보인다는 걸 기억해 줬으면 좋겠습니다. 앞으로 좀 더 신경 써줄 수 있지요?"

## 6

### 가능성에 대한 확신을 주는 확인 스킬

확인 스킬은 코칭 과정에서 중요한 사항들을 확인하기 위한 기술이며, 직원이 가지고 있는 역량이나 의지, 가능성을 확인하는 것을 의미합니다. 보통 과거와 현재(AS-IS) 또는 향후 가능성(TO-BE)을 확인하며, 자신의 가능성이나 잠재력을 믿지 못하는 사람들에게 적용하는 스킬입니다. 또한 확인 스킬의 핵심은 코칭 대상인 직원에 대한 신뢰이므로, 무엇보다도 직원의 가능성을 믿는 것이 중요합니다.

#### (1) 향후 가능성 (TO-BE) 확인하기

서비스 조직을 관리하다 보면, 직원들이 자신들도 모르게 목표를 간과하거나 잊는 경우가 발생합니다. 더불어 직원들이 실수 혹은 실패로 의지나 자신감을 상실하는 경우도 있겠지요. 이런 상황에서 관리자는 그들을 격려하고, 그들의 목표를 다시금 상기시켜야 합니다. 더불어 해당 목표가 얼마나 중요한지, 그리고 목표를 달성했을 때 얻을 수 있는 성취감은 어떤 것인지를 확인하는 활동을 향후 가능성 확인이라 합니다.

이러한 향후 가능성 확인은 코칭을 통해 도달하는 목적지이자, 달성해야 하는 목표나 비전을 뜻하기도 합니다. 향후 가능성을 확인할 때에는 보통 질문 스킬을 활용하며, 직원 스스로 해당 목표를 생각해낼 수 있도록 유도하는 것이 바람직합니다. 또한 목표 달성에 대한 직원의 가능성을 인정하려는 믿음과 신뢰를 바탕으로 효과를 낼 수 있습니다.

↳ 예시 "○○ 씨, 작년에 이와 비슷한 문제가 발생했을 때, 잘 해결하지
않았나요? 그 때의 경험을 이번 업무에 활용해 보는 것은 어떨까
요? 이번 문제만 잘 해결한다면 ○○ 씨의 목표는 충분히 달성될
겁니다."

## (2) 현재 상황 확인하기

현재 상황 확인이란 말 그대로 직원이 처해 있는 현 상황을 확인하는
것을 의미합니다. 예를 들어 끊임없이 밀려드는 업무를 소화하는 직원
이 스스로 만든 목표에 대한 감각이나 인식이 무뎌지는 경우, 다시금 확
인해주는 것이 이에 해당됩니다. 이때 무거운 분위기보다는 다소 가볍
게 직원의 현 상황을 확인하는 것이 직원의 부담을 덜어줄 수 있으며,
직원 또한 자신이 처한 상황을 객관적으로 파악할 수 있습니다.

더불어 시각적인 이미지를 활용하거나 객관적인 사실에 입각하여 현
재 상태를 확인해줄 경우 효과는 배가됩니다. 이렇게 자신이 목표하는
바에 문제가 발생해 헤매는 경우, 자신의 상황을 재점검하고 목표를 재
확인시켜 주는 것만으로도 직원에게 큰 도움이 될 수 있습니다.

## (3) 과거 경험 확인하기

과거 경험 확인이란 직원의 과거 이력 혹은 경험에 대한 확인을 뜻하
며, 확인 시 직원 관리 과정에서 활용하는 코칭 관리 카드나 개인 이력

관리 카드가 도움이 됩니다. 또한 이는 성과나 대인관계 또는 직원과 같이 경험한 사건이나 추억 등 다양한 자원을 활용해 확인이 가능합니다. 간혹 직원이 좌절이나 목표 달성에 대한 두려움이 있을 경우, 과거의 성공담이나 우수 사례를 확인시켜 줌으로써, 이를 극복하게 도와줄 수 있습니다.

직원 스스로 자신의 가능성이나 능력을 발휘할 경우에는 과거의 경험을 확인시키는 것만으로도 효과를 발휘할 수 있습니다. 그러나 해당 직원과 라포르(Rapport)가 형성되지 않았거나 성공 사례가 없다면 적절한 질문 스킬을 활용해 확인하는 것이 바람직합니다.

↳ 예시 "○○○ 씨, 일하면서 언제 가장 성취감이나 뿌듯함을 느꼈나요?"

↳ "○○○ 씨, 우리 조직에서 일하면서 가장 성과가 좋았던 시절을 떠올려 보세요."

---

### 7

## NLP 기법으로 코칭 커뮤니케이션 제대로 하는 법

신경 언어 프로그래밍이라고 불리는 NLP(Neuro-Linguistic Programming) 기법은 직원의 태도와 행동 변화를 가능하게 하는 기법입니다. 이러한 NLP 기법은 행동에 직접적인 역할을 하는 신경 체계(Neuro)와 신경 체계에 영향을 주는 언어(Linguistic)의 상호 작용을 기반으로 합니다.

서비스 조직 밀레니얼 이렇게 코칭하라

쉽게 말해, NLP 기법은 '목표 달성을 위한 커뮤니케이션 기술'이라 할 수 있습니다. 대화 과정에서 직원 스스로 원하는 바를 알아차리도록 돕고, 단계별로 생각과 말에 변화를 주어 직원의 목표 달성을 돕는 것이 바로 NLP 기법입니다.

### ⑴ 라포르(Rapport)는 왜 중요한가?

'다리를 놓는다'라는 뜻의 조화와 결속을 의미하는 라포르(rapport)는 사람과 사람 사이에 생기는 상호신뢰관계를 말합니다. 예를 들어, 평소 어떤 사람과 잘 통하고, 어떤 일이라도 터놓고 말할 수 있다면 그 사람과 나는 rapport가 충분히 형성된 상태라고 할 수 있겠지요.

이러한 라포르는 상대방에게 관심을 갖고 끊임없이 관찰하는 것에서부터 출발하며, 라포르가 커지면 소통이 원활해지고 설득이 쉬워집니다. 또한 NLP에서는 잠재적인 수준에서 상대에게 동조해 나가는 것을 '라포르 형성'이라고 일컫습니다.

### ⑵ 당장 활용이 가능한 핵심 NLP 기법

위에서 살펴본 라포르는 코칭에서도 굉장히 중요합니다. 코치와 직원의 초기 관계 형성에 결정적인 역할을 하기 때문입니다. 앞에서 말씀드린 바와 같이, 라포르가 형성되면 소통이 원활해지고, 서로에게 공감대를 쉽게 형성할 수 있습니다. 또한 직원은 코치에 대한 호감과 신뢰가 생겨 보다 깊은 이야기까지 코치에게 털어놓기도 합니다.

이렇게 직원에게 공감하고, 보다 발전적인 방향으로 직원을 이끌 때 필요한 라포르 형성에 도움이 되는 기본적인 NLP 기법을 함께 살펴볼까요?

### ✔ 미러링(Mirroring)

카페에서 즐거운 표정으로 신나게 대화를 나누는 사람들을 자세히 살펴보면, 상대방의 표정이나 손짓, 행동을 비슷하게 하고 있는 것을 발견할 수 있습니다. 이를 '미러링(mirroring)'이라고 합니다. 이렇듯 미러링은 상대방의 행동이나 어투를 거울에 비추듯 그대로 따라함으로써, 상대방에게 공감과 호감을 표현하는 기법을 뜻합니다. 코칭 시에는 직원의 행동이나 자세, 어투, 몸짓, 표정, 방향 등을 따라함으로써 직원에게 공감하고 있다는 것을 표현할 수 있겠지요. 이러한 미러링을 통해 은연중에 호감과 친밀감이 형성됩니다. 단, 지나치고 어색한 따라하기는 직원에게 장난스럽다는 느낌을 줄 수 있으며, 직원이 불쾌감을 느낄 수 있으므로 주의해야 합니다.

↳ 예시 대화 중 직원이 짓는 표정을 같이 따라하는 행위

↳ 　　대화 중 직원이 음료수를 마시는 타이밍에 맞춰 음료수를 마시는 행위

### ✔ 페이싱(Pacing)

상대방의 음정, 목소리 크기, 말의 속도에 맞춤으로써 상대가 기뻐하면 같이 기뻐하고, 슬퍼하면 같이 슬퍼하는 것이 바로 '페이싱(Pacing)'입

니다. 페이싱은 NLP 기법에서 라포르 형성을 위해 가장 중요하며, 상대 방과 공감대를 형성하고 신뢰를 쌓기 위한 커뮤니케이션 기법입니다.

"팀장님, 저 고객님께 칭찬받았어요!"라고 신나서 이야기하는 직원에게 처진 목소리로 "어 그래, 잘했네"라고 대답한다면 직원은 어떤 생각을 하게 될까요? 마지못해 대답하는 관리자의 모습에 직원은 실망하고, 둘 사이에는 라포르가 형성될 수 없겠지요.

이러한 상황을 방지하고자, 페이싱을 통해 신뢰를 쌓고, 라포르를 형성해야 합니다. 이때 코치가 직원의 호흡과 리듬에 맞춘다면 직원의 페이스로 대화를 나눌 수 있으며, 직원을 코치의 페이스로 이끄는 경우 코치의 의도대로 대화 목적을 달성할 수 있습니다.

↳ 예시 직원이 말을 빠르게 하는 경우 코치도 빠르게 말하며, 직원의 상태에 자신을 맞추는 경우. 이때, 공통점이나 유사한 점을 들어 동조화시키는 것이 가장 효과적임.

## ✓ 백트래킹(Backtracking)

'백트래킹(Backtracking)'이란 상대의 말을 받아주는 행위이자 상대방의 말에 대한 반응을 의미합니다. 이러한 백트래킹은 제대로 감정을 실어 상대방이 말하는 사실 중 중요한 내용을 반복하거나 핵심적인 말을 되풀이하는 것이 중요합니다. 예를 들어, "팀장님, 저 모니터링 평가 점수가 저번 달보다 높게 나왔어요."라고 말하는 직원에게 "모니터링 점수가 높게 나왔다고? 너무 잘 했어. 축하해!"라고 말하는 것이 해당되겠지요.

↳ 예시  직원 : "어우 팀장님, 하루 종일 업무가 많아 바빠서 혼났어요."

팀장 : (고개를 끄덕이며) 오늘 업무가 정말 많았지? ㅇㅇ 씨 많이 바빠 보이더라."

직원 : "오늘 날씨가 너무 더워서 카트 수거하러 다니기 힘들었어요."

팀장 : "많이 더웠지, 이런 날 돌아다니느라 정말 힘들었겠다."

## ✓ 캘리브레이션(Calibration)

대화 중 직원이 코치에 대한 선입견이나 경계심을 가지고 있는 경우, 직원은 자신의 생각이나 감정, 속내를 드러내지 않으려는 모습을 보입니다. 이러한 상황에서 직원의 눈동자의 움직임, 표정, 호흡, 자세, 말의 속도 등의 무의식을 파악해 감정을 읽어내는 것을 '캘리브레이션(Calibration)'이라고 합니다.

흔히 '관찰 식별'이라고도 하는 캘리브레이션은 시각(제스처, 표정, 손짓, 끄덕임, 안색, 시선 등)과 캘리브레이션(체온, 분위기, 악수할 때 감촉, 향기 등)으로 구분하며, 반복을 통해 직원의 미묘한 움직임의 변화에서도 감정을 읽어낼 수 있습니다. 이처럼 캘리브레이션을 통해 직원의 내면 상태를 읽고 정보를 얻을 수 있으며, 문제를 해결할 수 있습니다.

↳ 예시 (상대방이 화가 나 있는 경우) 얼굴이 붉게 달아올라 있고, 호흡이 거칠며 목소리와 몸이 떨림.

↳   (상대방이 기분 좋은 경우) 표정이 환하고 제스처가 크며, 웃음과

함께 목소리가 커지고 명랑하고 말투가 쾌활해짐.


✓ **패러프레이징**(Paraphrasing)

패러프레이징은 상대방의 말을 자신이 이해한 다른 말로 요약해서 말하는 기법입니다. 직원의 말에서의 핵심 내용을 간결하게 요약한 뒤 전달함으로써, 상대방의 마음을 편안하게 하고 '내가 당신의 입장을 충분히 이해하고 있다'는 믿음을 제공하는 것이 중요합니다. 더불어 상대방이 사용하는 단어를 활용하는 것이 보다 효과적입니다.

↳ 예시 직원 : "고객님이 포인트 전환을 제 때 하지 않으셔서 포인트가 소멸되었는데, 왜 마음대로 남의 포인트를 없애냐고 소리를 고래 고래 지르시더라고요. 아무리 설명해도 말이 안 통해서 정말이지 답답해서 혼났어요."

팀장 : "고객 잘못으로 포인트가 소멸되었는데, 그걸 이해 못하셔서 ○○ 씨가 답답했구나."


✓ **아이 억세싱 큐**(Eye Accessing Cue)

사람의 표정 중 결코 숨길 수 없는 부분을 '눈'이라고 하지요. '아이 억세싱 큐(Eye Accessing Cue)'란 이런 눈의 움직임(시선)을 분석해 상대방이 어떤 마음 상태인지 파악하는 기법으로, 시선의 방향과 마음 상태의 상관관계를 살펴보는 것을 의미합니다.

가장 흔한 방법은 시선을 왼쪽/오른쪽으로 나누어 살펴보는 것이며,

이는 상대방이 뭔가 골똘히 생각할 때 적용하기 쉽고 보다 빠르게 정보를 얻어낼 수 있습니다.

↳ 예시  눈이 왼쪽 위를 향하는 경우 과거의 체험을, 오른쪽 위를 향하는 경우 체험한 적 없는 것을 상상하는 것을 의미

- 눈이 왼쪽 수평을 향하는 경우 과거에 체험한 소리, 목소리를 기억하는 중이며, 오른쪽 수평을 향하는 경우 체험한 적이 없는 소리 혹은 목소리를 상상하는 것을 의미

- 눈이 왼쪽 아래를 향하는 경우 내적 대화를 하는 것이며, 오른쪽 아래는 신체 감각을 느끼려고 할 때를 의미

# 7부

유형별 직원 코칭 커뮤니케이션

　서비스 조직에서 근무하다 보면 다양한 유형의 직원들이 존재하는 것을 볼 수 있습니다. 업무 특성상 많은 사람들이 모여 근무를 하다 보니 각양각색의 사람들이 저마다의 개성을 드러내며 일을 하고 있는 것입니다. 너무 많은 사람들이 모여 근무하는 부서이다 보니 다양한 유형의 직원들이 많은 것이 사실이며 이러한 이유로 인해서 관리자들은 이들을 코칭하기가 힘들다고 합니다.

　게다가 코칭이라는 것을 제대로 받아본 경험이 전무한 사람들에게 관리자가 되었다고 하루 아침에 코칭을 하라고 하니 더욱 기가 막힐 노릇입니다. 밀레니얼에 대한 이해도 부족하고 자기도 밀레니얼인데 누가 누구를 코칭하라는 것인지 정말 한숨이 절로 나옵니다.

뿐만 아니라 코칭이라는 것이 말이나 행동 그리고 태도를 바꿔야 하는 수행하기 매우 어려운 과제임에도 고작 몇 시간 정도 간략히 이루어지는 코칭 교육을 통해 부하 직원들에게 코칭을 하라고 요구하는 것에는 무리가 따릅니다. 게다가 주 52시간 근무제의 여파로 인해서 업무의 집중도가 중요한 이슈로 자리잡으면서 직원들과 충분한 대화나 활동이 없는 상황에 갑자기 코칭하라고 하는 것 자체가 숨을 막히게 하는 원인으로 작용하고 있습니다.

서비스 조직에서 근무하는 관리자들 입장에서는 코칭을 하더라도 뭔가 실무적인 지침이 있으면 좋겠는데 그러한 지침을 찾아보기 힘든 것이 현실입니다. 또한 서비스 조직 내 선배들의 경험이라는 것이 문서나 매뉴얼과 같은 형식지 형태로 존재하는 것도 아닙니다. 코칭과 관련된 경험들은 대부분 개인에게 체화되어 있고 명료하게 공식화되거나 언어로 표현할 수 없는 암묵지 형태로 존재하기 때문에 퇴사를 하면 전수받기도 어려운 상황입니다.

그래서 아래 제시하는 서비스 조직 코칭 커뮤니케이션 지침은 서비스 조직 내에서 발생하는 다양한 상황을 파악하고 어떻게 코칭을 진행할 것인가에 대해서 명확한 이해나 방법을 잘 모르는 관리자들에게 코칭 스킬과 직원 유형별 커뮤니케이션하는 방법 등 실무내용을 다룹니다.

흔히 이론적인 코칭에 입각한 커뮤니케이션이 아닌 현장에서 발생하는 다양한 상황을 중심으로 코칭을 할 때 필요한 커뮤니케이션 스킬은 물론 해당 상황에서 활용할 수 있는 표현이나 코칭 대화법을 적절하게

서비스 조직 밀레니얼 이렇게 코칭하라

제시하여 실제 활용도를 높였습니다.

아래 제시하는 직원 유형별 코칭 커뮤니케이션 지침은 실제 현장에서 적절하게 활용함으로써 직원들과의 긍정적인 관계 개선은 물론 업무에 필요한 역량을 향상시키고 해당 직원의 업무 태도나 행동 개선, 직원의 성장을 돕는 데 필요한 지식이나 정보를 포함하였습니다.

또한 직원 코칭을 할 때 필요한 커뮤니케이션과 관련해서 서비스 조직 관리자가 해야 할 일들을 꼼꼼하게 정리하였으니 서비스 조직에서 커뮤니케이션 역량을 향상시키는 데 효과적인 도구로 활용하셨으면 좋겠습니다. 여기서 제시하는 지침을 바탕으로 각 서비스 조직에서의 가지고 있는 코칭 커뮤니케이션 역량과의 조합을 통해 개선 및 보완함으로써 더 나은 코칭 역량을 확보하였으면 합니다. 이와 함께 그간 암묵지 형태로 존재해왔던 코칭 커뮤니케이션을 형식지 형태로 매뉴얼화하거나 문서형태로 보관해 새롭게 관리자들이 현장에 배치되었을 때 당황하지 않고 직원들을 코칭할 수 있도록 했으면 좋겠습니다.

직원 유형별 코칭 커뮤니케이션 지침의 구성

필자가 제시하는 코칭 커뮤니케이션 지침과 관련한 내용은 아래와 같은 형식과 구성으로 설명을 드리도록 하겠습니다.

**❶**
- 주요 이슈 및 문제 유형
- 상황 및 사례

**❷**
- 코칭 커뮤니케이션 핵심 요약(Executive summary)

**❸**
- 코칭 커뮤니케이션 지침 및 주요 내용
- 코칭 커뮤니케이션 시 해야 할 것들과 하지 말아야 할 것들(Do's&Dont's)
- 코칭 커뮤니케이션을 진행할 때 관리자의 태도나 자세
- 코칭 커뮤니케이션과 관련한 주요 Tip

**❹**
- 코칭 시 이렇게 표현해보세요
- 코칭 커뮤니케이션 시 주의해야 할 대화법

먼저 ❶「주요 이슈 및 문제 유형」에서는 현장에서 발생하는 문제의 유형과 사례를 간단하게 설명합니다. 코칭 커뮤 니케이션을 활용하기에 알맞은 상황을 사례로 들어 제대로 된 지침을 제공하기 위한 이해를 돕습니다.

❷「코칭 커뮤니케이션 핵심 요약」은 말 그대로 연역적으로 주요 이슈 및 문제 유형에 대해 코칭 커뮤니케이션의 핵심내용과 진행 시 주의하여야 할 사항들을 제시합니다. 코칭 커뮤니케이션을 할 때 적어도 요약한 핵심 내용과 주의사항만은 꼭 유념해서 진행하라는 일종의 나침반 역할을 하는 내용이 주를 이룹니다.

❸ 「코칭 커뮤니케이션 지침 및 주요 내용」은 코칭 커뮤니케이션을 할 때 가장 중요한 내용들을 설명하는 영역입니다. 현장에서 코칭 커뮤니케이션을 할 때 지침과 함께 해야 할 것들과 하지 말아야 할 것들에 대한 세부 내용을 설명합니다. 위 요약에서 말한 주의사항에 대해서 좀 더 자세한 내용이 포함이 되어 있으며 관리자들이 커뮤니케이션할 때 필요한 자세나 태도는 물론 커뮤니케이션과 관련한 유용한 팁을 제공합니다.

❹ 「코칭 시 이렇게 표현해보세요」는 코칭 커뮤니케이션을 진행할 때 실제로 현장에서 활용할 수 있는 예시 표현을 제공합니다. 완벽한 문장 형태로 제공하는 것도 있고 응용해서 사용할 수 있도록 패턴(Pattern) 형식으로 제공하는 것도 있습니다. 패턴을 익혀서 코칭 커뮤니케이션 상황에 맞게 활용하면 좋습니다.

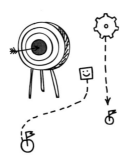

의욕이 없는 직원

A씨는 현재 병원에 근무하고 있는데 매사에 업무에 대한 의욕이나 뭘 하려는 의지가 없다. 근속년수는 2년차가 다 되었기 때문에 조직에서 수행해야 할 업무가 무엇인지 정확히 알고 있으나 하려는 의지가 없다 보니 성과는 중하위권을 유지하고 있는데 그 정도 수준에 만족해한다. 몇 차례 면담을 통해 해당 내용을 알리고 개선을 요구했으나 여전히 예전과 같다.

## 코칭 커뮤니케이션 핵심내용 요약

무기력한 원인에 대한 파악이 필요하고 설득을 통해 의욕을 향상시킴과 동시에 해당 업무를 수행할 수 있도록 지원과 격려가 필요합니다. 이와 함께 구체적인 목표 설정과 함께 업무에 필요한 역량을 향상시킬 수 있도록 업무 활동에 대한 피드백을 제공합니다.

- 조직에서의 자신의 위치나 역할을 이해시킬 것
- 해당업무를 수행하는 데 있어 불만이나 불편사항 파악
- 의욕 및 의지가 없는 직원 유형 파악 세분화 (업무능력 vs 의욕 및 의지)
- 경청 및 설득을 통해 실현 가능한 목표 설정
- 목표 달성을 위한 의지 확인 및 지원과 지지 약속
- 설정된 목표를 수행한 결과에 대한 피드백

코칭 커뮤니케이션 지침 및 주요 내용

먼저 이러한 유형의 직원을 코칭할 때는 의지와 역량 매트릭스를 통해 해당 직원의 의지와 역량 정도를 파악하고 다음으로 의욕 및 의지가 없

는 이유가 무엇인지 파악하는 것이 우선되어야 합니다. 이러한 유형의 직원일수록 관리자의 역할이 중요한데 해당 직원이 의욕도 없고 의지도 없다고 해서 업무에서 배제를 시키거나 다그치면 오히려 역효과를 낼 수 있습니다.

이러한 유형의 직원들은 설득을 통해서 업무 의욕을 향상시키는 것이 바람직합니다. 먼저 충분히 직원의 고충이나 고민에 귀를 기울이고 해당 업무를 수행할 수 있도록 격려와 지원을 해주는 것이 좋습니다. 가장 핵심적인 것은 바로 관리자가 아닌 직원 스스로 목표를 수립하도록 하는 것입니다. 최종적으로 설정한 목표나 계획에 대한 리뷰 및 피드백은 관리자가 도와주는 것이 병행되어야 하는 것이지요.

다만 의욕이나 의지가 없다고 해도 유형은 구분해서 접근을 해야 합니다. 예를 들어 업무를 잘 하는데 의욕이나 의지가 부족한 직원이 있을 것이고 일도 잘 못하면서 의욕이나 의지가 없는 경우가 대표적이라고 할 수 있습니다.

보통 업무능력도 떨어지는데 의지나 의욕이 없는 직원의 경우 설득을 통해서 목표를 설정하고 피드백하는 것이 좋습니다. 목표를 설정하거나 실행 방안을 수립할 때는 일정 및 우선순위 등과 관련해서는 충분히 협의는 하지만 최종 결정은 리더가 내리는 것이 좋습니다. 설정된 목표를 실행하는 과정에서 직원의 의견이나 고충 및 애로사항을 듣고 공감을 해줌과 동시에 업무를 수행하는 데 있어 필요한 역량을 향상시키는 데 지원을 해주고 업무 수행 결과에 따라 적절한 피드백을 해주는 등의 후속관리가 필요합니다.

반면 업무능력은 뛰어난데 의지나 의욕이 없는 직원의 경우 직원이 주도적으로 목표 설정은 물론 일정이나 우선순위 또는 구체적인 실행방안을 수립하고 실행할 수 있도록 지원합니다. 다만 해당 직원의 요청이 있을 경우 목표 세분화 또는 실행방안에 대해서는 협의와 조언을 해주는 것이 바람직하고 이와 함께 업무방해 요소를 제거하는 데 있어 필요한 지원과 지지를 해주는 것입니다. 이와 함께 일의 결과에 대해서 인정하고 칭찬하는 등의 후속관리가 필요합니다.

공통적으로 업무를 진행하는 과정에서 해당 직원에게 진행경과나 지원해주어야 할 사항 등에 대해서 적절히 질문하고 점검함으로써 불안을 해소시키고 업무와 관련된 정보나 자원을 제공하고 피드백을 주면 좋습니다.

위에서 언급한 해당 업무를 수행하는 과정에서 발생하는 불만이나 불편사항에 대해서는 충분히 얘기할 수 있도록 분위기를 조성하고 말한 내용을 토대로 관리자의 생각이나 의견을 솔직하게 전달합니다. 예를 들어 해당 내용을 들어보고 인정을 해주거나 제안으로 전환이 가능하다고 하든지 아니면 해당 내용에 대한 개선은 불가능하거나 또는 가능하다고 피드백을 해주는 것입니다.

목표 설정을 위한 커뮤니케이션을 진행할 때 직원이 너무 당위성만을 강조한다면 당위성이 아닌 자신의 의욕이나 의지를 향상시킬 수 있는 말로 표현하도록 유도하는 것이 바람직합니다. 이와 함께 목표 달성에 대한 의지를 확인하고 지원 및 지지를 하겠다는 약속을 함으로써 안정감을 심어주는 것이 중요합니다.

서비스 조직 밀레니얼 이렇게 코칭하라

## 목표 달성에 대한 의지를 확인하고 지지 및 지원하고자 할 때

↳ 예시 "약속한 대로 이번에 정한 목표를 달성할 수 있는 거죠? 저도 ○ ○○ 씨가 달성할 수 있도록 옆에서 지원과 격려를 아끼지 않겠 습니다."

## 설정된 목표나 계획을 확인하고자 할 때

↳ 예시 "지난 번 얘기했던 목표(계획) 설정은 어떻게 되고 있나요?"

↳ "계획과 관련해 추가적으로 포함되어야 할 내용은 무엇일까요?"

## 목표 설정 또는 실행방안과 관련해서 경청하거나 의사결정을 할 때

↳ 예시 "제가 볼 때는 오히려 이 방법이 좋다고 봅니다. 왜냐하면~"

↳ "○○○ 씨 이 점에 대해 어떻게 생각하나요?"

↳ "○○○ 씨, 혹시 이렇게 할 때 목표를 설정할 때 문제점이나 장 애는 무엇이 있을까요?"

## 코칭 커뮤니케이션 시 주의해야 할 대화법

↳ 예시 "○○○ 씨, 정말 일을 하겠다는 거야? 말겠다는 거야?" **X**

"○○○ 씨, 구체적으로 어떻게 업무를 처리할 건지 얘기를 해줄 래요?" **O**

"앞으로의 계획에 대해서 얘기를 함께 나눠볼까요?" O

↳ 예시 "ㅇㅇㅇ 씨, 도대체 그와 같은 정신상태로 뭘 하겠다는 겁니까? X
"일이 재미있다고 느꼈던 적이 있나요? 있다면 언제 그러한 느낌을 받았나요?" O
"일을 하면서 가장 보람이 있었다고 생각한 적은 언제인가요?" O

↳ "ㅇㅇㅇ 씨, 힘내서 뭐라도 해보라고!! 아~ 정말 미치겠네" X
"ㅇㅇㅇ 씨도 많이 속상하죠? 열심히 하려는데 예전처럼 의욕이 생기지도 않아서 많이 힘드실 것이라 생각이 드네요. 그래도 힘내서 우선 계획한 것부터라도 하나씩 실행해 봅시다." O
"실행하다가 어려운 일이 있으면 내게 말하고 지속적으로 관심을 가지고 지켜 보겠습니다." O
"다른 것은 모르겠지만 이 부분만큼은 반드시 실행하길 바랍니다." O

※ 의욕이 없는 밀레니얼에게 다그치거나 감정을 앞세워 질책하는 것은 자존심을 상하게 해서 오히려 역효과를 불러 일으킵니다. 이럴 때는 상황을 충분히 이해 및 공감하고 의욕을 되찾을 수 있게 하거나 사기를 북돋울 수 있는 말을 통해 행동을 변화시킬 수 있도록 하는 것이 바람직합니다.

서비스 조직 밀레니얼 이렇게 코칭하라

K씨는 현재 CS기획 업무를 수행하고 있는 직원이다. 본래는 현장에서 직접 고객과 접촉하는 대면업무를 수행했는데 이번에 자신에게 새로 부여된 업무와 관련해서 불안해하고 있다. 주로 하는 것이 VOC분석인데 현장에서 고객의 불만이 무엇인지는 정확히 알고 있으나 분석업무에 익숙하지 않고 처음 해보는 일이어서 무엇을 해야 할지 망설이는 경우가 많다.

## 코칭 커뮤니케이션 핵심내용 요약

새로 맡은 업무에 대한 두려움이나 불안함을 털어놓게 하고 계속해서 불안 또는 좌절감을 느낄 경우 최악의 경우 어떤 일이 발생할 것 같은지를 스스로 말하게 하거나 관리자의 경험을 공유합니다. 과도할 경우 업무의 부담을 줄여주거나 목표를 조정하는 방법도 고려합니다.

- 불안함과 망설임, 두려움에 대한 내용을 말하게 하고 조용히 경청함
- 목표와 관련해서는 해당 지원의 목표나 의지를 눈으로 볼 수 있게 시각화
- 최악의 경우를 예상하게 하고 구체적으로 발생하는 일들이 무엇인지 나열하게 함
- 과도할 경우 목표 재조정 또는 업무의 부담을 경감
- 목표 달성을 위한 의지 확인 및 지원과 지지 약속
- 발생할 수 있는 장애 요소들을 미리 인지시켜 불안을 도전으로 받아들일 수 있게 함

코칭 커뮤니케이션 지침 및 주요 내용

과도한 불안은 직원의 정신건강은 물론 성과에도 직접적인 영향을 미

치는 것은 물론 협업을 하는 다른 직원들에게도 영향을 미칠 수 있으므로 관리자의 주의가 필요합니다. 불안과 망설임이라는 것 자체가 집중력과 판단력을 저하시켜 업무의 효율성을 떨어뜨리는 요인으로 작용하기 때문이죠.

사전적인 의미로 불안이란 앞으로 자신에게 위협적이거나 바라지 않는 상황이 올 것으로 예상할 때, 그리고 그 상황을 극복하기 위해 자기 자신 스스로 어떤 행동을 해야 할지를 명확하게 모를 때 발생하는 감정입니다.

따라서 서비스 조직뿐만 아니라 어떤 조직에 있어도 새롭게 시작하는 업무나 목표를 실행하는 과정에서의 두려움이나 불안함이 발생하는 것은 너무 자연스러운 일입니다. 우리 주위에도 보면 일을 시작하기 전에 이러한 두려움이나 불안함을 느껴서 업무를 과감하게 수행하지 못하는 직원들이 꽤 있습니다. 이럴 때는 자신의 불안하고 두려운 상황을 털어놓을 대상이 있는 것만으로도 대부분의 불안감이나 망설임이 해소가 되는 경우가 많습니다.

여기서 중요한 것은 불안이라고 하는 정체를 명확히 이해하는 것입니다. 실제로 불안이라는 것이 명확한 사실에 기반해서 두려워하는 것도 있지만 대부분 정확하게 정체를 알 수 없는 것들로부터 오는 불안과 두려움이 더 큽니다. 따라서 직원이 느끼는 불안함의 정체나 근원이 무엇인지를 스스로 고민하고 털어놓게 하는 것이 가장 우선되어야 할 것 같습니다.

그리고 난 다음 그러한 불안이나 두려움으로 인해서 발생할 수 있는 최악의 상황은 무엇인지를 생각하게 하고 그것을 말하게 하거나 적어보도록 하는 것입니다. 이러한 과정을 거침으로써 직원이 실제로 느끼고 있는 두려움의 정체를 알게 된다면 그 직원이 느끼는 불안과 두려움은 자연스럽게 사라지기 마련입니다.

그렇다면 목표를 수행하는 과정에서 망설이는 경우에는 어떻게 코칭 커뮤니케이션을 하는 것이 좋을까요? 이때는 해당 직원의 목표나 의지를 한눈으로 볼 수 있게 시각화하는 것이 좋습니다. 시각화를 할 때는 목표 달성을 위해 단계별로 이루어야 할 목표를 세분화해서 시각화하는 것을 병행하도록 하는 것이 바람직합니다.

시각화가 중요한 것은 시각화를 하는 과정이나 시각화된 자료를 보는 것만으로도 무엇을 해야 하는지가 명확하게 보이기 때문에 두려움이나 망설임이 줄어드는 것이죠.

이렇게 불안과 두려움 그리고 망설임을 감소시키거나 제거하는 방법과 함께 궁금해하시는 것이 업무에 부담을 느끼고 있는지 여부를 어떻게 파악할 수 있느냐는 것입니다. 물론 대개는 직원들이 관리자에게 얘기를 하는 경우가 많지만 적지 않은 직원들이 이러한 자신의 상황을 말하지 않고 혼자 속으로 끙끙 앓는 경우가 많습니다.

업무에 부담을 느끼고 있는지 여부는 다양한 방법을 통해서 관찰함으로써 알 수 있는데 주변 동료들과의 커뮤니케이션 빈도나 특정한 표현 또는 근무 태도, 스트레스 정도를 통해서 알 수 있는 것이죠. 예를 들어 직원이 "요새 정말 힘들어", "생각보다 일이 힘들어서 이겨 내기 힘들어", 또는 말수가 적어지거나 한숨을 쉬는 경우가 있다면 조용히 눈치를 채고 커뮤니케이션할 수 있겠죠? 아마 경험이 많은 관리자라면 충분히 이해하시리라 생각이 됩니다.

이와 같은 방법으로 부담을 느끼는 있는지 여부를 판단하고 과도할 경우 업무의 부담을 줄여주거나 목표를 조정하는 방법도 고려합니다. 이와 함께 피해의식이나 불안함을 갖지 않도록 수고에 대한 인정과 목표 달성에의 의지에 대해서 격려를 하는 것이 바람직한 코칭 커뮤니케이션입니다.

마지막으로 목표를 수행하는 과정에서 발생할 수 있는 장애요인이나 고민들을 미리 인지하게 하고 이로 인한 불안이나 두려움을 도전으로 받아들일 수 있도록 하는 것도 관리자의 몫입니다.

코칭 시 이렇게 표현해보세요

**새로 수행한 업무에 두렵고 불안해할 때**
↳ 예시 "○○○ 씨, 불안한 것이나 두렵다고 느끼지는 사항들이 무엇인지 저에게 말해줄래요?"

↳ "○○○ 씨, 너무 불안해하지 말아요. 정 불안하면 최악의 경우에 무슨 일이 발생할지를 생각해봐요? 그리고 그것을 적어서 함께 얘기를 나눠볼까요?"

↳ "○○○ 씨가 생각하는 일들이 업무를 수행하는 과정에서 과연 얼마나 발생할 것 같아요?"

### 목표에 대한 압박이나 업무 수행과정에서 망설일 때

↳ 예시 "요즘 무기력해 보이는데 마음에 걸리는 일이 있으면 터놓고 말해주세요."

↳ "○○○ 씨, 무엇이 자꾸 망설이게 하는지 구체적으로 말해줄래요?"

↳ "잘 진행되고 있지 않은 근본 이유나 원인이 무엇이라고 생각해요?"

↳ "그러한 일 때문에 충분히 망설일 수 있다고 생각해요. 그럴 때는 (대안이나 방법)과 같은 것도 고민해 보는 것이 좋아요."

↳ "○○○ 씨, 지금 당장 할 수 있는 일은 무엇일까요?"

※ 망설이는 직원에게는 망설이는 원인이 무엇인지 물어보고 원인과 함께 해당 직원이 정한 일들에 대해서는 무엇을 구체적으로 실천할 것인지 우선순위를 정하게 합니다. 그리고 우선순위에 입각해 당장 시행할 수 있는 것이 무엇인지 물어보고 실행할 수 있도록 독려합니다.

코칭 커뮤니케이션 시 주의해야 할 대화법

↳ 예시 "○○○ 씨! 도대체 이유가 뭡니까?" **X**

"요즘 많이 무기력해 보이는데 혹시 무슨 일이라도 있는지 말해 줄래요?" **O**

↳ "왜 몇 번이나 말을 했는데 알아듣지 못하는 겁니까? 정말 이런 식으로 할 거예요!!" **X**

"몇 번 얘기를 했는데도 계속 지켜지지 않아 마음이 아프네요. 계속 반복이 되면 팀에 영향을 줄 수 있으니 다음부터는 꼭 지켜주길 바라요." **O**

※ 불안해하거나 망설이는 직원에게 독촉 또는 추궁하는 식의 대화는 오히려 소극적인 행동으로 일관하거나 아예 대화를 하지 않으려는 태도를 보이므로 상황을 이해하고 공감한다는 표현과 함께 해당 행동이나 태도가 미칠 영향을 언급하는 선에서 커뮤니케이션하는 것이 바람직합니다.

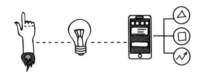

C씨는 주어진 목표를 달성하는 것에 대해서 항상 버거워한다. 예전에는 곧잘 목표를 달성했는데 요즘은 아예 의욕이 없는 것 같다. C씨의 이러한 태도로 인해 관리자 입장에서는 여간 힘든 것이 아니다. 관리자의 마음을 모르는 것도 아닌데 무기력한 C씨의 경우도 자신이 왜 이렇게 목표 달성에 대한 의지도 꺾이고 자신감마저 저하되는지 모르겠다고 말한다.

## 코칭 커뮤니케이션 핵심내용 요약

목표를 버거워하는 직원에게는 역할과 책임 그리고 이행해야 할 일들을 명확히 인식시키고 이에 따른 동기부여를 제공하는 것이 바람직합니다. 시각화를 통한 목표 달성 이미지를 구체화하고 달성해야 할 목표를 세분화해서 무엇을 해야 할지를 결정하게 합니다.

- 중립적인 태도와 직원에 대한 신뢰를 바탕으로 커뮤니케이션해야 함
- 역할과 책임은 물론 업무 수행 과정에서 반드시 이행해야 할 일들을 인식하게 함
- 적절한 아이디어나 경험 또는 내외부의 자원을 적극적으로 지원
- 시각화를 통한 목표 달성에 대한 이미지 구체화 → 이미지 트레이닝
- 기존 직원의 경우 신입직원들을 대상으로 조언 및 멘토링을 통해 자신감 극복하게 함
- 목표 달성해야 할 과제를 세분화해서 무엇을 해야 할지 스스로 결정하게 함

코칭 커뮤니케이션 지침 및 주요 내용

아시다시피 의욕이 부족하면 어떤 사람이라고 하더라도 조직에서 바

라는 성과나 결과물을 낼 수 없기 때문에 의욕이 없거나 무기력한 직원에게 동기를 부여할 방법이 무엇인지를 알고 이를 실천에 옮길 수 있어야 합니다.

그렇다면 목표를 버거워하거나 목표 달성의 의지가 꺾인 유형의 직원과의 코칭 커뮤니케이션은 어떻게 해야 할까요?

먼저 역할과 책임은 물론 업무를 수행하는 과정에서 반드시 이행해야 할 일들을 명확하게 인식하게 하는 것이 선행되어야 합니다. 예를 들어 역할의 우선순위, 도달 방법, 시간 배분 및 역할에 대한 실제 활동 등과 같이 업무 수행과정에서 반드시 이행해야 할 일을 인식하게 하는 것이죠.

신입 직원일 경우 역할 모델(Role model)을 찾게 하고 이들 모델을 멘토로 정해주는 것이 좋은데 이때 서비스 조직에서 우수한 성과를 내거나 역량 및 의지가 남달라 관리자나 또는 직원들이 인정하는 직원들을 배치하는 것이 좋습니다. 그러나 상황에 따라 근속기간이 오래된 직원보다는 자신의 상황과 처지를 잘 이해하고 있는 6개월 이상 1년 미만의 직원을 정해주는 것도 좋은 방법입니다.

반면 근속기간이 1~2년 이상의 경험이 있는 직원이라면 자신의 기존 경험이나 자원을 환기하거나 활용하게 하는 것도 좋습니다. 아래와 같은 표현을 곁들이면서 말이죠.

  ↳ 예시 "○○○ 씨, 작년에 이와 같은 문제가 발생했을 때 잘 해결하지 않았나요?"

↳ "○○○ 씨, 지난 번에 이와 비슷한 업무를 수행했던 경험이 있지 않나요? 그때 경험을 살려 이번 업무에 활용해 보는 것은 어때요?"

또한 목표 달성 과정에서 어려움을 겪을 때 적절한 아이디어나 경험 또는 내외부의 자원을 적극적으로 지원하면 좋은 효과를 볼 수 있습니다. 예를 들어 시각화된 자료나 통계 또는 선배 직원의 경험담, 장애요인 분석 및 극복할 수 있는 방법이나 외부 교육의 기회, 이벤트 및 교육 등을 병행하는 것입니다.

그리고 직원이 의지가 꺾이거나 저하되었을 때는 목표를 달성했을 때의 이미지를 떠올리게 하는 것도 좋습니다. 흔히 이미지 트레이닝이라고 하는데 이렇게 상징적인 이미지를 시각화함으로써 목표 달성에 대한 의지는 좀 더 입체화되고 이러한 시각화는 무의식 중에 직원의 의식에 작용해 무기력을 극복할 수 있게끔 해줍니다.

시각화를 통한 이미지 트레이닝과 함께 업무를 수행하는 과정에서 이룰 수 있는 단기간에 이룰 수 있는 작은 목표와 함께 현재 책임지고 자신이 완수할 수 있는 일들에 대해 목록화함으로써 이를 인식하고 일을 할 수 있도록 하는 것도 좋습니다. 이러한 방법은 의외로 목표 달성을 단축하는 데 도움을 주기도 하니 적극적으로 코칭 커뮤니케이션하실 때 활용하시면 좋겠습니다.

위에서 설명했다시피 목표 달성에 대한 의지가 저하되거나 무기력한 직원과의 코칭 커뮤니케이션은 중립적인 자세 유지와 함께 직원의 존재

가치를 인정하거나 경청을 통해 상호 간의 공통점이나 공동의 목표를 발견하도록 노력해야 합니다. 이에 덧붙여 현재 상황보다는 미래지향적인 대화를 통해 가능성 및 의지를 확인해가면서 소통하는 것이 바람직합니다.

그리고 위에서는 설명하지 않았습니다만 목표를 버거워하거나 목표 달성의 의지가 꺾이고 저하된 직원 대상으로 코칭 커뮤니케이션을 할 때 중요한 것 하나를 말씀드리겠습니다. 어느 정도 서비스 조직에서 일한 경험이 있는 직원의 경우 조언을 해주거나 지원과 지지 또는 격려를 하는 것도 좋지만 문제는 이러한 조언이나 지지 또는 격려가 자칫 역효과를 낼 수 있다는 사실을 기억하셔야 합니다. 왜냐하면 남들로부터 조언이나 지지가 자칫 해당 직원 스스로 무능하다고 느끼게끔 해서 오히려 자신감을 떨어뜨릴 수 있기 때문입니다.

따라서 무조건 조언보다는 해당 직원으로 하여금 일정 기간 동안 신입 직원들을 대상으로 멘토링할 수 있는 기회를 제공하는 것이 좋습니다. 이렇게 다른 직원들에게 역으로 조언이나 멘토링을 해주면서 자신감을 얻을 수 있기 때문인데 이러한 활동을 하면서 자연스럽게 자신의 행동이나 생각을 분류 또는 정리하면서 자신의 행동을 돌이켜 볼 수 있는 기회를 제공합니다.

## 코칭 시 이렇게 표현해보세요

**목표 달성을 위해서 조금씩 노력하고 있는 모습이 보일 때**

↳ 예시 "○○○ 씨, 요즘 지난 번 얘기했던 목표를 달성하려고 열심히 노력하고 있다면서요? 나도 응원하겠습니다."

↳ "점차 나아지고 있다니 정말 다행입니다."

**기대한 결과 또는 성과가 나왔을 때**

↳ 예시 "○○○ 씨! 열심히 노력한 결과 좋은 성과가 나오게 되어 정말 기쁘네요."

↳ "와! 이렇게 완벽하게 일을 처리하다니 정말 대단하네요!"

↳ "정말 이러한 결과가 나온 것을 보니 ○○ 씨가 얼마나 최선의 노력했는지 눈에 보이네요"

**개선이 되지 않았을 때**

↳ 예시 "지난번에 약속했던 일들이 정상적으로 진행되지 않고 있는 점에 대해서 유감입니다. 그러면 앞으로 어떻게 하면 좋을까요?"

**코칭 커뮤니케이션 시 주의해야 할 코칭 대화법**

↳ 예시 "○○○ 씨 계속 이렇게 무기력하게 일을 처리하면 도대체 어쩌자는 겁니까?" **X**

"○○○ 씨가 이렇게 무기력한 모습을 보이니까 정말 마음이 안

좋네요." **O**

↳   "아니, 도대체 왜 실행을 하지 않은 거죠?" **X**
"지난번에 약속한 목표를 달성하려면 지금 당장 할 수 있는 일은
무엇입니까?" **O**

※ 감정적으로 자신의 감정을 감정적으로 드러내는 것과 감정만을 전달하
는 것은 서로를 자극하지 않기 때문에 관리자나 직원 모두 바람직한 관
계를 유지할 수 있습니다.

30대 중반의 J씨는 초기에 열정과 패기로 가득 찼던 모습은 사라지고 날마다 같은 일상을 반복하며 틀에 박힌 업무 방식이나 태도로 일관하는 자신을 발견한다. 이런 일상이 반복되다 보니 일에 대한 비전도 보이지 않아 하루하루가 버겁다. 무엇을 해도 더 이상 열정이 일어나지 않고 무언가를 배우고 싶지도 않고, 하고 싶은 것도 없어지고 있다는 사실에 힘들어 한다.

## 코칭 커뮤니케이션 핵심내용 요약

매너리즘에 빠진 직원에 대해서는 먼저 그들의 심정과 상황에 공감하고 그들을 위로하는 '따뜻한 말 한마디'가 필요합니다. 단순히 위로를 벗어나 매너리즘을 극복할 수 있도록 실현 가능한 비전이나 목표를 설정할 수 있도록 현실적인 조언을 해주는 것이 가장 현명한 방법입니다.

- 목표는 객관적이어야 하고 해당 직원의 의지가 반드시 반영되어야 함
- 실현 가능한 비전이나 목표를 설정할 수 있도록 현실적인 조언 필요
- 해당 직원의 기존 경험이나 자원을 환기하거나 활용
- 목표 달성을 방해하는 요소들을 구체적으로 목록화
- 목표치는 반드시 단계별로 달성 가능한 목표를 설정
- 기존 직원의 경우 조직 내에서 직접 기여할 수 있는 업무들을 찾아 참여하도록 유도

코칭 커뮤니케이션 지침 및 주요 내용

서비스 조직에서 일을 하다 보면 매너리즘에 빠지는 직원들이 있습니

다. 비단 서비스 조직뿐만이 아니라 일반 조직에서도 다양한 이유로 매너리즘에 빠지는 것을 볼 수 있습니다. 주기적으로 찾아오는 직원들도 있는데 슬럼프와 무기력한 상황에 빠지면 일할 의욕이 생기지 않습니다.

대부분의 매너리즘은 매일 바쁘고 똑같은 일상이 반복되기 때문이라고 할 수 있습니다. 이외에 목표나 비전의 실종되면서 사는 것 자체가 버겁고 일에 집중하기도 힘듭니다.

직원이 매너리즘에 빠져 허우적거릴 때 관리자 입장에서는 그들의 심정이나 상황에 대한 공감하고 그들을 위로하는 '따듯한 말 한마디'가 필요합니다. 말 그대로 하루하루가 전쟁이고 치열한 경쟁이 매일 벌어지는 곳에서 일하는 직원이라면 매너리즘에 빠지지 않는 것이 오히려 더 이상할 수도 있습니다. 원론적인 말이긴 하지만 그들의 상황을 이해하고 심정적으로 지지해주는 것이 그나마 매너리즘의 굴레에서 벗어나게 할 수 있는 일이 아닐까 싶습니다.

다만 그러한 심정적 이해나 공감으로는 부족하고 매너리즘을 극복할 수 있는 방법을 제시하는 것이 좋습니다. 즉 직원의 자신감을 키우되 직원 스스로 혼자서 매너리즘을 툭툭 털어내고 힘차게 일을 할 수 있도록 해주는 것이 목적이 되어야 합니다.

이렇게 매너리즘에 빠진 직원을 탈출시키는 가장 좋은 방법은 바로 직원들에게 실현 가능한 비전이나 목표를 설정할 수 있도록 현실적인 조언을 해주는 것입니다. 이러한 커뮤니케이션을 하는 데 있어 가장 기본적인 것은 상호 간의 신뢰이며 목표와 책임을 상기시키고자 할 때 진정성을 바탕으로 한 인간적인 접근은 필수입니다.

　다만 목표와 책임을 상기시키는 것과 인간적인 접근은 별개의 문제이므로 목표와 책임은 명확히 전달하는 것이 목적이 되어야 합니다. 목표를 정하는 것은 반드시 객관적이어야 하고 해당 직원의 의지가 반드시 반영되어 있어야 효과를 발휘하므로 직원 자신의 기존 경험을 환기시키거나 내부 자료를 활용하게 하는 것입니다. 예를 들어 개인이력카드나 면담이력 등을 참고하거나 직원에 대한 주요 KPI자료 및 통계 또는 분석 자료, 보고서 등 객관적인 자료를 활용하는 것입니다.

　이렇게 직원들의 기존 경험을 환기시키거나 이를 활용할 경우 감정적인 접근이나 호소가 아닌 객관적인 사실에 근거하여 커뮤니케이션하도록 주의하여야 합니다. 예를 들어 "○○○ 씨, 예전에는 잘했는데 도대체 지금은 왜 이렇게 신입사원보다 못한 거죠?"와 같이 남과의 비교나 인신공격성 커뮤니케이션은 오히려 역효과를 불러일으킬 수 있으니 특히 조심해야 합니다.

　이와 함께 매너리즘을 극복할 수 있는 방법 또는 목표 달성을 방해하는 요소들을 구체적으로 목록화하는 것도 중요합니다. 앞장에서 배웠던 역량과 의지 매트릭스를 통해 매너리즘에 빠져 있는 직원의 유형에 따라 각기 다른 커뮤니케이션 방법으로 접근해야 한다는 것입니다.

　목표나 비전을 설정하는 데 있어서 주의하여야 할 점은 서비스 조직의 조직문화나 상황 또는 조직 인사체계를 고려해야 한다는 점입니다. 예를 들어 인사의 적체, 승진의 한계, 또는 타 부서로의 이전 불가 및 고용

형태 등을 고려해야 한다는 것이죠. 또한 사전 커뮤니케이션을 통해 해당 직원의 비전이나 목표 파악이 중요합니다. 단순한 매너리즘인지 구조적인 한계에서 오는 매너리즘인지를 구분해야 할 필요성이 있다는 의미입니다. 예를 들어 급여 인상, 관리자로의 승진, 타 부서로의 이전, 장기 근무 등으로부터 오는 매너리즘은 상황이 개선되지 않으면 똑같은 매너리즘에 빠질 가능성이 높기 때문입니다.

기존 직원의 경우 책임과 적어도 공헌해야 할 목표를 상기시키고 이를 주기적으로 인식할 수 있도록 커뮤니케이션해야 하는 것이 중요한데 서비스 조직 내에서 직접 기여할 수 있는 업무들을 찾아 참여하도록 유도하는 것도 한 가지 방법입니다. 예를 들어 서비스 조직의 매뉴얼 업데이트 개발, 멘토 역할 수행, 기존 사원 대상 업무 노하우의 전수, 타사 비교 모니터링 업무를 수행하게 하거나 기존 자료 분석을 통해 잘 하는 부분이 있다면 암묵지의 경험을 형식지로 이끌어내는 활동을 병행하게 하는 것입니다. 다만 멘토 같은 역할모델의 경우 직위가 아닌 역할로만 생각할 수 있도록 명확하게 인지시켜야 합니다.

코칭 시 이렇게 표현해보세요

**매너리즘에 빠진 직원에게 자신감을 불어넣어 줄 경우**

↳ 예시 "○○○ 씨, 일을 하면서 가장 보람을 느꼈던 때는 언제인가요?"

↳　"일을 하면서 언제 가장 즐거웠나요?" 또는 "일이 재미있다고 느

낄 때는 언제인가요?"

**매너리즘에 빠진 직원에게 구체적인 자신의 역할과 목표에 대해서 질문할 때**

↳ 예시 "〇〇〇 씨, 자신의 역할이 무엇이라고 생각하세요?"

↳　"조직에서 〇〇〇 씨에게 기대하고 있는 역할은 무엇일까요?"

↳　"앞으로 6개월 후의 〇〇〇 씨의 모습을 어떨까요?"

↳　"매너리즘을 극복하기 위해서 구체적으로 극복할 수 있는 방법

은 무엇일까요?"

↳　"현재 상황을 극복하는 데 있어 방해요소는 무엇이라고 생각하

세요?"

## 코칭 커뮤니케이션 시 주의해야 할 코칭 대화법

↳ 예시 "〇〇〇 씨, 그 동안 잘해 왔잖아요? 그런데 왜 갑자기 이래요?" **X**

"〇〇〇 씨, 어떻게 하면 전처럼 잘 할 수 있는지 생각해봅시다." **O**

※ 매너리즘에 빠진 직원이 자신의 강점을 알고 있지만 무엇을 해야 할지

모른다면 강점을 어떻게 살릴 것인지를 고민하게 하거나 함께 고민하도

록 해보세요.

↳ 예시 "○○○ 씨, 이제는 좀 더 노력해야 하지 않겠어요?" **X**

"○○○ 씨, 혹시 자신의 강점이 무엇이라고 생각하세요?" **O**

※ 이 같은 경우 자신의 강점이 무엇인지 모르는 직원들을 대상으로 스스로 강점이 무엇인지 생각해보게 합니다. 본인이 쑥스러워하면 관리자가 생각하는 직원의 강점을 언급해주고 이를 적극적으로 칭찬을 하면 자신감을 얻을 수 있습니다.

입사 5년차 K씨는 목표를 달성하기 위해서 매번 노력은 하지만 성과가 신통치 않다. 목표를 세우고 꾸준히 노력을 함에도 불구하고 진척도는 물론 조직에서 요구하는 성과가 잘 나오지 않아 고민이다. 분명 딴짓하지 않고 열심히 노력함에도 성과가 부진하고 성과를 달성하기 위해 나름대로 마련한 개선활동도 더디고 업무를 제대로 소화하지 못해 실망이 크다.

## 코칭 커뮤니케이션 핵심내용 요약

서비스 조직에서 진행되는 목표나 개선을 위한 활동이 더딘 직원들을 위한 커뮤니케이션의 핵심은 하고자 하는 의지와 가능성의 확인이라고 할 수 있습니다. 이렇게 진척도가 낮은 직원들을 대상으로는 지속적인 확인과 커뮤니케이션 그리고 감성적인 접근이 효과를 발휘합니다.

- 직원과의 신뢰성은 물론 진정성 있는 커뮤니케이션이 중요한 태도와 자세
- 목표 달성 또는 개선활동이 더딘 원인이 무엇인지 목록화
- 정량적인 목표 달성의 경우 지속적인 트래킹 진행(수치와 통계를 통한 모니터링)
- 개선활동의 경우 구체적인 수행목표나 개선과제 등을 구체화하고 수시로 확인
- 속도 더딘 경우 단기에 달성해야 할 과제나 목표 제시 후 진척도 확인
- 목표했던 결과에 근접하거나 중요 단계를 뛰어넘을 경우 칭찬과 지지, 격려 필요

코칭 커뮤니케이션 지침 및 주요 내용

서비스 조직 관리자로서 가장 고민되는 것이 바로 성과나 개선활동이

더딘 직원들과의 코칭 커뮤니케이션이 아닐까요? 성과나 개선활동이 더딘 직원 자신도 아마 답답하겠지만 이러한 유형의 직원에 대해서는 먼저 신뢰는 물론 코칭에 대한 부담감을 덜어내고 쉽게 얘기할 수 있는 분위기와 환경이 조성되어야 합니다.

그리고 난 뒤 직원의 목표 또는 개선활동이 더딘 이유를 파악하기 전에 해당 직원을 대상으로 의지와 가능성 또는 역량은 있는지 확인해야 합니다. 이미 앞에서도 몇 차례 설명드렸습니다만 해당 직원의 의지와 역량을 매트릭스로 분석해보고 각 유형에 알맞은 코칭 커뮤니케이션을 진행해야 합니다. 여기서는 의지가 있는 사람들을 대상으로 어떻게 코칭 커뮤니케이션해야 하는지에 대해서 설명을 드리도록 하겠습니다.

먼저 해야 할 일은 목표 달성을 어렵게 하거나 개선활동이 더딘 이유가 무엇인지를 구체적으로 질문하고 그것들을 직원이 스스로 정리할 수 있도록 시간을 주는 것입니다. 이와 함께 지속적으로 해당 목표나 개선활동을 인식할 수 있도록 습관을 들이는 것입니다. 이러한 고민을 하지 않고는 다시 기존으로 돌아갈 확률이 높기 때문입니다.

정량적인 목표인 경우 지속적인 트래킹(객관적인 수치와 통계에 근거한 모니터링 및 지도, 교육 및 훈련 등 사후관리 활동)을 통해서 목표와의 차이를 줄일 수 있도록 하는 것이 좋으며 이때 성과관리를 위한 매트릭스를 통해 해당 직원이 어느 정도 수준에 있는지를 지속적으로 체크해나가는 것이 좋습니다.

이와 함께 시간관리 매트릭스를 통해 현재하고 있는 일들에 대해서 우선순위를 정하도록 합니다. 우선순위는 목표달성과 개선활동을 이루기 위해 필요한 활동과 연동이 되어야 하며 직원 스스로 긴급한 것과 긴급하지 않은 것, 중요한 것과 중요하지 않은 것들을 기준으로 중요도와 긴급성을 따져 해야 할 일들에 대한 우선순위를 정하도록 하는 것이 좋습니다.

개선활동의 경우 아래와 같이 구체적인 수행 목표, 개선 과제 및 진행경과는 물론 시행방법, 횟수, 시행일자, 완료일자를 구체화하고 이를 자료화하여 수시로 확인하는 노력이 필요합니다.

| 개선점 | 목표 | 개선과제 | 주기/횟수 | 시행일자 | 완료여부 |
|---|---|---|---|---|---|
| 고객반론<br>극복 | 00점 → 00점 | 스크립트<br>수정 · 보완 | 5회 → 10회 | OO. OO일 | 진행 중 |

이와 함께 정기적으로 진척도는 물론 해당 직원의 상황을 확인할 수 있는 시간 및 구조를 만드는 것이 중요하며 진척된 상황에 대해서는 인정 또는 칭찬을 병행하면 좋습니다. 이렇게 상황 확인을 위한 커뮤니케이션을 하는 과정에서 자신의 상황을 이야기할 수 있는 기회가 정기적으로 제공되면 안심과 함께 업무나 목표 달성에 대한 속도를 내는 데 집중하게 되므로 이중의 효과를 거둘 수 있습니다.

속도가 더딘 직원의 경우 단기에 달성해야 할 과제나 목표를 제시하고 이에 대한 진척도를 모니터링하면 좋습니다. 이때는 단순히 구두로 코칭 커뮤니케이션하는 것보다는 도표나 시각화된 자료를 활용하는 것이 훨씬 도움을 줍니다. 예를 들어 매트릭스 도표나 일에 대한 진척도 또는 성과와 관련된 시계열 분석이 된 자료를 활용하는 것을 추천합니다.

이와 함께 단기에 달성해야 할 과제를 통해 작은 성과(Quick win)를 거둘 수 있도록 독려하는 것이 중요한데, 이렇게 함으로써 단기에 작은 성과를 통해 더 큰 목표를 달성할 수 있는 가능성은 물론 해당 목표에 대한 활동이 가속화됩니다. 목표했던 부분에 거의 근접하거나 중요한 단계를 뛰어넘었을 경우에도 이를 알려주고 칭찬과 지지, 격려를 해주면 해당 직원 입장에서는 성취감을 느낄 수도 있고 그 동안 힘들었던 과정을 조금만 있으면 도달할 수 있다는 안도감은 물론 스스로 성장하고 있다는 느낌을 받게 됩니다.

<u>코칭 시 이렇게 표현해보세요</u>

**목표 또는 개선활동이 더딘 이유를 파악하고자 할 때**

↳ 예시 "○○○ 씨, 목표 달성(또는 개선활동)이 더딘 이유는 무엇이라고 생각하세요?"

↳ "○○○ 씨, 목표를 달성하기 위해 가장 시급하다고 생각하는 것은 무엇인가요?"

↳ "어떻게 하면 개선활동이 좀 더 탄력을 받을 수 있을까요?"

## 생각과 행동을 바꾸고 의욕을 자극할 때

↳ 예시 "○○○ 씨가 하고 있는 업무가 우리 조직에 어떤 가치를 제공하고 있는지 생각해본 적 있나요?"

↳ "○○○ 씨, 혹시 우리 조직에서 어떤 일을 담당하고 싶습니까?"

## 구체적으로 진척도를 확인하고자 할 때

↳ 예시 "지금 진척도는 몇 %인가요?"

↳ "목표 달성률은 어느 정도 수준인지 함께 확인해볼까요?"

## 코칭 커뮤니케이션 시 주의해야 할 코칭 대화법

↳ 예시 "○○○ 씨, 이번 달 성과가 이게 뭐야!! 정말 이따위로 할 거야!!" **X**

"○○○ 씨, 다음에는 (구체적인 생각이나 의견)하는 방법도 있으니 한번 해봅시다." **O**

"○○○ 씨, 다음에는 어떻게 하면 좋은 성과를 낼 수 있을 지 함께 생각해봅시다." **O**

※ 성과를 달성하지 못했을 때는 단순히 원인 추궁이 아닌 해결에 초점을 맞춰 해결 방법에 초점을 맞추세요.

↳ 예시 "○○○ 씨, 도대체 이렇게 성과가 나온 이유가 뭡니까?" **X**

"○○○ 씨, 이렇게 성과가 나온 이유가 무엇인지 설명해줄 수 있

어요?" O

당황스럽겠지만 이러한 결과가 나온 이유를 알고 싶은데 좀 설명 좀 해줄래요?" O

※ 성과달성에 실패한 원인을 파악하면서 직원을 혼내면 개선보다는 감정적으로 상처를 남기는 반면 이유 자체가 무엇인지에 대해 초점을 맞추면 개선될 여지가 있습니다.

↳ 예시 "이런 식으로 해서 목표를 달성할 수 있겠어요?" X

○○○ 씨, 언제까지 어느 정도의 성과를 낼 계획인가요?" O

○○○ 씨. 어떻게 목표를 달성할 것인지 대한 구체적인 방법은 무엇인가요?" O

※ 목표 달성과 관련한 방법이나 계획을 물을 때 부정적인 뉘앙스의 표현보다는 가능성에 무게를 두고 계획과 구체적인 방법을 물어보는 것이 바람직합니다.

D씨는 현재 매장에서 근무하고 있는 입사 1년차 직원이다. 입사 1년이 되었다고 하나 아직도 매장에서 일하는 것이 익숙하지 않은지 자주 실수를 한다. 매번 주의를 주고 교육을 시켰음에도 불구하고 여전히 동일한 실수를 반복한다. 화가 나서 눈물이 쏙 빠지도록 혼을 내고 나면 잠시 주의하는 것 같다가도 또 동일한 실수를 반복하다 보니 이젠 정말 지친다.

## 코칭 커뮤니케이션 핵심내용 요약

먼저 실수를 반복하는 원인 파악과 함께 자주 실수하는 항목을 목록화하고 이를 개선하기 위한 대안을 제시하는 것이 좋습니다. 이때 주의해야 할 것은 감정적인 대응이 아닌 객관적인 자료와 사실에 입각한 중립적인 언어를 사용해 개선할 수 있도록 커뮤니케이션해야 합니다.

- 감정적인 대응이 아닌 실수한 내용에 대해서 사실만을 근거로 커뮤니케이션
- 실수하는 원인이 무엇인지 정확한 원인 분석 필요
- 자주 실수하는 항목이나 부분은 어떤 것인지 본인 스스로 목록화하도록 독려
- 반복적인 실수로 불안함과 두려움이 발생하지 않도록 극복 사례 공유
- 반복적인 실수에 대해 과도한 지적 및 질책은 금물
- 속도 더딘 경우 단기에 달성해야 할 과제나 목표 제시 후 진척도 확인
- 잦은 실수에 따른 리스크를 인지시키고 동일한 경험을 한 직원들의 극복 사례 공유

코칭 커뮤니케이션 지침 및 주요 내용

서비스 조직에서 근무하다 보면 똑같은 실수를 반복적으로 하는 직원

들이 있습니다. 문제는 이들도 동일한 실수를 반복하는 자신을 알고 있으며 스스로 자책한다는 사실입니다. 이러한 유형 직원의 개선을 위해서는 절대 감정적인 접근은 곤란하며 객관적이고 명확한 근거를 바탕으로 한 중립적인 언어를 사용해서 코칭을 진행해야 합니다. 이와 함께 이와 같은 일이 재발하지 않게 하기 위한 현실적인 대안을 함께 고민하는 것이 바람직한 코칭 커뮤니케이션이라고 할 수 있습니다.

먼저 직원이 실수한 내용에 대해서 감정적인 대응은 자제하고 실수한 내용에 대해서 사실만을 근거로 커뮤니케이션하는 것이 중요합니다. 감정적인 대응은 오히려 상황을 악화시키기 때문입니다. 이럴 때는 실수하는 원인이 무엇인지 정확한 분석이 필요하며 심리적인 요인에 의한 것이 아니라면 조직 업무 프로세스에 입각해 업무를 수행해 나가도록 습관화하는 것이 중요합니다.

또한 자주 실수하는 항목이나 부분은 어떤 것인지 스스로 목록화하고 이를 개선하기 위한 구체적인 개선안을 함께 고민하는 편이 낫습니다. 예를 들어 포스트잇, 스티커 기능 활용, 역할연기나 자주 실수하는 내용을 목록화하는 등의 대안을 제시해서 이를 업무에 활용토록 하는 것입니다. 또한 잦은 실수에 따른 리스크가 무엇인지를 인지시키고 동일한 경험을 한 직원들의 극복 사례를 공유하는 것도 도움이 됩니다.

이와 함께 미리 발생할 수 있는 문제나 어려움들이 무엇인지 미리 인지를 시키는 것도 좋습니다. 문제가 발생했을 때 대응방법과 대응 시 유의사항도 같이 알려주면서 잦은 실수로 인해 발생하는 업무에 대한 두려움이나 불안을 '극복' 또는 '도전'의 대상으로 받아들이도록 하는 것이 중요합니다. 매너리즘과 마찬가지로 감정적인 대응은 직원과의 반목이나 신뢰감 형성을 저해하는 요소이므로 감정적인 대응이 아닌 객관적인 자료와 사실에 입각한 중립적인 언어를 사용해서 커뮤니케이션을 해야 합니다. 다시 한번 말씀드리지만 동일한 실수를 반복한다고 해서 과도한 지적이나 질책은 오히려 직원으로 하여금 패배감이나 의욕을 저하시킬 수 있으므로 정말 주의를 하셔야 합니다.

너무 과도한 지적이나 질책을 할 경우 직원이 혼날 것을 두려워해 해당 사실을 숨기면 오히려 나중에 일이 커져 서비스 조직의 리스크 관리를 어렵게 할 위험이 있습니다. 따라서 동일한 실수를 반복하는 경우 서비스 조직 내에서 실수 사례를 모아서 서비스 조직만을 위한 자체 실수 예방 매뉴얼을 만들어 운영하는 것도 방법입니다.


코칭 시 이렇게 표현해보세요

**동일한 실수를 반복하는 직원에게 자신감을 불어넣을 때**
↳ 예시 "○○○ 씨, 누구나 두려움은 있기 마련이야. 고객과는 자신감 있는 응대가 더 중요합니다. 겁먹지 말고 자신 있게 도전해 봐요."

**실수를 통해 배운 점이나 개선해야 할 점을 물어볼 때**

↳ 예시 "이번 실수를 통해서 배운 점이 있다면 있다면 무엇이 있나요?"

↳ "업무를 수행하는 과정에서 실수를 통해 개선해야 할 점은 무엇인지 말해줄래요."

**코칭 커뮤니케이션 시 주의해야 할 대화법**

↳ 예시 "○○○ 씨, 한두 번도 아니고 왜 이렇게 똑같은 실수를 반복하는 거냐고!!" X

"○○○ 씨, 실수를 반복하지 않으려면 어떻게 하면 좋을까요?" O

"반복되는 실수를 최소화하기 위해서 어떤 노력을 하고 있는지 말해줄래요?" O

※ 잦은 실수를 하는 직원과 소통할 때는 질책이나 비난이 아닌 개선을 위한 제안을 질문 형태로 코칭 커뮤니케이션하는 것이 바람직합니다. 제안 형태의 질문으로 해당 직원의 생각이나 의지를 들을 수 있기 때문이고 이에 대한 적절한 피드백과 함께 직원의 의지 및 생각을 지지하고 격려함으로써 동일한 실수를 반복하는 것을 막을 수 있습니다.

E씨는 종합병원 진료 예약과에서 5년째 근무하고고 있는 직원이다. 직원들과 잘 어울리고 쾌활한 편이지만 문제는 매사에 불평과 불만이 많다는 점이다. 늘 뚱한 표정으로 어떤 일을 지시하면 뭐라고 알아듣지 못할 소리를 내며 대답을 하는 둥 마는 둥 한다. 불평과 불만이 많으니 당연히 관리자와의 사이도 좋지 않지만 조직 분위기를 흐리는 것이 더 큰 문제다.

## 코칭 커뮤니케이션 핵심내용 요약

현장에서 가장 어려워하는 부류의 직원들이 바로 불만이나 불평이 많은 직원이 아닐까 싶습니다. 서비스 조직은 많은 사람들이 모여 근무하는 곳이다 보니 물결효과로 인한 부정적인 감정의 전염이 커지기 때문에 이들에 대한 코칭 커뮤니케이션이 중요합니다.

- 불만과 불평이 무엇인지를 명확히 파악하는 것이 문제해결의 시작
- 감정적인 대응이나 자극을 줄 수 있는 용어 사용은 절대 금지
- 감정적인 접근이 아닌 객관적인 사실을 근거로 소통
- 불만이나 불평에 대한 경청 후 공감 및 재확인하며 제안으로 전환
- 주기적인 소통을 통한 신뢰 관계 구축이 불평이나 불만을 최소화함
- 직원들의 의견이나 주장 또는 업무 방식에 대한 중립적인 태도 유지
- 업무중심적으로 문제를 해결하려는 노력이 오히려 효과를 발휘함

코칭 커뮤니케이션 지침 및 주요 내용

영국 케임브리지대의 요헨 멘게스 교수 팀은 흥미로운 연구결과를 내

났습니다. 조직에서 불평불만이 많은 직원일수록 오히려 조직에 대한 충성도도 높고 회사를 그만둘 확률도 낮다는 사실입니다. 그럼에도 불구하고 서비스 현장에서 가장 어려워하는 부류의 직원들이 바로 불만이나 불평이 많은 직원이 아닐까 싶습니다. 서비스 조직은 많은 사람들이 모여 근무하는 곳이다 보니 물결효과로 인한 부정적인 감정의 전염이 커지기 때문에 이들에 대한 코칭 커뮤니케이션이 중요합니다. 불평불만의 원인은 너무 다양해 특정하기가 어려운데, 이들의 성향에 기인할 수도 있고 이들 개개인이 처한 상황 때문에 발생할 수도 있습니다.

이외에도 조직 차원의 문제, 인정받지 못함, 업무에 대한 자신감 부족, 업무방식 또는 동료들 간의 다양한 이슈로 인해서도 발생할 수 있는 등 불만의 원인은 끝이 없습니다. 또한 이들의 불만은 주기적이고 심각할 경우 감정적으로 이어져 팀은 물론 조직 전체에 좋지 않은 영향을 미치는 경우가 많습니다.

중요한 것은 이들의 불만과 불평이 무엇인지를 명확히 파악하는 것이 문제해결의 시작이라는 점입니다. 이때 감정적인 대응이나 자극을 줄 수 있는 용어 사용은 절대 금해야 합니다. 왜냐하면 감정을 드러냄으로써 오히려 반감은 물론 감정적 대립을 초래하기 때문입니다.

따라서 감정적인 접근이 아닌 개별 업무를 중심으로 커뮤니케이션해야 하며 무엇보다 객관적인 사실을 근거로 얘기를 풀어나가야 합니다. 이러한 접근 방법을 통해 해당 직원의 의견을 들어줌으로써 불만이나 불평 또는 자신의 태도에 대한 본인의 판단은 물론 주체적으로 입장을 정리할 수 있도록 하는 것이 바람직합니다.

먼저 관리자는 직원이 말하는 불만이나 불평에 대한 얘기를 다 들어주고 공감 및 재확인하며 제안으로 전환시키는 것이 중요합니다. 여기서 공감이라는 것은 불만이나 불평과 관련한 자신의 주장이나 의견에 동의하는 것이 아니라 심정적으로만 이해한다는 것을 의미합니다.

서비스 조직에서 발생하는 불평이나 불만은 크게 2가지로 나뉘는데 원래부터 비딱한 태도를 유지하는 네거티브 유형과 실제 본인의 의지나 시각과는 다르게 운영되고 있는 서비스 조직(또는 관리자)에 대한 불만을 토로하는 유형이 바로 그것입니다. 그런데 이렇게 불만에 대해서 이야기하라고 자리를 마련하면 속에 있는 말을 그대로 하는 직원이 있는가 하면 아예 한마디도 안하고 소극적으로 임하는 경우도 있습니다.

여기서 집중해야 할 것은 자신의 기준과 의지와 다르게 운영되는 조직에 대한 불만을 토로하는 직원을 대상으로 속에 있는 마음을 끄집어내고 제안을 할 수 있도록 하게 하는 것입니다. 이때 진짜로 중요한 것은 관리자의 역할입니다. 마음먹고 솔직하게 불만이나 불평을 털어놨는데 문제를 개선하기는커녕 뒤에서 욕하거나 불이익을 주는 등의 행위를 저지르는 것은 신뢰를 깨는 최악의 행위이므로 절대 해서는 안됩니다.

불평 및 불만이 많은 부정적인 사람들일수록 자신의 시각과 주장 및 사고가 맞다고 확신하는 경향이 있기 때문에 적당히 커피 마시는 방식으로 문제를 해결하려는 것보다는 오히려 업무중심적으로 문제를 해결하려는 노력이 효과를 발휘합니다. 따라서 업무중심적으로 커뮤니케이션을 하되 불만이나 불평에 대한 명확한 피드백을 주어야 불안해하지 않습니다.

불평 및 불만이 많은 직원들 또한 불안하기는 마찬가지이므로 긍정적인 답변이나 호응을 통해 힘을 주는 메시지를 전달하거나 개별적인 관심이나 칭찬을 해주는 것도 좋은 방법입니다. 이와 함께 서비스 조직에서 루머를 퍼뜨리거나 해서는 안 될 일을 할 경우, 무조건 감정적으로 다그치거나 자극을 하는 것은 피하고 바로 구체적으로 잘못된 일에 대해서 지적과 함께 교정을 하는 것이 바람직합니다.

예를 들어 서비스 조직에서 공통적으로 지켜야 할 규칙을 깨거나 고객의 불만을 유발하였다면 별도로 불러서 본인의 문제를 직접 인지하도록 하는 것이 중요하고 불평과 불만을 토로하는 직원에게는 소속감과 함께 해당 직원이 수행하는 업무가 조직에서 중요하다는 것을 구체적인 사실과 함께 각인시키는 노력이 필요합니다.

<u>코칭 시 이렇게 표현해보세요</u>

**불만 및 불평의 원인을 파악할 때**

↳ 예시 "○○○ 씨, 지난 번에 얘기한 건에 대해서 (조치나 활동) 어떻게 생각하나요?" O

"아! 그래요? 그러면 해당건에 대해서 좀 더 구체적으로 얘기 좀 해줄래요?" O

"문제가 있다고 했는데 이해하기 쉽게 한 번만 더 설명해주시기
바랍니다." O

※ 불평, 불만을 애기하는 직원에 대해서 부정적인 자세로만 대할 것이 아
니라 구체적인 원인이 무엇인지 열린 자세로 커뮤니케이션해야 합니다.
특히 밀레니얼의 경우 개선해야 할 사항에 대한 구체적인 피드백을 해주
는 것이 중요합니다.

**불만이나 불평을 제안으로 전환시킬 때**

↳ 예시 "ㅇㅇㅇ 씨, 듣고 보니 충분히 그럴 것 같네요. 그렇다면 어떤 방
법이 좋은지 구체적으로 안을 만들어보는 것은 어떨까?"

↳    "그래요? 그렇다면 어떤 절차로 진행했으면 잘 될 것 같나요?"

↳    "해당 문제를 개선하려면 구체적으로 뭘 어떻게 하면 좋을까요?"

코칭 커뮤니케이션 시 주의해야 할 대화법

↳ 예시 "지금 근무하고 있는 팀에서 무슨 불만이 있는지 얘기를 해봐!!" X
"어떤 업무를 수행하면 ㅇㅇ 씨가 실력을 발휘할 수 있을까요?" O
"ㅇㅇㅇ 씨, 팀이 좀 더 개선되었으면 하는 점이 있으면 어떤 것
이 있을까요?" O

※ 불만이 있는 직원에게 불만의 원인이 무엇인지를 물을 때는 직설적인 표현보다는 해당 직원의 가능성에 무게를 두고 질문하는 형식으로 커뮤니케이션하는 것이 바람직합니다.

↳　　"뭘 어떻게 해줘야 불만이나 불평을 하지 않을래?" **X**
　　　"어떤 업무 분위기(환경)에서 일할 때 의욕이 생기나요? **O**

※ 구체적으로 불만이나 불평을 파악할 때는 추상적이고 일반적인 질문이 아닌 구체적인 질문을 하는 것이 효과적입니다.

　　　　　　　　　　　서비스 조직 밀레니얼 이렇게 코칭하라

> K씨는 올해 30대 중반의 서비스 조직의 중간관리자이다. 업무 특성상 다양한 연령대가 어울려 일을 하는데 일부 나이가 많은 직원들의 경우 자신의 업무를 나이 어린 직원에게 전가하거나 관리자가 다루지 못하는 요구를 계속하면서 애를 먹이기도 한다. 그뿐만 아니라 동료들을 선동하여 나이 어린 자신을 괴롭히는 사람들의 행동으로 인해 조직을 운영해나가기 힘들다.

## 코칭 커뮤니케이션 핵심내용 요약

존중하고 있다는 느낌을 전달하면서도 위신 및 적절한 대우를 해주며 배려하는 것이 중요합니다. 이와 함께 명확한 업무 목표를 제시한 후 나이 많은 직원들이 가지고 있는 전문성이나 역량에는 가급적 개입하지 않고 거리를 두는 것이 좋은 관계 형성에 실질적인 도움을 줍니다

- 안 좋은 감정을 직접적으로 표현하지 않도록 잘 관리하는 것이 핵심
- 부정하거나 반목하는 이유의 근원이 무엇인지 파악
- 명확하고 도전적인 목표 제시 후 자율성을 주되 역할과 기대는 명확하게 전달
- 객관적인 수치나 통계를 근거로 전문성이나 역량을 펼칠 수 있도록 기회 제공
- 지시 불이행에 대한 처리 절차는 명확한 근거와 사실에 근거해 단호하게 전달
- 공식적인 자리와 비공식적인 자리에서 지켜야 할 절차나 규칙 활용
- 직접적인 접촉이나 대화가 쉽지 않다면 주변 선배 관리자에게 도움 요청

코칭 커뮤니케이션 지침 및 주요 내용

서비스 조직에는 나이가 많은 직원들이 의외로 많습니다. 나이가 많은

직원들의 경우 근속기간이 오래되다 보니 조직의 상황이나 사정을 너무도 잘 알고 있고 경험도 풍부한 반면 고집이 세고 새로운 일을 받아들이지 않으려는 경향이 강합니다. 서비스 조직에서 나이 많은 직원들이 보이는 성향이나 행동에 따라 아래와 같이 보통 2가지 유형으로 구분이 됩니다.

| | 성향이나 행동방식 |
|---|---|
| 부정 및 반목형 | • 자기보다 나이 어린 관리자가 있다는 사실에 대해 불편해함(행동과 표정)<br>• 어린 관리자와 함께 일한다는 것 자체에 대한 불만으로 못마땅해함<br>• 나이도 많고 경험도 많으며 근속기간도 많아서 리더보다는 우월하다는 생각<br>• 나갈 수는 없고 월급은 받아야 하니 어쩔 수 없이 다녀야 한다는 생각<br>• 어린 관리자를 무시하거나 인정하지 않음<br>• 비공식적인 조직이나 동료들을 세력화하거나 동조하게 함(왕언니 역할)<br>• 관리자가 마음에 안 들면 팀워크를 저해하고 막무가내로 행동함 |
| 순응 및 적응형 | • 인사고과나 의사결정의 주체이므로 표면적으로는 예의를 갖추고 행동<br>• 어린 관리자 비위를 맞추거나 동조하면서 편하게 자신의 자리를 유지<br>• 지적 받지 않을 정도의 성과 및 업무 강도 유지<br>• 더 이상 직업적인 성장의 어려움을 인정하고 관리자와 우호적인 관계 유지<br>• 자신의 경험 공유 또는 조직에 기여하려는 노력을 통해 인정받길 원함 |

이러한 직원들이 서비스 조직 내 여론을 만들어 세력화하거나 나쁜 감정을 표출하며 부정적인 분위기를 주도하게 되면 조직 전체의 성과를 떨어뜨리는 직접적인 요인으로 작용합니다. 따라서 이들과의 커뮤니케이션이 무엇보다 중요합니다.

우선은 상대가 거부감을 느끼지 않도록 하는 것이 중요하며 관리자가 존중하고 있다는 느낌을 전달하면서도 위신 및 적절한 대우를 해주며 배려하는 것이 중요합니다. 이와 함께 서비스 조직에서 나이 많은 직원이 부정적인 감정을 억누르는 것은 일시적일 뿐 장기적으로 보면 심리적인 문제를 발생시키는 요소로 작용하므로 그들이 부정하거나 반목하는 이유의 근원이 무엇인지 그들의 생각과 의견을 진지하게 들어야 합니다.

예를 들어 리더가 되지 못했다는 불만, 나이 역순관계에서 오는 분노, 뒤처진다는 불안감, 자괴감 등 여러 가지 요인이 복합적으로 작용하는 경우가 많습니다. 무엇보다 가장 큰 원인 중 하나는 젊은 관리자와 나이 든 부하직원이라는 정상적이지 않은 연령구조나 역(逆)으로 된 커리어 상황에서 오는 분노, 두려움이라고 할 수 있습니다. 즉 나이에 따라 직급이 정해져야 하고 리더는 반드시 부하 직원보다는 나이가 많아야 한다는 통념이 작용하는 조직일수록 이러한 역(逆)구조에서 오는 긴장감과 감정적으로 좋지 않은 상황이 반복될 가능성이 높습니다.

문제는 이러한 상황과 구조 속에서 나이 많은 직원이 나쁜 감정 또는 부정적인 상황을 표출했을 때 조직 운영은 물론 성과에 악영향을 미친다는 사실입니다. 단순히 나이 어린 관리자와 나이 많은 직원에게만 미치는 것이 아닌 조직 전체에도 영향을 미친다는 것이죠.

따라서 조직이나 관리자는 정기적으로 나이 많은 직원들의 감정 상태나 상황을 면담이나 설문조사 또는 조직 내 비공식적인 채널을 통해 입수한 소식이나 정보들을 확인하고 이를 감지하고 적절하게 대응할 수 있어야 합니다. 이와 함께 이후에도 우수한 관리자가 새로 팀을 책임지고 맡게 될 때 나이 많은 부하직원들을 어떻게 대하고 이끌 것인지에 대한 훈련과 코칭 프로그램 운영을 통해 효과적으로 대처할 수 있도록 해야 합니다.

그렇다면 나이 많은 직원은 어떻게 대하는 것이 좋을까요? 먼저 심리적인 거리를 좁히는 노력이 필요합니다. 예를 들어 단 둘이서 커피를 마시면서 이야기를 하거나 웃는 표정으로 대하기, 경청을 하면서 중간에 말을 가로막지 않기, 경조사를 꼼꼼하게 챙기기, 직원을 부르는 것이 아닌 직접 직원자리로 찾아가서 물어보기 등을 통해서 거리를 좁히려 노력해야 합니다.

이렇게 거리를 좁혔다면 다음으로 객관적인 수치나 통계를 근거로 경험과 노하우가 꼭 필요한 업무에 나이 많은 직원이 본인의 전문성이나 역량을 펼칠 수 있도록 기회를 제공하는 것이 바람직합니다. 이렇게 그들이 가지고 있는 전문성이나 역량에는 가급적 개입하지 않고 거리를 두는 것이 좋은 관계 형성에 실질적인 도움을 줍니다. 즉, 도전적인 목표를 제시하고 그들에게 바라는 역할과 기대는 명확하게 전달하되 해당 업무를 수행할 때 업무의 자율성을 주고 사사건건 간섭하지 않는 것이 바람직하다는 점을 말씀 드리는 것입니다.

다만 주의하여야 할 것은 정당한 지시 불이행에 대한 처리 절차는 명확한 근거와 사실에 근거해 단호하게 전달해야 하며 몇 차례 해당 사안에 대해서 전달 후 동일한 일이 발생할 경우 상급자 또는 관련부서에 전달해

후속조치를 단행하는 것이 옳습니다. 이러한 최악의 경우를 대비하여 해당 직원과의 대화를 녹음하거나 증거가 될 만한 사항들(메모, 개인이력관리카드), 증언을 해줄 직원 등을 확보해야 합니다. 지속적인 지시불이행은 사실 조직에서 이루어지는 최소한에 지켜져야 할 약속을 깨는 행위이기 때문에 무조건 참는다고 해결될 문제가 아니기 때문입니다.

부하직원의 업무미숙이나 지시불이행으로 인한 관리자의 스트레스는 원칙적으로 노동법상 고려대상은 아니지만 상황에 따라 직장 내 괴롭힘으로 인정될 수 있는 소지가 있습니다. 물론 이러한 극단의 상황까지 가지 않도록 주의하는 것이 현명합니다.

그리고 나이가 많은 직원을 꾸짖기 힘들다고 실수나 해서는 안 될 일을 했을 때 이를 묵과하거나 그냥 넘어가는 행위는 스스로 관리자임을 포기하는 행위라는 점을 명심해야 합니다. 평소에는 존댓말과 정중한 말투로 꾸짖되 너무 노골적으로 실수를 지적하거나 면박을 주면 오히려 관계가 어색하게 될 수 있습니다. 따라서 자신이 저지른 실수를 알아차리고 해당 문제를 개선이나 해결할 수 있도록 하는 것이 좋으며 객관적인 사실과 함께 아쉬움 또는 유감의 표현을 써서 전달하는 것이 바람직합니다.

그리고 고민해야 할 것이 나이 많은 직원에 대한 호칭일 것입니다. 이와 관련해서는 이끌고 있는 조직(팀)에서 공식적인 자리와 비공식적인 자리에서 지켜야 할 절차나 규칙을 만들어 활용하는 것도 좋습니다. 이와 함께 나이 많은 직원을 상하관계 또는 수직적인 관계가 아닌 상호 존중하는 파트너 또는 조력자로 대하는 관계 설정도 바람직합니다.

예를 들어 일반적으로 따라오거나 지시하는 식의 접근보다는 서로 상의하거나 경험이 많은 연장자의 입장에서 의견이나 조언을 구하는 것이 좋다는 것이죠. 또한 팀 내 특정 문제가 발생했을 경우 그간의 경험을 인정하고 도움을 요청하는 것도 한 가지 방법입니다.

물론 서비스 조직에서 언어를 표현하는 데 있어서 수직적인 계층 요소가 있다면 이를 누구에게나 존댓말이나 존칭을 사용해 수평적인 구조로 만드는 노력도 병행이 되고 이러한 조직문화가 뿌리내리면 좋을 것 같습니다.

## 코칭 시 이렇게 표현해보세요

### 나이 많은 직원을 부를 때

↳ 나이 많은 직원에게 존칭을 쓰기 모호한 상황에서는 호칭을 "○○ 님"이라 부르되 공손하고 정중한 말투를 쓰려고 노력하는 것이 바람직합니다. 요즘 제가 아는 큰 서비스 조직에서는 아예 영문이름을 쓰는 경우도 있습니다.

### 경험과 노하우가 필요한 업무를 맡길 때

↳ 예시 "이번 업무는 경험이 많으신 ○○○ 님이 꼭 해주셨으면 합니다. 가능할까요?"

↳ "업무처리 하기 어려운 일이어서 한참 고민하다가 경험이나 노하우가 많으신 〇〇〇 님이 가장 적합하다고 생각했습니다. 부탁 좀 드려도 될까요?"

**위신을 세워주면서도 업무를 부여할 때**

↳ 예시 "이 업무는 〇〇〇 님에게 전적으로 맡길 테니 꼭 일정 맞추셔서 잘 처리해주시기 바랍니다."

↳ "업무 수행에 필요한 자원들이나 필요한 지원사항들이 있으면 제게 요청하시고 이번 업무는 〇〇〇 님이 마무리해주시기 바랍니다."

※ 업무를 부여하면서 책임과 역할을 명확히 하면서 일정 부분 자율성을 부여하는 것이 바람직합니다.

**코칭 커뮤니케이션 시 주의해야 할 대화법**

↳ 예시 "〇〇〇 님, 잠깐 제 자리로 와서 얘기 좀 하죠?" **X**

"〇〇〇 님, 드릴 말씀이 있어서 이렇게 따로 뵙자고 했습니다." **O**

↳ "신중하지 못하게 업무처리를 이렇게 해놓으시면 어떻게 합니까?" **X**

"업무처리에 대해서는 조금 더 신중해서 접근하여 주시기 바랍

니다. 왜냐하면 ~ 하기 때문입니다." **O**

↳ "클레임 어떻게 처리했기에 고객이 저런 반응이 나오나요? 앞으
로 주의하세요." **X**
"클레임 건으로 인해 고객이 화가 많이 난 모양이더군요. 이유가
무엇인지 말씀해주시겠습니까?" **O**

↳ "이런 식으로 일 처리를 하시면 어떻게 합니까?" **X**
"○○○ 님, 이 부분은 앞으로 이런 식으로 처리하려고 하는데 좋
은 방법은 없을까요?" **O**

↳ "아직까지 보고 하지 않으면 어떻게 합니까? 늦었잖아요!" **X**
"VOC 처리 건은 금일까지 보고하라고 얘기했는데 왜 보고하지
않으셨나요? 아쉽네요." **O**
"제 때 보고를 하지 않아 지금 제가 좀 난처합니다." **O**

※ 나이 많은 직원을 꾸짖을 때는 반드시 둘만이 있는 공간에서 해야 하며
공개적인 장소에서 하면 질책으로 받아들이거나 또는 모욕감을 느낄 수
있으니 조심하셔야 합니다. 다만 질책을 할 때는 감정이 섞이지 않게 객
관적인 사실에 근거해서 질책을 하되 문제가 발생하게 되어 유감이라는
의도만 전하면 됩니다.

근무태도가 불량하고 지시를 불이행하는 직원

올해 30대인 S씨는 렌탈업체 서비스센터에 근무하고 있다. 직원들과 잘 어울리고 쾌활한 성격 탓에 센터 내 분위기 메이커로 통하고 있다. 문제는 S씨가 근무태도가 불량하다는 것이다. 센터에서는 안하무인이고 회식하고 나면 당일 아침에 출근하지 않거나 아프다는 핑계로 휴가를 내기도 한다. 게다가 지시를 하면 토를 달거나 꼬치꼬치 따지며 불이행해서 골치가 아프다.

## 코칭 커뮤니케이션 핵심내용 요약

우선 근무태도나 지시 불이행하는 이유가 무엇인지 파악하는 것이 선행되어야 하고 그러한 행동이 기질적인 것인지 아니면 조직 내에서 문제를 찾아야 합니다. 질책을 할 경우 구체적인 사실과 근거를 가지고 해야 하며 반복될 경우 받게 될 불이익을 명확히 전달해야 합니다.

- 근무태도가 불량하거나 지시를 불이행하는 원인 파악
- 기질적인 요인이 아니라면 조직 내부의 문제로 인식하고 원인을 찾음
- 타이밍이 중요하며 잘못된 행동이나 태도는 바로 지적과 주의를 주어야 함
- 질책 또는 꾸짖을 경우 독립된 공간에서 일대일 상태로 진행
- 구체적인 근거와 사실에 입각하여 꾸짖되 자존심을 건드는 언행은 금물
- 잘못된 점을 지적할 때는 원인보다는 미래 지향적인 제안 형식으로 커뮤니케이션
- 근무태도 불량이나 지시 불이행이 반복될 경우 받게 될 불이익을 명확히 전달

코칭 커뮤니케이션 지침 및 주요 내용

근무태도가 불량한 직원을 좋아할 관리자는 없습니다. 근무태도가 불

량하거나 관리자의 지시를 불이행하는 것은 서비스 조직에게 단순히 성과나 생산성에 직접적인 영향을 미치는 것 외에 다양한 부작용을 유발하기 때문입니다.

근무태도가 좋지 않거나 관리자의 지시를 불이행하는 직원에 대해서는 먼저 원인을 파악하는 것이 중요합니다. 원인을 파악하는 데 중요한 것은 해당 직원이 언제부터 그러한 태도를 보이기 시작했는지를 파악하는 것이 정말 중요합니다. 해당 태도가 발생하기 시작한 시기를 알면 대략 어떤 원인에 의해서 그러한 행동이 나왔는지 파악할 수 있기 때문입니다.

- 새로운 업무를 맡거나 과도하게 목표가 설정되었는가?
- 새롭게 팀이 구성되거나 새로운 관리자가 부임했는가?
- 기존 동료들과 분리되어 전혀 새로운 팀에서 근무하는가?
- 주변에 동료나 지인의 퇴사 또는 개인적인 문제가 발생했는가?
- 실적 부진이나 업무환경의 변화, 목적이나 목표의 상실, 연령대의 변화, 팀원 간 불화 등의 여부

원인을 파악하는 과정에서 항상 부정적인 태도를 보인 것이 아니거나 기질적으로 부정적이라거나 근무태도가 불량한 것이 아니었다면 서비스 조직 내부에서 그 원인을 찾아야 합니다. 조직 내부의 원인이라면 업무 방식이나 대인관계(관리자 또는 동료직원과의 관계)에서 오는 경우가 많습니다. 예를 들어 강압적인 관리자의 태도(언행이나 행동, 업무 지시 형태

등)나 서비스 조직 환경에 불만이 많은 주변 동료들의 영향일 가능성이 높습니다.

직원이 근무태도가 불량하거나 지시를 이행하지 않는 것에 대해서 질책할 경우 다른 팀원이 있는 곳에서 하는 것이 아닌 일대일 상태에서 해야 하며 구체적인 사실이나 근거를 가지고 해야 합니다. 만약 감정이 섞인 질책이나 인격적으로 모욕을 주는 행위는 다른 갈등이나 불만을 유발할 수 있으며 역효과를 내므로 주의하여야 합니다.

질책을 하거나 주의를 줄 때는 반드시 원인을 추궁하는 형식으로 커뮤니케이션하지 말고 미래 지향적으로 제안을 하는 것이 효과적입니다. 어차피 근무태도나 지시 불이행은 과거 또는 현재에 일어난 일이고 그러한 원인이나 현황에 대해서 이해를 했다면 향후에 그러한 일이 재발하지 않도록 제안을 하는 형식으로 질문을 던지는 것이 바람직하다고 생각합니다.

또한 근무태도 또는 지시 불이행에 대한 질책을 할 때는 한꺼번에 모두 끄집어내서 하지 않고 반드시 한 가지 사실만을 중심으로 문책하는 것이 바람직합니다. 한꺼번에 모두 질책을 하면 단점만 말하는 것으로 받아들여 제대로 들으려 하지 않을 것이기 때문입니다.

그리고 마지막으로 근무태도 불량이나 지시 불이행이 반복될 경우 받게 될 불이익을 명확히 전달해야 합니다. 예를 들어 징계절차나 규정에 대한 안내와 사례를 들어 명료하게 전달하는 것이 좋으며 이후에도 동일한 자세와 행동이 반복이 될 경우 구두경고와 함께 시말서 또는 사유서를 작성하게 합니다. 시말서나 사유서의 반복적인 제출은 정당한 해고 사유가 될 수 있기 때문입니다.

## 코칭 시 이렇게 표현해보세요

**근태가 안 좋은 직원에게 주의를 줄 때**

↳ 예시 "요즘 지각이 잦습니다. 이번 달 들어서 벌써 3번째예요. 근태는 매우 중요하니 이 점 명심하시기 바랍니다."

↳ "지각할 만한 무슨 사유가 무엇인가요?" or "어떻게 하면 근태가 개선이 될까요?"

↳ "근태가 불량하면 인사상의 불이익을 당할 수 있으니 근태에 신경써주시기 바랍니다."

**지시를 불이행하는 직원에게 질책을 할 때**

↳ 예시 "보고는 타이밍인데 지금 보고를 해서 대응이 늦어 내가 좀 곤란하게 되었군요."

↳ "지시한 사항을 제 때 이행하지 않으면 어떤 문제가 생길 것 같아요?"

↳ "다음에 이러한 일이 또 발생한다면 어떻게 하는 것이 좋을까요?"

↳ "○○○ 씨, 이렇게 지속적으로 지시를 불이행할 경우 회사 규정

에 입각해 인사상 불이익을 받을 수 있으니 각별히 유의하시기 바랍니다."

**코칭 커뮤니케이션 시 주의해야 할 대화법**

↳ 예시 "잘하는 게 도대체 뭐야! 도대체 제대로 하는 것이 하나도 없잖아요!" **X**

"○○○ 씨, 이러한 일들이 계속 발생하니 관리자로서 마음이 편치 않군요. 어떻게 해야 이러한 문제들이 개선될 수 있을까요?" **O**

↳ "다른 직원들 봐요. ○○○ 씨처럼 적어도 이렇지는 않았어요!" **X**

"○○○ 씨, 앞으로 이런 일이 발생하지 않기 위해서 우선 무엇을 해야 할까요?" **O**

"이런 일들이 재발하지 않기 위해서 노력해야 할 것은 무엇인가요?"

※ 질책을 한다고 하더라도 남과의 비교는 절대는 해서는 안됩니다. 아시다시피 밀레니얼의 경우 부모나 학교 또는 주변 지인들과의 관계에서도 별도 야단 맞을 일이 없는 환경이나 조건 속에서 자라왔기 때문에 쓸데없이 자존심을 앞세우는 경향이 있습니다. 따라서 남과의 비교보다는 사후 재발을 하지 않기 위한 계획이나 방법을 물어보면서 스스로 깨닫고 행동할 수 있도록 코칭을 해주는 것이 바람직합니다.

입사 3년차 P씨는 고객보호팀에서 근무하는 직원인데 너무 자기중심적이다. 팀플레이가 필요한 상황에서 본인은 이런저런 핑계를 대서 빠져나가기 일쑤다. 타인의 입장은 안중에도 없고 자기 일이 아니면 아예 나서지도 않으며 회사 일이 바쁘게 돌아가도 자신에게 주어진 휴가는 꼬박꼬박 다 챙기는 걸 보면 얄미워서 속으로 천불이 날 정도다.

## 코칭 커뮤니케이션 핵심내용 요약

밀레니얼은 철저히 자기중심적이며 사적인 영역을 침범하는 것을 극도로 싫어하므로 적정한 거리를 유지하면서 즉각적이고 빠른 피드백과 함께 지금 하고 있는 일에 대한 가치와 어떤 영향을 미치는지 기대치를 설정하고 커뮤니케이션하는 것이 바람직합니다.

- '왜 그렇게 해야 하는지'에 대한 합리적인 이유를 설명해줘야 함
- 다양한 상황을 받아들일 수 있는 열린 자세 필요
- 즉각적이고 빠른 답변과 친절한 피드백
- 명령보다는 '질문' 형태로 내용을 전달하거나 소통
- 단순한 질책보다는 해결 중심의 미래지향적 질문을 통해 태도의 개선 유도
- 칭찬은 공개적이고 구체적으로 하되 다양한 방식으로 표현
- 문제점만 지적하는 것이 칭찬과 인정 병행
- 피드백은 객관적인 사실에 근거한 피드백 (팩트 폭격)
- 피드백은 정확한 의도와 함께 솔직한 감정 표현 병행

## 코칭 커뮤니케이션 지침 및 주요 내용

최근 밀레니얼 세대인 직원들의 가치관과 기존 직원이나 관리자의 가치관이 상충하는 일들이 제법 많습니다. 이러한 세대 간의 갈등 해소를 위한 코칭 커뮤니케이션을 위해서는 상호 간의 이해와 신뢰가 선행되어야 합니다. 젊은 세대의 경우 기존 직원들과는 다르게 모바일이 익숙한 세대이고 가치판단 기준은 물론 직장에서의 근무 태도나 행동이 기존 직원과는 많이 다르므로 이들을 코칭할 때는 아래와 같은 사항들을 충분히 인식하고 코칭을 하는 것이 바람직합니다.

먼저 서비스 조직에서 이들 밀레니얼들과 대립각을 세운다고 해결될 일은 아무 것도 없다는 사실을 인식할 필요가 있습니다. 이들과 함께 근무하면서 마주치게 되는 다양한 상황을 자연스럽게 받아들일 수 있는 포용의 자세가 가장 중요하며 무엇보다 업무를 지시할 때는 '왜 그렇게 해야 하는지'에 대해서 합리적으로 설명해주어야 합니다. 지레짐작으로 "잘 알겠지" 하고 이러한 과정을 생략하고 나면 분명 나중에 예상치 못한 상황이 발생할 수 있습니다.

자기중심적인 밀레니얼에게 피드백을 할 때는 절대 잔소리 또는 "라떼는 말이야" 형식의 일장 연설이 되어버리면 안됩니다. 개인화된 일대일 형식의 피드백과 신속하고 구체적인 피드백을 원하기에 핵심 위주로 피드백을 하되 급한 경우 SNS를 활용하여 실시간 피드백을 하는 것도 좋습니다. 복잡하고 추상적인 것을 싫어하는 만큼 피드백은 구체적이고 짧고 간단하게 핵심 위주로 제공하는 것이 바람직합니다.

밀레니얼의 경우 위에서도 설명드린 것과 같이 추상적이고 명확하지 않은 것을 선호하지 않습니다. 독자분들도 많이 들어봐서 아시겠지만 '팩트폭격을 시전한다'라는 말이 괜히 나온 것이 아닙니다. 이들은 구체적이고 명확한 팩트에 의한 피드백을 해줄 때만 이해하고 움직입니다. 이와 함께 피드백을 할 때는 연역적으로 결론을 말하고 그에 대한 구체적인 근거를 제시하면 인정하지만 잘못한 행동만 줄줄이 나열해놓고 결론은 마지막에 얘기하면 그것이 잔소리라고 치부하고 매우 기분 나빠 합니다.

이와 함께 피드백은 명확한 의도와 함께 솔직한 감정을 표현해야 합니다. 의도가 명확하지 않으면 직원입장에서는 "도대체 어떻게 하라는 거야?"라는 의문을 가질 수밖에 없습니다. 따라서 추상적이고 두루뭉술하게 피드백하는 것이 아니라 의도가 무엇인지를 명확히 밝혀야 하는 것입니다. 예를 들어 "고객 불만 건은 ○○○ 씨가 관련부서와 협의해서 해결하도록 하세요"라고 하는 것보다는 "해당 고객 불만건은 마케팅팀 ○대리와 논의 후 고객의 의도가 무엇인지 정확히 파악한 후 2개 정도의 해결방안 마련해서 내일 오전 10시까지 보고해주세요. 해결방안 정해지면 직접 만나서 대안 제시하고 불만을 해결할 수 있도록 해주세요"와 같이 의도는 물론 지시가 명확해야 한다는 것이죠.

이와 함께 해당 일이 제대로 이행되지 않았을 경우 감정적으로 전달하지 말고 감정을 전하는 형식으로 피드백해주셔야 합니다. 이럴 때는 심호흡 한 번 크게 하고 난 뒤 화가 나는 상황을 진정시킨 후에 자신이 느끼는 감정을 솔직하게 표현하는 것입니다. 예를 들어 "당신 도대체 뭐하는 사람이야! 이 따위로 대안은 하나도 없이 보고서를 작성해놓고 결재해달라고!!"라고 말하기보다는 "○○○ 씨, 보고서를 보니 핵심인 대안은 전혀 보이지 않는군요. 게다가 핵심요약 없이 보고서가 작성되어 이해하기도 힘들어 보기 불편합니다."라고 자신이 느끼는 감정을 객관적인 사실에 근거해서 분출이 아닌 표현을 하는 것이죠.

업무를 할 때 밀레니얼에게는 일방적인 지시나 수직적인 명령보다는 존중받는 느낌이 들게 청유형태로 묻고 업무를 맡기면 한결 부드러워질 수 있습니다. 합리적인 설명도 없이 이루어지는 일방적인 지시나 수직적인 명령은 자칫 직원들의 반감을 유발하거나 수동적인 태도를 유지하게 할 가능성이 높기 때문입니다. 만약 지시를 한다고 하더라도 무엇을 요청하고 지시하는지 바라는 결과와 그 업무가 어떻게 영향을 미치고 언제까지 해야 하는지를 명확하게 설명해줘야 합니다.

그리고 중요한 것은 질책을 할 때는 몇 가지를 반드시 주의하셔야 합니다. 먼저 질책을 할 때는 너무도 당연하겠지만 감정을 드러낸다거나 권위를 앞세운다거나 일관성 없이 차별을 두는 행위는 절대 해서는 안 됩니다. 모르는 것 같아도 질책을 하는 가운데 밀레니얼들은 이러한 뉘앙스를 기막히게 찾아냅니다. 또한 단순한 질책보다는 구체적인 사실에 근거해서 향후 그러한 일이 발생하지 않도록 하기 위해 필요한 해결 방법은 무엇인지를 묻는 방식으로 피드백이 이루어져야 합니다. 또한 질책을 할 때는 반드시 따로 불러서 일대일 형식으로 이루어져야 하고 회의실 같은 곳에서 하는 것이 좋습니다.


<u>코칭 시 이렇게 표현해보세요</u>

**업무를 지시할 때**

↳ 예시 "○○○ 씨, 금일 오전까지 고객사 동향 파악해서 보고해줄래요?"

↳   "○○○ 씨, 금일 회의에서 나왔던 CS개선안 2장 정도 핵심 위주
로 요약해서 보고해주고 확인 떨어지면 회의에 참석했던 부서원
들과 공유해줄래요?"


업무를 지시할 때는 명령이 아닌 질문 형식으로 하되 구체적이고 명확
하게 해주는 것이 혼선을 예방하고 존중받는 느낌을 받게 해서 수긍은
물론 의욕을 불러 일으킬 수 있습니다.


**부하직원을 질책할 때**

↳ 예시 "그렇군요, 그래서 이러한 결과가 나왔다는 말이군요. 그렇지만
VOC분석데이터는 ○○시스템에 있는 것을 참고해서 분석해야
만 더 정확한 결과가 나올 수 있으니 해당 시스템 이용해서 다시
한번 분석해보고 내일 오전 10시까지 보고해줄 수 있겠어요?"

↳   "○○○ 씨, 고객 응대할 때 마지막 부분에 꼭 요약 및 확인을 하라

고 했는데 계속해서 이 부분은 누락을 시키고 있어요. 이렇게 응대하면 고객이 나중에 발뺌하거나 응대 시 오류가 발생할 수 있으니 꼭 응대 후 요약 및 확인은 반드시 해주시기 바랍니다. 아셨죠?"

※ 질책을 할 때는 반드시 합당한 이유와 함께 개선을 위한 질문을 함께 해주는 것이 효과적입니다. 몇 차례 설명 드렸다시피 팩트에 근거해서 간결하게 지적하시면 됩니다.

### 칭찬하거나 인정할 때

↪ 예시 "○○ 씨가 정말 해당 고객을 3일간 설득해서 원만히 해결한 점을 칭찬합니다. 너무 수고 많았습니다."

↪ "오늘 고객불만 분석 보고서 및 PT자료 너무 좋았어요. 고객불만과 관련한 구체적인 수치와 타사 비교를 통해서 잘하고 있는 점과 못하고 있는 점을 보여주고 객관적인 자료를 근거로 주요 인사이트를 뽑아낸 것은 정말 잘했다고 칭찬해주고 싶군요. 정말 수고 많았습니다."

※ 칭찬을 하거나 인정을 하려면 반드시 근거를 제시하여야 하며 구체적으로 어떤 것을 잘한 것인지를 말해주셔야 합니다. 칭찬과 인정의 핵심은 이유와 근거가 명확해야 하며 구체적이고 명확해야 효과가 크다는 점을 반드시 기억하시기 바랍니다.

코칭 커뮤니케이션 시 주의해야 할 대화법

↳ 예시 "○○○ 씨, 이따위로 보고서를 작성하면 어떻게 해! 다시 해!!" **X**

"○○○ 씨, 보고서는 첫 장에 간단하게 핵심요약 장표를 한 장 만 들어서 무슨 보고를 하려는 것인지 한 눈에 들어올 수 있게 해주 면 좋겠네요. 그리고 나머지 부분은 핵심요약 장표를 부가적으로 설명하는 장표로 작성하면 쉽게 이해할 수 있을 것 같군요." **O**

↳ "○○○ 씨, 아니 이번 달 성과가 이게 뭐야, 정말 이것밖에 못하 는 거야!! 어이구 속 터져!!" **X**

"○○○ 씨, 이번 달 성과는 ○○점으로 팀평균에 미치지 못했네 요. 모니터링을 해보니 고객반론을 적극적으로 하지 않아 나타 난 결과인 것 같으니 내일부터는 고객 거절에 대해서 어떻게 대 응할 것인지 고민해보고 이를 응대 시 적극적으로 활용해보면 분명 성과가 향상될 겁니다." **O**

↳ "일을 이런 식으로 처리하면 어떻게 해!" **X**

"이러한 업무는 (구체적인 방법 or 스킬, 경험 등)방법으로 처리하 는 것은 어때요? **O**

↳ "이게 대체 뭐야? 도대체 일을 어떻게 한 거냐고!!" **X**

"○○○ 씨, 일을 처리하는데 이와 같은 방식보다는 (구체적인 대안)과 같은 방식으로 하는 것이 바람직합니다. 그래야 다른 동료들이 힘을 들이지 않고 일을 할 수 있는 겁니다" O

"○○○ 씨, 다음에는 어떻게 하면 이러한 일들이 발생하지 않을 것인지 함께 생각해보자고요" O

※ 위 예시처럼 구체적인 근거나 대안도 없이 감정을 표출하는 질책은 말 그대로 최악의 피드백입니다. 부정적인 피드백을 할 때는 반드시 구체적인 대안을 제시하거나 무엇이 잘못인지를 명확하게 인식시키는 것이 중요하며 개선할 수 있는 방법은 무엇인지 미래지향적인 질문을 통해 도출해내고 도출된 내용대로 이행할 수 있도록 돕는 것이 바람직한 피드백입니다.